老沈阳书系

奉天之路

FENGTIAN ZHILU

宁家宇 著

沈阳出版发行集团
沈阳出版社

图书在版编目（CIP）数据

奉天之路 / 宁家宇著. -- 沈阳：沈阳出版社，2018.12
（老沈阳书系）
ISBN 978-7-5441-9839-4

Ⅰ.①奉… Ⅱ.①宁… Ⅲ.①散文集－中国－当代
Ⅳ.①I267

中国版本图书馆CIP数据核字（2018）第261594号

出版发行：沈阳出版发行集团|沈阳出版社
（地址：沈阳市沈河区南翰林路10号 邮编：110011）
网　　址：http://www.sycbs.com
印　　刷：辽宁泰阳广告彩色印刷有限公司
幅面尺寸：165mm×240mm
印　　张：23
字　　数：330千字
出版时间：2020年4月第1版
印刷时间：2020年4月第1次印刷
责任编辑：沈晓辉　鲁莎莎
封面设计：杨　雪
版式设计：杨　旭
责任校对：日　光
责任监印：杨　旭

书　　号：ISBN 978-7-5441-9839-4
定　　价：49.00元

联系电话：024-24112447　024-62564922
E - mail：sy24112447@163.com

目　录
CONTENTS

大东区

沈河区

和平区

铁西区

皇姑区

大东区

地坛街

沈阳市大东区滂江街东部有一条地坛街，北起珠林路，南至善邻路，虽然只有两公里长，也不是城市的主要干道，但它接近四百年的历史是一般街路难以望其项背的。

地坛街是由此地原有地坛而得名。皇太极在获得元朝的传国玉玺后，在1636年谦辞三次，继而接受诸王大臣恭上尊号受拥立为皇帝，改元“崇德”，定都盛京。按照中原汉制“天子之礼”，皇太极建造了天坛、地坛，并祭祀天地，昭告天下。当年的地坛就在盛京内治门外即小东门外东三里。顺治入关后，虽然盛京保留了陪都建制，但是除了乾隆年间对地坛的修葺之外，这里一直都很破败。直到清朝结束，地坛彻底消失。这条街在民国初年由附近新开河上的兴民桥而得名为兴民大街，直到1989年才叫作地坛街。地坛街30号，是二战盟军战俘集中营旧址纪念馆，是侵华日军二战期间在沈阳设立的专门关押太平洋战场盟军战俘的地方，当时叫作奉天俘虏收容所。1942年11月11日到1945年8月15日，这里先后关押过美国、英国、荷兰、新西兰、加拿大、澳大利亚等盟军战俘2000多名。新中国成立后，这里用作居民用房和锅炉用房，直到2007年复建为纪念馆。地坛旧址消失了，战俘营旧址还在，它们都能够证明地坛街历尽沧桑，也能够提醒人们勿忘历史。

沈阳的地坛从地面上消失之时，沈阳叫“奉天”；沈阳的地坛从地面上诞生之时，奉天叫“盛京”。据《盛京通志》记载，内治门外东三里，建“方泽”（地坛）。地坛分为两层，方形，每层递加墁砌，上层六丈见方，下层八丈见方，四周蓄水。地坛东西南北各有一门，

奉天地坛遗迹旧影

北门为正门。皇太极令人修建的地坛，其实是仿照始建于明嘉靖九年，即公元1530年的北京地坛，其内核是汉族传统祭天祭地的礼制。按文献记载，地坛要建造在城池北郊，坛的制式为“方丘”，又称“方泽”，而天坛的制式是“圜丘”，二者合起来是“天圆地方”。皇帝在天坛祭天的日子是“冬至”那天，一年中最大的节日之一，而地坛的祭祀活动要在“夏至”当天举行。现在要想亲睹地坛的风景，可以去北京市东城区安定门外大街甲2号的地坛公园。

沈阳的地坛由于已经不存，所以名声不显，但说起地坛街上的“奉天俘虏收容所”，那是近代史上赫赫有名甚至世界闻名的一个名字。1942年，在菲律宾执掌西太平洋美军主力的麦克阿瑟将军在日军的猛攻之下节节败退，被时任美国总统罗斯福保护性召回。临走之前，他把指挥权交给了其西点军校的学弟，也是他的副手——温莱特中将，并撂下一句狠话：“我还会再回来的！”

沈阳市大东区地坛街30-3号，现在的名字是“沈阳二战盟军战俘营遗址陈列馆”，二战时期被称作“奉天俘虏收容所”。它是日军在中国东北建立的中心战俘营，专门用来关押和奴役从东南亚战场俘虏的盟军战俘。从资料上看，这里曾关押过将军以上级军官76人，其中包括美国的温莱特中将、爱德华 · 金少将和摩尔少将，英国的帕西瓦尔中将、希斯中将，荷兰的普鲁顿中将、巴克中将、利斯少将，香港总督杨慕琦、马来联邦和英属海峡殖民地总督汤姆斯等。这些盟军高级将领基本上都是1944年10月由于盟军密集轰炸台湾从原关押地台湾转运过来的，到达奉天俘虏收容所之后迅速被转移到位于郑家屯（吉林双辽）的奉天俘虏收容所第一分所，后被转移到位于西安县

（吉林辽源）的奉天俘虏收容所第二分所长期关押，直至1945年8月24日被北美红雀行动的队员所营救。随后发生了麦克阿瑟送给温莱特签字金笔的故事。

“密苏里号”上，站在麦克阿瑟身后的温莱特和帕西瓦尔

1945年9月2日，标志着二战结束的日本无条件投降仪式在停泊在东京湾的密苏里号战舰主甲板上举行，美国五星上将、盟军最高统帅麦克阿瑟作为盟军签字代表，拿出5支派克金笔用来签字。他用第一支笔签了“道格”二字，送给了站在身后的美军中将温莱特；用第二支笔接着写了“拉斯”，送给了身后的英军中将帕西瓦尔；用第三支笔写了“麦克阿瑟”，送给了美国国家档案馆；用第四支笔签了职务“盟军最高统帅”，送给了美国西点军校；用第五支笔签了年月日，送给了他的爱妻琼妮。他之所以拿出两支笔送给身后双双被奉天俘虏收容所关押过的两位战俘将军，主要是因为心有愧疚，尤其是对代他受过的温莱特。

沈阳二战盟军战俘营遗址陈列馆的外墙上边镌刻着这样一句话：在漫长的被俘生活中，我不止一次在想，为什么日本人可以那样的惨无人道——乔纳森·温莱特。

珠林路

沈阳市大东区中部有一条东北—西南走向的交通要道，叫珠林路。这里并非珠光宝气，也没有修竹茂林，“珠林”二字从何谈起呢？

努尔哈赤执政末期，人们在现在的东西快速干道桥下，珠林路附近，建起了盛京最早的寄骨寺。当时人们以土葬为主，寄骨寺解决了逝者从去世到下葬的停放问题。乾隆三十九年，即公元1774年，时任沈阳县知县庆贻认为“死者尸骨皆父精母血，贵重如珠，寄骨寺内，棺木之相依，序次如林也”，于是赠名“珠林”并题匾额挂于寺前，珠林寺由此得名，而后来的珠林路也由此而来。

1949年珠林寺由民政局接收管理，并将寺内遗存的1032口无人认领的棺椁全部掩埋处理，后来又将珠林寺拆除。珠林寺里停留过草根贱民的棺椁，也存放过达官贵人的棺椁。1925年郭松龄反奉兵败，与夫人同被张作霖杀死示众，三日后由亲友代为装棺，暂厝于珠林寺。1928年张作霖在皇姑屯被炸身亡，由于元帅林尚未竣工，遗体只能暂厝于帅府院子里。没想到九一八事变日本人占领了大帅府，张作霖的遗体被日本人也放进了珠林寺。张作霖与郭松龄是生前不共戴天的仇人，死后却如此聚首，造化之弄人，谁又能说得清？

郭松龄率领7万精锐部队反奉惜败。不论是因为日本关东军的介入，还是张家的攻心战术，还是自己的狭隘刚愎，在新民的巨流河畔，他终究还是败了。他带着亲信和卫队向山海关方向撤退。不会骑马的妻子韩淑秀让他与卫队骑马先走，他没同意。他当然不会同意。他还记得13年前韩淑秀冒死在时任东三省总督赵尔巽面前高喊“刀下留人”时救他一命的样子。他与韩淑秀化装成农民坐在骡车上出逃，刚逃出新民二十里地就被追兵追上，追兵从菜窖里把他们搜了出来。

张作霖最初的命令是把郭松龄押到奉天亲自审问，而本来就与郭不睦的杨宇霆进言说夜长梦多，应就地枪决。随后郭松龄夫妇即被枪杀。临刑前，郭松龄的遗言是：“吾倡大义，不济，死固分也；后有同志，请视此血道而来。”韩淑秀的遗言是：“夫为国死，吾为夫亡，吾夫妇可以无憾矣！”

张作霖在盛怒之下，下令把郭松龄夫妇的尸体运回奉天，在小河沿体育场暴尸三日示众，不许收尸。尽管他派人洗净了郭松龄夫妇身上的血迹，给他们换上了一身新衣服，暴尸处也用席子围上了，示众照片拍得也很规整，但当时小河沿数以千计围观群众看到的惨状却并不像照片上那么体面，日本人则全面地记录了当时的情景。

当时，郭松龄的二弟郭任生在北平，三弟郭大鸣因为参与反奉藏匿活动在大连，尽管郭松龄的父母在奉天，但他们老两口哪敢出面？有谁敢改变了张大帅的命令，让郭氏夫妇停止受辱呢？

郭松龄夫妻暴尸示众现场

珠林寺山门

彼时彼刻，只有张作霖的五夫人张寿懿出面过问。韩淑秀比张寿懿大7岁，张寿懿管韩淑秀叫姐姐，她们之间的关系一直很好，交情也很深。张寿懿有一个马弁叫郑恩堂，本来是伺候张作霖的，而郑恩堂是由郭松龄给带到奉天介绍到大帅府工作的，因为郑恩堂的爸爸郑宝是郭松龄的表亲，在郭松龄年幼贫困的时候，郑宝没少照应他。本来不方便出面的寿夫人，在郑恩堂的恳求之下，向张作霖求情。最后才由郑宝出面，把郭松龄夫妇的遗体装殓入棺，暂时寄放在珠林寺，一直放了六年。九一八事变以后，郭松龄夫妇的棺椁才被运回东陵区深井子镇国公寨村郭松龄故乡附近暂厝。那时正是张作霖的灵柩被日本人送入珠林寺的时间点。

正所谓，三寸气在千般用，一旦无常万事休。

讲武堂路

清光绪三十二年，即公元1906年，盛京将军赵尔巽，为造就陆军初级军官而设立了奉天讲武堂；1907年，时任东三省总督徐世昌在此基础上创办了东三省讲武堂；1927年，张学良将其改称为“东北陆军讲武堂”。它与1907年建立的云南陆军讲武堂、1912年创办的保定陆军军官学校以及1924年成立的黄埔军校并列为当时中国的四大军官学校。

东北讲武堂在九一八事变停办之前的十几年里，完全是奉系军阀的军官学校，奉系军队里的高、中级军官基本上都在此经受培训。正是因为东北讲武堂发挥了作用，使得奉军在第二次直奉战争中大获全胜，张作霖由此入主中原，成为中国最强大的军阀。而上万名东北讲武堂校友，作为东北军的骨干力量，在抗日战场上抛头颅洒热血，做出了艰苦卓绝的贡献。

东北讲武堂建筑的一小部分现在依然存在于大东区珠林路附近，而因为讲武堂而得名的讲武堂路依然存在，它或许不能为我们重现昔日的峥嵘岁月，却能够不断提醒我们，这里曾经发生过的历史。

珠林路25号，短短的一趟青砖平房虽然成功地保存了下来，用作“东北陆军讲武堂旧址陈列馆”，但它仅仅只是当年小东边门外东北讲武堂的冰山一角，这一角是在本来将之包含其中的沈阳中捷友谊厂迁移的时候才被发现，当时大片被用作厂房的原讲武堂建筑已经被拆除。

从1919年到1931年，在张作霖和张学良主政东北期间，东北讲武堂一共办了11期，前三期并没有得到张作霖的重视。在1922年的第一次直奉战争中，张景惠、张作相等带领的军队素质较差、缺乏正规训练，亦兵亦匪的奉军一上战场就像一盘散沙，即便是装备领先兵力占优，仍被直军打得溃不成军，唯有战术教官郭松龄和他的学生张学良带领的以讲武堂学员为主体的三八旅且战且退，败而不乱，并在山海关成功阻击直军的进攻，挽救了奉军。张作霖由此大受刺激，开始整军经武，从讲武堂第四期开始，不仅亲自出任东三省陆军讲武堂

东三省陆军讲武堂堂长张作霖

东三省陆军讲武堂监督张学良

的堂长，还在堂长和教育长之间增添“监督”职位，由张学良担任，负责教学管理等重要决策。同时成立了东三省陆军训练处，加强军事教育，借鉴日本陆军士官学校的教学方式和使用的教材，固定了东北讲武堂的五大学科和六大基本教程。教学内容分为学科和术科两大类，学科有战术、军制、兵器、地形、筑垒等，术科包括各兵科操练、野操、体操、剑术、射击等。1924年9月，东北讲武堂第五期学生还未毕业，第二次直奉战争爆发。张作霖命令讲武堂学员暂时停课，所有学员全部归队参加战斗。这一次，经过严格军事训练后的奉军的作战能力和水平大幅提高，最终大获全胜，直接导致冯玉祥倒戈后进京囚禁曹锟，直系军阀主力被歼，从此一蹶不振。至此，张作霖入关掌权，他的控制势力甚至延伸到了长江以南。对此，东北讲武堂功不可没。

在随后几十年的风云变幻中，到处都能看到东北讲武堂学员的身影。1925年郭松龄反奉，主力就是东北讲武堂的学员。从“中村事件”到九一八事变，从江桥抗战、双城阻击战到哈尔滨保卫战，再到热河抗战、长城抗战，还有改变中国历史进程的西安事变和全面抗战，几乎每一次重大事件中，都有东北讲武堂学员的身影，很多学员牺牲在了抗日战场上。

张学良、马本斋、张竞渡都是东北讲武堂著名的毕业生。统计显示，在开国将领中，出身东北讲武堂的毕业生数量仅次于广州黄埔军校，其中就有上将吕正操和中将万毅。

吕正操，辽宁海城人，毕业于东北讲武堂第五期步兵科，与马本斋、张竞渡是同一期的同学，都参加了第二次直奉战争。吕正操17岁加入奉军，深受老乡张学良照拂和器重，19岁被张学良送入东北讲武堂，在1936年西安事变后加入中国共产党，随后加入八路军，先后担任冀中人民自卫军司令员、八路军第三纵队司令员，创立冀中根据地，运用“地道战”“地雷战”打击日寇。2009年10月13日在北京逝世，享年106岁，是最后一位逝世的开国上将。

万毅，辽宁金州人，毕业于东北讲武堂第九期步兵科，追随张学良，先后担任东北军少校团副、少校营长、中校团副、第57军627团团长及第111师333旅旅长、副师长和师长等职，西安事变时他是东北军最年轻的团长。万毅于1937年参加南京保卫战，全团尽没，只身幸免；1938年加入中国共产党；1944年担任八路军滨海支队支队长，率部在连云港等地阻击日伪军，破坏日军的铁路交通线，开展游击战争；1950年参加抗美援朝战争，任中国人民志愿军特种兵司令员、中国人民志愿军炮兵司令员。1997年10月31日因病在北京逝世。

另外，东北讲武堂还有一位肄业的学员，他就是东北作家群的领军人物——萧军。

萧军，辽宁义县人，1925年投效奉军驻吉林陆军34团骑兵营，后投考吉林宪兵第二营宪兵训练所宪兵学生队。1928年，萧军报考了东北讲武堂第六期军士教导队，同年被推荐参加东北讲武堂第九期骑兵科，但因与人斗殴而被关“重禁闭”，后除名。萧军为此写下了最著名的一首诗《开除以后》：“读书击剑两无成，空把韶华误请缨。但得能为天下雨，白云原自一身轻。”九一八事变后，萧军与方靖远一起在哈尔滨参加了冯占海的抗日部队。日军占领哈尔滨后，萧军执意留下来，化名“三郎”专门从事文学创作，随后认识萧红，开

东三省陆军讲武堂

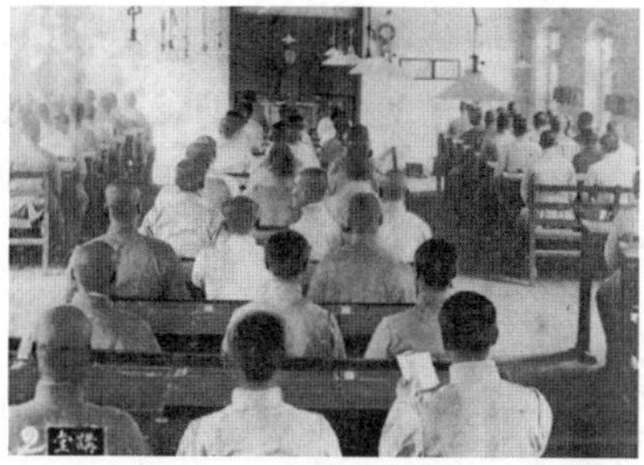

课堂上

学员宿舍

学员在操练劈刺

始共同生活。

萧军的人生经历很丰富，做过宪兵、编辑、作家、出版人、医生、文物专家，他的职业与当代中国历史发展息息相关。1936年，他是鲁迅万人出殡队伍的总指挥，作为鲁迅的忠实弟子，鲁迅的名字影响其一生。他也是极少数与鲁迅和毛泽东都密切接触过的作家。

东北大马路

1922年，张作霖在第一次直奉战争中失利，退回山海关外整军经武，在沈阳东郊东山嘴子，也就是现在的沈阳炮兵学院附近建立了东大营。为了交通便利，张作霖于1925年在沈阳古城大北边门外修筑了一条东北—西南走向的大马路，并亲自将其命名为“东北大马路”。

当时，在东北大马路中段的“大广场”上，也就是现在东北大马路和东辽街路口，专门竖立了一座张作霖铜像。一般的铜像都是坐北朝南，而这个铜像却是坐东朝西，完全不顾民间朝西就是“归西”的忌讳，意思是一心向西入关、入主中原！不久，张作霖果然打进北京，就任北洋军政府陆海军大元帅，成为国家最高统治者。可惜好景不长，1928年，他被迫撤回沈阳时，在皇姑屯被日本人炸伤，回到大帅府后一命归西。

而那座坐东朝西的铜像，在日本人侵占沈阳以后，被当作军需物资拆掉了。这条东北大马路，却连路带名完好无损地保存下来，现在是沈阳市区的主要交通干线。

现在的东北大马路，一边是骨科医院，另一边是陶瓷城。继续往东北延伸是东望街，过王家沟收费站，之后奔向蒲河、清水台，这是通往铁岭的咽喉要道。不过，当初东北大马路的东北方向可没有这么热闹，它的目的地，就是东大营。

1922年夏，东大营是一片叫作“山嘴子”的肥沃农田，张作霖要扩编队伍，安排郭松龄在这里修建新营房。至于为什么看好这里，原因可能是：沈阳的南面有浑河，雨季涨水，对建营房和军事训练都不利；西面离日本控制的南满铁路太近；北面又有北大营；只有沈阳东面为丘陵地带，是建营房的好地方，也是军事训练的好场地。这里背靠天柱山，扼守沈阳东面之要冲，可与北大营互为犄角同气连声，如有危难相互策应，可惜当初的想法后来并没有实现。

1925年，东大营的西、东、南3个院陆续建成。除了南院在九一八事变后被毁掉以外，东、西两院的主建筑现在还留存着一部分，其中西院就是郭松龄主办的东北陆军军官教育班的驻地，驻守在东院的是东北陆军第7师第5旅第84团。1925年10月中旬，郭松龄在反奉之前成立了东北陆军补充总队，驻守东大营。11月下旬，郭松龄反奉刚开始，驻东大营两个新兵团的军官就被解除了武装，而全部新兵则调给新成立的刘翼飞旅，从东大营开走了。一直到1928年，东大营都处于受冷落的状态。

东大营与北大营不同：北大营是纯军营；东大营不但有军营，还有军校，这个军校就是1928年秋从小东边门外搬来的东北讲武堂。

自此，东大营迎来了仅有3年的光辉岁月。张学良把东北讲武堂迁移到东大营后进行了大力扩充，1928年到1931年的3期学员人数比1928年之前的8期学员人数还要多得多，东大营的西、东、南三院住满了人，到处是勃勃生机。同时，张学良还把东北“所有军事教育机关，一律并归讲武堂，由该堂监督直接管辖”，讲武堂监督由张学良自任。此时的东北讲武堂，是名副其实的东北最高军事学府，其策划之周详、规模之大、人数之多、水平之高，即便与同时期的黄埔军校相比，也属先进。而东大营也因此名噪一时，不可避免地成为日本人的眼中钉、肉中刺。

1931年九一八事变时，北大营在张学良的不抵抗命令下迅速失守，东北军独立第七旅由北大营向东退却，日本关东军怕北大营与东大营兵合一处背靠天柱山进行反击，迅速组织兵力准备伺机进攻东大营，包括独立守备队3个大队、第二师团的两个联队及一个炮兵联队、一个工兵中队。当时东大营里共有2500人左右，包括第11期东北讲武堂学员、教职员工以及学生兵和“高研班”“炮研班”“工研班”等，其中配备武器的，只有步兵教导队650名入伍不久的学生兵，没有正规作战部队，也没有组织领导机构。9月18日当晚，东大营的对外联络即被切断，次日一早，情报不明、群龙无首的2500人一枪没放地整军退出了东大营，在与第七旅会合后共同退往山海关。

东大营在被日本关东军侵占后，南院被焚；西院在1932年以后变成了伪满“中央陆军训练处”，这是伪满军政部成立最早、延续时间最长的军事教育训练机构；东院在1934年成立了伪满“独立第一自动车队”，这是一所专门为侵华日军和伪军培养辎重兵和汽车修理人员的学校。现在，在沈阳炮兵学院原机关办公楼后面，还能找到一座当年侵华日军修建的“独立第一自动车队创立纪念碑”。

抗战胜利后，沈阳东大营成为国民党军队的兵营，先后有多支国民党军队在这里驻扎。黄埔军校的分支——国民党陆军军官学校第三军官训练班曾在此办过学，当时的任务是轮训国民党正规军从准尉到上尉的在职军官。1948年10月12日，辽沈战役正在进行，时任国民

延安炮兵学校

党东北“剿总”总司令的卫立煌命令第三军官训练班停课撤入沈阳城内，负责维护治安和担任东塔机场的警戒。11月1日清晨，训练班代主任姜明文（少将）率第三军官训练班全体人员向解放军投诚。

1991年，八一电影制片厂推出一部电影《大决战：辽沈战役》，影片的第73分钟，辽沈战役刚刚拉开序幕，有人向东北野战军政委罗荣桓和参谋长刘亚楼报告说，炮纵司令员朱瑞同志在义县不幸触雷牺牲了。刘亚楼问要不要告诉林总，罗荣桓颤抖着吸了一大口烟说，等一等。

电影中并未出场却在历史上举足轻重的这位朱瑞同志，后来被称作“解放军炮兵之父”。毕业于莫斯科中山大学和莫斯科克拉辛炮兵学校的朱瑞参加过长征，抗战时期做过中共中央北方局军委书记、八路军第一纵队政委，抗战胜利后作为延安炮兵学校代校长率领延安炮校师生赶赴东北。通过与苏军谈判、到各地搜集武器等，他将最初只有64门迫击炮、59个掷弹筒的东北炮兵发展成为辽沈战役开始前拥有4700门火炮的强大武装部队。

之所以说这么一段掌故，是因为迁至东北一直在发展并更改名字的延安炮兵学校，在朱瑞牺牲以后被中央军委命名为朱瑞炮兵学校，1949年2月29日，朱瑞炮兵学校由牡丹江移驻沈阳东大营，也就是现在的沈阳炮兵学院。

时至今日，人们依然可以通过东北大马路来到当年东大营的所在地区，这里还有山嘴子路、东大营街，以及相关的历史遗迹可供凭吊。近百年的历程中，这里从未断绝军营和军校的气息，可能这就是一个地区独有的使命。

北大营街

沈阳市大东区北部的北大营街，南起合作街南卡门路，向北穿过观泉路，直至东陵区北小街。它虽然没有两侧的望花南街、沈铁路那么繁华嘈杂，却因为这里曾经有一个北大营，让人无法忘怀。光绪三十三年（1907年），时任东三省总督徐世昌为增强奉天防务兴建了北大营。整个营垣呈四方形，四周筑有2米高的土围墙，每边长2000多米，外侧还掘有1米深、3米宽的壕沟，一共可以驻扎20个营的兵力。偌大一个北大营，却在1931年9月18日夜陷入了无底的深渊。日本关东军借口柳条湖事件，突袭东北军驻地北大营。时任东北军参谋长荣臻紧急向正在北平中和戏院观赏梅兰芳《宇宙锋》的张学良请示，最终得到的回应是：不得开枪还击。8000名东北军精锐第七旅被“不抵抗，等候交涉”的命令逼入绝境。尽管620团团长王铁汉率己部打响了抗战第一枪，但面对有备而来的侵略者，一个团杯水车薪的反击根本无法挽救危局。短短几个小时后，奉天沦陷了。

曾经的北大营现在已经几乎被毁坏殆尽，要想凭吊当年的遗迹，只能在北大营街这个地名上去感受一二了。

“北大营街”四个字一般人不会读错，但是这条街南端的“南卡门路”却常常被人读错。实际上，北大营和南卡门牢不可分。北大营是正方形，每边边长大约3000米，每边的中点都有一个带岗哨的卡子门，其中南卡子门最大最完备，有昼夜分班站岗巡逻的卫兵室，门外还有两个岗亭，只有经过这里才有一条大路直达北大营里的旅部指挥机关。现在北大营里面的营房早就被拆没了，四周的土围子和卡子门也早就没了，由南卡子门得来的南卡门路倒是还在，却常常被人读错，把“qiǎ”误读为“kǎ”。

当时的《大阪朝日新闻》等报纸诬陷中国军队挑起事端，后来的《满洲事变杂谈》等书籍也颠倒黑白地说关东军长期备受欺凌，此时忍无可忍才愤而反击。实际上，战后《远东国际军事法庭判决书》里有明确认定：“‘柳条湖事件’是日本人有计划实行的。”

与关东军高级参谋板垣征四郎和关东军作战参谋石原莞尔一起策划“柳条湖事件”的奉天特务机关辅佐官花谷正后来在《文献昭和史》中说了实话：“18日夜，月近半圆，高粱地黑沉沉的一片；疏星点点，长空欲坠。岛本大队川岛中队的河本末守中尉以巡查铁路线为名，带领数名部下向柳条沟走去。一面从旁边观察北大营的兵营，一面选了个离兵营约800米往南去的地点。河本亲自把骑兵用的小型炸药安装在铁轨下，并点了火。时间是晚上10点过了。‘轰’地一声炸响，铁轨和枕木都炸飞了。”就是此人收了河本大作5万日元活动经费，河本大作是炸死张作霖的首犯，因皇姑屯事件被免职后出任中日实业公司顾问，在1931年9月初专门飞到奉天“雪中送炭”，而他与矶谷廉介、多田骏、板垣征四郎、喜多诚一、石原莞尔、花谷正、桥本欣五郎等都是法西斯军人少壮派组织——二叶会的成员。由此可以看出，当时的日本政府及内阁并没有支持此次事变，也管不住当时的关东军右翼军官。可以说，侵略者对东北垂涎已久，但是主政东北的张学良却没有能够正确判断。

驻守北大营的是王以哲号称“模范”“精锐”的独立第七旅，七旅下属619、620、621三个团，此外还有旅部直属的4个连，战斗人员总计7000余人。每个连都配备了捷克式轻机枪12挺、捷克式步枪120支。第七旅的军官一部分毕业于保定军校，其余大部分毕业于东北讲武堂，甚至有少数军官毕业于日本士官学校。而从北大营西北角杀入的是日军驻扎在文官屯一带的第三中队，这支部队隶属于驻守沈阳的日本独立守备队的第二大队，大队相当于营标配一千一百人，不过独立守备队的总兵员只有这个数字的一半多一点。《进攻北大营经

日本人拍摄的日本关东军进攻北大营的照片

过及军力配置图》上标注："日本军参加兵力约六百名，支那军兵力八千乃至一万。"这些士兵刚攻入北大营的时候还很心虚，因为弹药不足，都是先使用刺刀，见人就扎。

当天晚上，旅长王以哲因参加水灾赈济，没住在北大营营房，留在旅部的最高长官是参谋长赵镇藩。赵镇藩立即打电话向东北军参谋长荣臻请命，得到的指示是："不准抵抗，不准动，将枪收入库房。对进入营房的日军，任何人不准开枪还击。"这个指示一点也不奇怪，尽管关东军以万宝山事件和中村事件多次挑衅，张学良依然在9月6日给荣臻及东北三省政务委员会发去了"鱼电"："现在日方对我外交渐趋积极，应付一切，极宜力求稳慎，对于日人无论其如何寻事，我方务须万方容忍，不可与之反抗，致酿事端。希迅即密电各属，切实注意为要。"当时王以哲从家里打来电话说："队伍不要动，枪交回仓库，士兵回去睡觉。日本人如果进来有官长出面交涉，日本人要什么给什么，不要打。"

于是，日军由西北角冲入北大营后进行的几乎就是没有任何反抗的杀戮，首当其冲的621团损失惨重，向东溃逃；619团和旅部直属的一些部队由于驻扎在东面，没和敌人正面接触，才得以整队撤走；东北陆军讲武堂第四期步科毕业的620团团长王铁汉听到枪炮声后，马上从家里骑马跑到军营，为了带领部队突围，冒着违抗军令的风险，命620团士兵利用营房及已有的简单工事，对前进的日军予以还击。日本关东军绘制的《进攻北大营经过及军力配置图》上"步兵第六二〇团第二营顽强抵抗""一时四十分受到猛烈射击"两段文字证实了当时的战况。王铁汉率部还击的同时，赵镇藩趁机组织部队按照平时的演习路线向东山嘴子撤退，至19日晨5时30分第七旅官兵全部撤出营垣，北大营沦陷。

北大营一战，日军伤亡25人，东北军伤亡、失踪总计483人。王铁汉曾经说："我们手上就几颗子弹都能打成这样，如果豁出去打，我们旅有1万多人，那几百个鬼子肯定被我们全歼！"可惜仓皇败出北大营的第七旅因此丢失了大量重武器，在后来的转移过程中由于缺吃少穿，部队逃亡很多，在历尽艰难退到山城镇的时候，竟遭到东边道镇守使于芷山（当年10月公开投敌）的趁火打劫，被收缴了大部

“北大营战绩纪念碑”旧影

分武器。等他们退到锦州的时候，独立第七旅这支东北军的王牌部队已经彻底没有了曾经参加东北军最大规模阅兵时的威风凛凛，只能虎落平阳被犬欺。随着部队撤走，沈阳以及整个东北都沦陷了，北大营也沦为鱼肉，任人处置。1938年日本关东军甚至在北大营西侧原621团驻地附近建了一个北大营战绩纪念碑，直到1945年沈阳光复以后才被推倒，但它的基座一直留到了21世纪，成为住宅小区围墙的一部分，后来也被拆除。北大营的营房当然不能幸免，在几十年不断地破坏和拆除之后，所有的一切都在2005年的大东区城市改造过程中灰飞烟灭。

2010年，沈阳市文物保护志愿者在不断地实地考察和走访中，发现了三趟青砖建造的北大营营房旧址，它们后来被证实是漏网的620团的战车营和军乐队营。2012年9月，这里被批准为沈阳市不可移动文物，2014年11月又被批准为辽宁省级文物保护单位。这三趟房子能留下来不容易，位置在当年北大营的东墙附近，现在柳林街北头的左手边，门牌号码是柳林街2-9号。

东塔街

清初四塔四寺之一的东塔建于清崇德八年（1643年），顺治二年（1645年）完工，乾隆皇帝曾为塔侧的护国永光寺题写匾额“慈育群灵”，挂在大殿之上。东塔永光寺位于沈阳市大东区东塔街2号，东塔街的名字自然是由东塔而来。包括张作霖在1921年建的奉天东飞行场，就是后来的东塔机场也是由此而来。此后数年，东塔机场都是东北地区最重要和最大的机场，直到1989年被桃仙国际机场取代而逐渐退出历史舞台。东塔街6号是闻名遐迩的中航工业沈阳黎明航空发动机集团有限责任公司。它的前身是始建于1920年的奉天兵工厂，1931年日伪时期改为伪满洲国造兵所，1948年11月改为沈阳兵工总厂一分厂。新中国成立以后筹建四一〇厂，成为我国一五时期建立的第一家航空发动机制造企业。1965年改为黎明机械厂，1982年改作航空航天工业部发动机制造公司，2001年改成现在的名字。该公司在当地影响很大，附近的和睦路及其南北派生出的四条路其实都是以前黎明机械厂的宿舍区通道。和睦路南侧的姊妹路善邻路也是如此，二者名字关联，有善邻和睦的意思。这里还有1920年创办的东三省航空处，它是东北地区最早的空军基地，1951年称作沈阳新光机械厂，1959年之后研制出我国第一台航空喷气式飞机发动机，现在是位于东塔街1号的沈阳航天新光集团有限公司。

临河的东塔街固然历史悠久，但是如果从交通角度来考量，它并不如在南端与其垂直的长安路。由大东路向东延伸而来的长安路是当年张作霖筹建军工厂以及机场时修建的，它是大东区历史上第一条沥青马路，以前这条路上还跑过有轨电车和无轨电车，可以直达沈阳站。东塔街以长安路为对称轴对应的南侧的一大片开阔的区域，就是与东塔街一样以东塔命名的东塔机场。要是说起东塔机场的故事，那是非同小可。由于它是近70年间沈阳最主要的机场，出入过东塔机场的近现代史上的大人物，有如过江之鲫，不胜枚举，发生过的事情，也很难说尽。

1917年7月，段祺瑞的讨逆军在讨伐张勋的辫子军时在北京紫禁城实施了中国近代战争史上的首次空军轰炸，效果甚佳，再加上第一次世界大战中空军大显神威，眼红心热的张作霖开始准备筹建自己的空军。1920年直皖大战，张作霖以调停人的身份入关坐收渔翁之利，皖系段祺瑞被彻底击垮，其帐下4架英国大威梅双翼360马力旅客运输机、4架小威梅单翼360马力侦查教练机，被张作霖带回了东北。这8架飞机就是东北空军最开始的家底。同年，张作霖在沈阳东郊筹建机场并成立航空处。1921年夏，“奉天东飞行场”（也就是后来的东塔机场）正式投入使用。初建的机场拥有两座机库和一条500米长的土质跑道，这是东北地区第一座大型机场。

随后的几年间，张氏父子竭力扩充航空处，发展航空业，从法国、德国、捷克、意大利及日本购买飞机，并且组建科研力量自行建造飞机。在人员方面，除了接受及招募各地飞行人才之外，张学良还创办了航空学校，培养自己的飞行员，并选出优秀学员送往法国、意大利留学，共培养了100多名航空人才。在张作霖生前的东北空军全盛时期，装备有飞机近300架，拥有飞龙、飞虎、飞鹏、飞鹰、飞豹5个航空队，在第二次直奉战争、南口战役等军阀混战中占据绝对的空中优势。据石友三的参谋长唐帮值回忆：“当时东北军飞机亦参加战斗，不断低空飞行，对我军进行轰炸。我军有一个迫击炮连，被飞机炸毁，人员骡马伤亡殆尽。”各路军阀在吃亏之后开始惦记奉军之中的这些空中精英，想尽办法要挖墙脚，当时张学良曾指示机械处处长徐世英：“把在法学习的全部28名航空学员，全部由准尉提升为中尉……回国后，不用几年，只要尽忠职守，全都可以提升为少校和中校……”这些学员中就有后来在抗日战场上以身殉国的飞行英雄高志航，他回国以后做了东北航空处飞鹰队队长、东北航空教育班少校教官。

可惜好景不长，张作霖死后，张学良在中东路事件中决策失误，空军损失惨重。九一八事变中，他再次决策失误，致使空军遭受了灭顶之灾。

1931年9月19日清晨，沈阳东塔机场突然遭到日军飞机长达一个多小时的狂轰滥炸，而飞机武器装备齐全，飞行人员齐整，升空就可以作战的东北空军，却没有一点动静。原来，3天前也就是9月15日，面对日军的种种侵略迹象，当时唯一留守在奉天的东北空军长官陈海华给远在北平的张学良打去请示电话，得到的却是张学良“命令全体空军官兵不得擅自行动”的命令。9月18日晚，东北军参谋长荣臻也传达了命令：“日军闹事，不准抵抗。如有不听命令滋事的，军法处置。”飞行员们只能无奈地撤离机场。

东塔机场上的100多架飞机损失殆尽，就连刚刚从捷克成套购买

当年东塔机场上的飞机

的尚未安装的机件也落入了日本人的手中。随着东三省的沦陷，东北空军在关外的260架飞机全部被日军缴获。无奈之下，张学良命令张焕相在北平组织司令部，收容那些东北的空军人员，以原待遇发放俸禄，为以后重整旗鼓做准备。从此东北军没有了话语权，东北空军也并入了当时的中央航空军，而这些曾经梦想打回老家去的飞行员，有的改任教官，有的改为地勤。张氏父子苦心经营、曾经辉煌的东北空军为中国人民培养了高志航这样的飞行员，他和他的战友们在抗日战争中是中国空军的中坚力量，发挥了巨大的作用。不过，东塔机场从此沦为日本人侵华的空军基地。

还有一个把命运转折点扔在东塔机场上的人。1945年8月19日中午，伪满洲国皇帝溥仪从通化飞抵沈阳，飞机降落到东塔机场后，溥仪进入贵宾候机厅等候转机逃往东京。而此时，苏军接收沈阳的先头部队——第六坦克旅官兵在东塔机场空降并将溥仪逮捕。这位日本人的傀儡皇帝，终究不能永远依靠日本人保护，沦为阶下囚。

东塔机场见证了曾经长期在全国领先的东北军用和民用航空事业，直至今日，它依然在发挥着极为重要的作用。

魁星楼路

在沈阳古城外的东南角，大东区万泉河北岸，早年间有一座高

魁星楼旧影

楼，楼上窗开四面，风景宜人；极目远眺，观音阁凤凰楼，遥相呼应；近处的万泉河莲花湖，莲花争艳、游船如织、景色宜人，尤其是黄昏时分，登楼远眺，夕照晚霞，一望千里，美景如幻，是为盛京八景之一“星阁晴霞”。此楼就是读书人必来的魁星楼。这座魁星楼始建于明代崇祯元年，之后的近300年，无数东北学子，在进京赶考之前，都要到魁星楼来叩拜手持朱笔砚斗独占鳌头的魁星，祈求能在科举考试中金榜题名。

为中华之崛起而读书的少年周恩来，在东关模范两等小学校读书时，由于相距不远，经常与同学来此游玩。可惜沈阳魁星楼在20世纪60年代被拆毁了。现在，它的旧址已经被一栋8层居民楼替代，能让我们后人依然记得它的，只有它曾经驻足过的魁星楼路了。

要想在这条魁星楼路上回望历史，只能去魁星楼路6号看看幸存的始建于1921年的杨宇霆公馆旧址。

杨宇霆公馆在当时的魁星楼西侧200多米的位置，现存一座主楼和一个青砖灰瓦的四合院。当年，势力一度如日中天的杨公馆威风八面，影响着时政，杨宇霆就是在这里接待各地的官僚政客。

出生于现在沈阳市法库县蛇山沟村的杨宇霆，从小聪慧过人，从日本陆军士官学校第八期步科毕业后，凭着与时任陆军次长的学长徐树铮的关系，以及纵横捭阖、杀伐决断的手腕，在出任奉军参谋长、东北陆军训练总监、东三省兵工厂总办、奉军第三和第四军团司令、

杨宇霆公馆主楼

江苏军务督办、安国军参谋总长、东北政务委员会委员、国民政府委员等职务期间，为奉系军阀立下了汗马功劳。尤其是1918年他设计的著名的秦皇岛劫械事件，直接将奉军发展为一支劲旅，才有了之后10年奉军的光辉岁月。

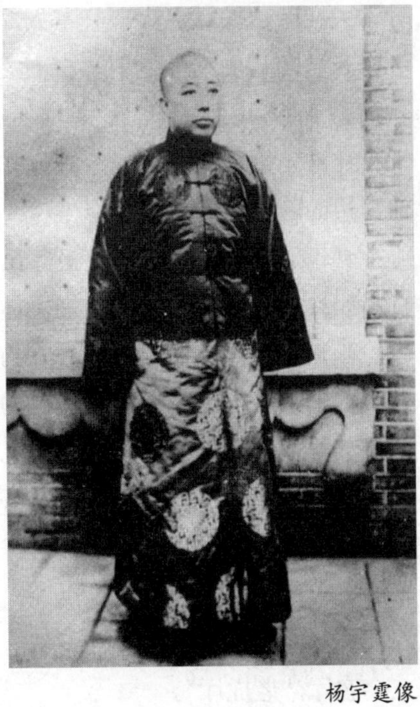

杨宇霆像

张作霖生前十分器重他，杨宇霆也以宰相对皇帝自比，对张作霖忠心不二。不过，自古就是一朝天子一朝臣，杨宇霆不会不懂这浅显的道理，只不过他太自负好胜。作为一个烟酒不沾，没有什么特别嗜好的正统军人，他所有的精力都放在了建功立业上，脑海中唯有前进前进再前进。年轻时，为了练骑术，他曾经半夜偷着骑马而被战马咬伤。领兵后，对违例士兵不论亲疏，一律严加处罚。他明明有秘书，却经常亲自批阅文件到深夜。他心胸狭窄，对与自己不睦的人从不宽容，速杀郭松龄一事就是明证。他这样的人，越有能力就越会成为别人的眼中钉。

张作霖死后，杨宇霆根本不把张学良放在眼里。比张作霖小10岁、比张学良大16岁的他常常以元老和父辈自居，管教时年27岁的张学良。张学良向他询问情况或发表主张的时候，杨宇霆常常以斥责的口吻说："你不懂，别瞎掺和，我会做决定。"据说有一次属下求见张学良不得，被逼无奈只好找杨宇霆。他大怒道："汉卿子承父业，如此下去，抽死得了。"（当时张学良已有毒瘾）他直接到帅府问卫兵："少帅何在?"卫兵答："尚未起床。"杨宇霆怒气冲冲地来到张学良卧室外，使劲踹门并大声道："我是杨邻葛，快起来，有公事。"张学良急忙披衣而出，杨宇霆指其骂道："老帅在世可不这样，混账东西，你若这样，东北的事能干好吗?"张学良忍无可忍，破例回敬了一句："我干不了你干!"

张学良本来因为郭松龄被杀等事，一直对杨宇霆不满，但不至于要杀他，真正能杀他的原因无非是"功高震主"，尤其是不怀好意的日本人在旁边煽风点火。日本人深知杨宇霆的存在是他们侵占东北的一个重要障碍，对于这种"邻国之贤，敌国之仇"，必须要想方设法除掉，于是利用"反间计"。他们送给张学良一本《日本外传》，将张学良比作丰臣秀吉，将杨宇霆比作德川家康，暗示张学良：杨宇霆是他身边的隐患，要及早除掉。

真正的导火索是杨宇霆极其反对"东北易帜"，在1928年12月29日易帜典礼当天公然拒不参加集体留影，杨公馆也拒不悬挂青天白日旗。随后的1929年1月5日，在有程砚秋唱堂会、孙传芳负责接待、林久治郎亲来捧场的杨宇霆父亲的寿宴上，张学良携重金拜寿却得到了极其普通的招待。张学良亲眼见到自己在东北军高级军官中的威信远远不及杨宇霆，此时张学良的杀心越来越坚定。直到1929年1月10日，杨宇霆与黑龙江省主席常荫槐向张学良提出成立东北铁路督办公署的要求，张学良推说晚餐再说，后召警务处处长高纪毅进府。当天晚上，杨宇霆与常荫槐被高纪毅、谭海率领6名卫士杀害于大帅府第三会客厅"老虎厅"。

杨宇霆自以为是“周公辅佐成王”，张学良却认为是“管叔预谋造反”。张学良有必杀之心，杨宇霆也有作死之意，二人未拍即合，怎么可能避免自毁长城之举？杨宇霆死后，东北本来“主少国疑”的局面被打破，张学良立威成功，却也造成了极大的恶果。知日派杨宇霆韬光养晦发展的政策彻底失败，东北也陷入了重重危机。

有人说，如果杨宇霆不死，就不会有“中东路事件”和九一八事变的惨败，胡适甚至在1934年的日记中写道：“杨宇霆若不死，东北四省必不会如此轻易失掉。”不过，这样的推断实在没法较真。

天后宫路

沈阳有一条以天后宫命名的街路，叫“天后宫路”，它横跨沈河区东北部和大东区西北部，西接哈尔滨路，东至草仓路，与东西快速干道重合，是东西方向的重要通道。天后宫路始建于清代，曾分段命名为西横街、东横街、望北楼西胡同等。1957年，沈阳市有关部门在规划全市街路地名时，即以清代此地建有天后宫，命名为天后宫路，沿用至今。今天的沈阳26中学，即为原天后宫遗址。

1905年的天后宫

据说当初盛京城商贾行市兴起的时候，不但有大量闯关东的山东人、直隶人过来，关内南方各省的买卖人也纷纷奔赴东北经商，把南方的丝绸、水果、海鲜与东北的人参、鹿茸、皮毛、蘑菇通过海陆渠道进行交易。有一些福建籍、江浙籍的客商在古城的地载门外地载关附近修建了一处闽江会馆。清乾隆四十七年（1782年），其中有一个叫陈应龙的福建人多次经商失败，遂发愿斥巨资在沈阳捐建一座天后宫礼事，祈求天后妈祖保佑过海商人往来平安，生意发达。那时的天后宫规模宏大，建筑壮观，山门两旁挂有“江南归雨，塞北停云”的楹联，宫檐两侧还有排成竖列的望天犼，栩栩如生。现在这座恢宏的天后宫早已不存，但还有以此命名的天后宫路，承载着当年南方商人在沈阳的故事。

天后宫路上有一个万寿小区，小区里有个万寿巷5号，就是建于1924年的常荫槐公馆，现在由大东区工商联和各民主党派使用。常公馆的规格虽然没有杨公馆那么高，却是一栋地上两层、坐北朝南的砖混结构楼房，有3个通风照明的天窗。一楼中间是舞厅，二楼有弧形露台，院子中间有花坛，东西两侧有月亮门，非常气派。

常荫槐，1888年生于吉林梨树，比杨宇霆小3岁，二人虽然并非同年同月同日生，却在1929年1月10日“杨常事件”中同年同月同日死，还同在“老虎厅”那一个地方，被同一批卫士按住枪击后脑数枪，还被同一个人送了挽联。张学良给杨宇霆写的挽联是：“讵同西蜀偏安，总为幼常挥痛泪；凄绝东山零雨，终怜管叔误流言。”给常荫槐的挽联是：“天地鉴余心，同为流言悲蔡叔；江山还汉室，敢因家事罪淮阴。”说他们俩一个是马谡一个是韩信，杀你们是迫不得已；要么就一个是管叔一个是蔡叔，管叔的年纪也比蔡叔大，与周公旦一样，都是周武王姬发的弟弟，但就他们俩散布流言造了反。据丁中江《北洋军阀史话》记载，虽然挽联是张学良送的，内容却是当时供职于奉军的常熟才子杨云史（李鸿章的孙女婿）代拟的。

张学良在通电中写道：“乃杨、常朋比，操纵把持，致使一切政务，受其牵制，各事无从进行。”同样受张作霖生前器重的常荫槐都干了什么让张学良受牵制的事儿呢？

常荫槐像

1928年6月4日，“皇姑屯事件”发生，张作霖被炸身亡，而同车归来的常荫槐却没什么事儿。不久后，经杨宇霆荐举，常荫槐出任黑龙江省省长。常荫槐到任后，北宁铁路局局长、东北交通委员会委员长两职均未辞去。尽管张学良再三催促，让常荫槐尽快辞去两处兼职，但他依然揽权不放，拖延去职。他以黑龙江为根据地，狠抓兵权，与黑龙江军务督办万福麟分庭抗礼，争权夺势。借助哥哥常荫廷的实力，以及杨宇霆通过兵工厂资助的枪械弹药，常荫槐擅自动用铁路资金，大肆编练约20个营兵力的山林警备队，扩充自己的实力。对此，张学良非但不同意，还生出了戒心，他说：“黑省既有国防军，又有省防军，无须再编练山林警备队。”但是，常荫槐置若罔闻，我行我素，继续扩军练兵。

常荫槐时时处处都与杨宇霆一个鼻孔出气，他对杨宇霆俯首帖耳，对张学良则是满不在乎。杨宇霆要钱扩充兵工厂，他拿铁路收入垫付；张学良要钱发军饷，他却百般推托。杨宇霆总说张学良什么都不懂，还是个孩子；常荫槐更甚，背地里叫张学良“小六子”，当面叫“六爷”。这在东北军政界绝无仅有，就他敢用这么戏谑的口气说话。杨常二人对待最高行政军事长官尚且如此，对其他追随张学良的不如他们俩的元老更是张口就骂。而鉴于杨常的势力太大，东北各地的元老们敢怒而不敢言，只好暗地里向张学良谏言。由此观之，常荫槐被杀，似乎在意料之中。

大帅府内大青楼东北角第三会客厅，因为里面放了两只汤玉麟送给张作霖的两只老虎标本而被人们叫成“老虎厅”。张作霖对此非常喜欢，还专门和两只老虎标本在厅里合过影。不过，这两只100年前的老虎之中的一只被杨、常二人给坑了。处决他们俩的时候，不知道是谁的血溅到了曾与张作霖合影的一只老虎标本上，后来那只老虎标本竟慢慢地腐朽烂掉了。另外的一只老虎标本，被张学良夫妇后来送给了沈阳同泽中学，至今仍保存在那里。

尽管常荫槐未得善终，但这并不能抹杀他在自己的工作岗位上做出过的有益于东北地区的贡献。

常荫槐，1910年毕业于奉天法政学堂，随后去了黑龙江，后来在许兰洲帐下做军法处处长。1917年秋，许兰洲归顺张作霖，常荫槐也就跟着加入了奉军。1922年第一次直奉战争期间，他以法度严明而受张作霖赏识，升任为奉天军警执法处处长，不久后又担任清乡会办和全省清乡督办。他当时在严格整肃军纪、打击兵匪强盗、维持社会治安方面，做了不少工作，也得到不错的评价。

张作霖大力发展自建铁路，当时奉系铁路主要由常荫槐负责，因其精明强干，大力整顿铁路交通，京奉路局一跃成为全国模范路局之一。其后，他不顾日本人的抗议，毅然废止了奉海铁路与满铁联运合同，解决了奉海铁路机车车辆不足的困难，使中国自建自营的奉海路迅速扭亏为盈，成为中外闻名的铁路干线。

1925年，常荫槐任京奉铁路局局长，1926年兼任奉军第三、第四方面军团政务处处长、交通司令。1927年张作霖就任中华民国陆海军大元帅，成立潘馥内阁，常荫槐任交通部次长，部长虽然是潘馥兼任，实际上是由常荫槐掌管部务。

在此期间，他奉张作霖之命，筹建战略地位十分重要的打虎山到通辽之间的“打通铁路”，尽管日本人以“打通铁路是南满铁路的平行线，违反条约”为由，“屡次提出严重抗议”，甚至威胁恫吓，但常荫槐不为所动，据理力争，顶住压力，全力以赴加班加点，甚至长期坚持昼夜现场办公，督促工程进展，使得“打通铁路”在很短的时间内迅速建成。时任日本驻奉天总领事吉田茂说过：“最为日本方面所不满意者，就是常荫槐。”时任日本驻华公使的芳泽谦吉曾多次与常荫槐打交道，在他的回忆录中，提到常荫槐“才能优异、魄力雄伟、个性倔强而在种种意义上均很优越……他们都是不服输的刚毅之人，都是非常倔强的人”。

除此之外，常荫槐还很重视培养铁路人才，成立交通教育监督处，在铁路交通线路上的重要城镇设立扶轮中、小学等。在任交通部次长、代总长期间，常荫槐同时还兼任交通部唐山大学即唐山交通大学的校长。他利用历年来京奉铁路局拖欠唐山交大的办学经费，创办了唐山交通大学锦县分校，设管理、工程、矿冶3个系。1929年锦县分校独立，改称东北交通大学，张学良任校长；1931年6月，该校与东北大学合并。

当然，正是因为他仰仗着能力、作出过贡献、倚靠着杨宇霆而目中无人，才能跟左右说出“奉军所有的车辆都归他管”这种自掘坟墓的话来。

草仓路

沈阳市大东区西南部有一条路叫“草仓路”，它西起大北关街，与天后宫路相连，东至东边城街，向珠林路延伸，是一条非常重要的东西交通干道。草仓路得名于清代初年，这里有一个军用饲草仓库，所以这条路就被叫作“草仓胡同”，直到1957年改名为草仓路至今。清末宣统年间，现在的草仓路东北部，靠近新开河的一大片区域被划做了奉天八旗满蒙文中学堂。虽然当时的旗人子弟已经在努力变化适应新时代，却挡不住历史车轮滚滚向前，清朝灭亡，八旗瓦解，学堂被并入蒙文学堂，后来和内务府中学一起改名为“筹边中学”，迁至小津桥东喇嘛台。1922年，这里变成了张作霖的奉天陆军粮秣厂，内有饼干厂、罐头厂、碾米厂以及蒸米酱油等车间，以供应当时30万奉军的需要。九一八事变以后，伪满政权在这里开办过军械厂和军械技术养成所，负责军械收发、保管、修理、补充、更新以及零部件储备。1945年抗战胜利以后，苏军把剩余的武器弹药全部拉走，只剩下了空空的库房和建筑。新中国成立以后，在军械厂原址上修建了沈阳市第五粮库。很长一段时间里，它肩负着为沈阳市东部地区军队和地

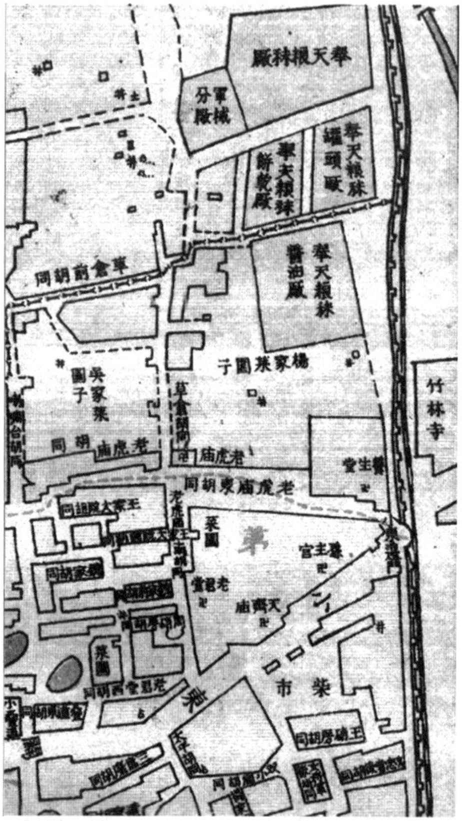

1927年的草仓胡同附近地图

方提供粮油供应的职责，一直到20世纪90年代中期。现在，这里已经变成了普通百姓居住的滨水社区，只有草仓路的名字还在提醒人们，这里跟粮草的渊源。

草仓路附近地区在清代除了有军用饲草仓库之外，越往东北越有大量的空地，越往西南越靠近城区越有人气。因为走出北顺城街再往北就出了大北关厢，按现在话讲就是城乡接合部了，这片地区与天后宫路附近地区有一个共同的特点就是庙宇特别多。

草仓路和小津桥路之间有一个小巷子叫老虎庙巷，得名于此地原来有一个在东北闻名遐迩的老虎庙。老虎庙其实是山神庙的俗称，沈阳的这座山神庙建于清乾隆二十年，即公元1755年。初建之时，这里是一幢四合院，门前左右各有一只精工雕刻的石虎，山门檐上高悬一大方匾额，上书“山神庙”，进了山门之后正对着的是正殿，东西两侧各有一配殿。世人皆知，关东有三宝：人参、貂皮、乌拉草。当猎户、参客从城里出发准备进山之前，一定都会到山神庙来拜一拜，祈求山神保佑，而百兽之王老虎，就被人借其“山大王”的威风，变作了山神。不过这座老虎庙早就没影了，也没有人打算复建。

草仓路隔壁的天后宫路本来就是从天后宫而来，而天后宫是从南方渡海而来。在天后宫路和北顺城路之间的德增路以西，现在白塔小学的位置，以前有一座八角十三层密檐式“释迦佛升天舍利塔”，也就是百姓俗称的“白塔”，塔下有崇寿寺。同治年间旅居盛京的文人刘世英在纂辑《陪都纪略》时，便将“凤楼观塔”列为留都十景之一。清末任翰林院编修及户部主事的缪润绂在其诗作《沈阳百咏》中也写过：“地载城边塔一枝，难从古寺问残碑。闲来每听居人说，建在城门未有时。”这座塔实际上建于辽代天祚帝乾统七年，即公元1107年。在《全辽文》卷十《释迦佛舍利升天塔石匣记》中就有“维乾统七年岁次丁亥四月小尽丁巳朔，十一日丁卯火日，选定辛时，于州北三岐道侧寺前，起建释迦佛生天舍利塔”的记载。当时正是辽天祚帝耶律延禧当政时期，也是契丹宗室贵族明争暗斗、各部族首领不断起兵、辽国统治逐渐走向崩溃的开始。不过，当时的沈州地区，中土传来的佛教却是十分繁荣，从皇帝到百姓都崇信佛教，修塔建庙也十分盛行，沈阳塔湾舍利塔、崇寿寺白塔等都是辽代建的。现在浑南白塔堡的白塔是按照辽塔的形制重建的，原本是明代永乐年

1912年的崇寿寺白塔

间的塔，因为在日俄战争里用作观测点而被炸毁。修错的原因是专家的错误指导，1952年，陈相屯村民把其发现的辽代“石函”上交到了上级政府苏家屯区白塔堡分区政府，结果被专家误会，那“石函”本属于陈相屯塔山塔，也就是集州辽塔，当然它已尸骨无存，被毁时间是解放战争时期。而崇寿寺白塔是在1957年被拆除的，现存的白塔小学最早可以追溯到清光绪三十三年，即公元1907年由奉天首任提学使张鹤龄创建的第一女子学校。

在由白塔而来的白塔路上有一座财神庙巷，原有财神庙一座，建于清康熙三十一年，即公元1692年，庙内供有文财神比干，曾经香火很旺，在“文革”期间被作为“四旧”拆除。从财神庙巷往西走过大北街，有一个中街北苑小区，经此能看见一座重建的火神庙。原来的火神庙始建于清康熙二十三年，即公元1684年，是道教正一派的庙宇，香火鼎盛之时，可以与东北道教全真派第一丛林的太清宫比肩，其中供奉的是火神爷。以前它被叫作“大北火神庙”，有别于已经消失了的大南火神庙。该庙直至1958年依然保存完好，共有64间房屋，公私合营之后先被改作幼儿宫，后来改作工厂，2000年被完全拆除，直到2004年由民间投资重修了大殿，复原了两甬石碑。

从火神庙顺着大北街向北走，走到孙烈臣公馆（现政协大东区委办公地）后身，能看到一条小路叫广乐街，里面本来有一条白衣庵巷，现在已经变成枫合万嘉小区里的私人菜园子。这里本来有一座白衣庵，始建于明嘉靖十八年，即公元1539年，1913年由张作霖投资扩建为广林寺，1958年被毁后改为民房、小学和工厂。张作霖愿意掏钱的原因很简单，他的三姨太宪夫人戴宪玉在这里遁入了空门。宪夫人本来是北镇县捕盗班头的准儿媳，后来被张作霖看上以后纳为了偏房，她并没有为张作霖生儿育女，并且她有很严重的洁癖，好争风，与张作霖部下陶历卿不合，性情暴躁，还患有癫痫病，一发作起来让人无法相处。不过，宪夫人出家的原因据传是她弟弟醉酒后用手枪把一整条街上的路灯全部射碎，宪夫人求情未果，张作霖命人把她弟弟给枪毙了。于是她的情绪更加不好，责打丫鬟，被张作霖怒骂之后，到白衣庵出了家。白衣庵扩建为广林寺后，她就是第一任长老，法名密亮。出家后不足两年，密亮在寺中圆寂，享年31岁。在张作霖的6位夫人中，她的命运算是最悲惨的，她没住过大帅府，在张作霖的葬礼上，连个夫人的名号都没留下。

天齐一巷

“会当凌绝顶，一览众山小。”诗圣杜甫的《望岳》赞的是东岳泰山，它雄伟巍峨、气势磅礴，被尊为五岳之首，中国古代帝王也大都把祭祀泰山当作重要的祭典，并对泰山屡加褒封。民间对于东岳泰山的尊敬体现在几乎每城可见、专供人们祈福求子的东岳庙，也就是普通百姓俗称的天齐庙，意思是与天同齐、高耸入云。老沈阳的天齐庙就在大东区小什字街以东，小津桥路和津桥路之间。据说它最开始在大东门内，始建时间已经没有明确记载。康熙十二年（1673年），天齐庙被迁移到大东门外，按照原建筑式样重建了一座。重建后，庙宇的占地面积达到一万多平方米，山门高大、殿宇辉煌。每年农历三月二十五日到四月初一的天齐庙会成了老沈阳最大最热闹的庙会。尤其是三月二十八庙会正日，商贩云集，游人如织，善男信女，人头攒动，顶礼膜拜，焚香祷告，或求婚求子，或求福求寿。甚至很多店铺和商号都专门放假一天，就为了赶这场热闹。现在商品贸易发达，赶集赶庙会这种按日期集中式购物的方式已经在城市中很难见到了。而天齐庙早在20世纪上半叶就因为岁月的侵蚀变得破旧不堪，最终因为年久失修而于1952年被拆除，仅仅剩下这条短短的天齐一巷，作为老沈阳天齐庙会的念想。

天齐一巷上属津桥路，在津桥路和小津桥路之间，西侧是小什字街，再往北就是老虎庙巷。天齐庙和老虎庙一样，都是清代建的。天齐一巷也是始建于清代，那时候叫天齐庙后胡同，1989年被改成了现在的名字。以前天齐庙里还有一块清道光二十六年即公元1846年立

天齐庙内供奉的东岳大帝神像

天齐庙阎罗殿里阎王和小鬼的塑像

的石碑，后来被送到了北塔法轮寺的碑林里放着，再后来又被统一送到了塔湾，要是想看它得专门去趟无垢净光舍利塔。

天齐庙里供奉的东岳大帝本来就有拔罪解冤的工作职能。东岳大帝就是泰山神。中国最古老的阴阳五行学说中，泰山位居东方，是太阳升起的地方，也是万物发祥之地，因此泰山神具有主生、主死的重要职能，还兼做新旧相代、固国安民，延年益寿、长命成仙，福禄官职、贵贱高下，生死之期、鬼魂之统，拔罪解冤、通天达地等工作。历代帝王对泰山神尊崇有加，唐代封为“天齐王”，宋代晋为“仁圣天齐王”“天齐仁圣帝”，元代加封为“天齐大生仁圣帝”，明代又恢复为东岳泰山神。每年的农历三月廿八是东岳泰山神的生日，全国各地的善男信女要焚香祭拜，以示庆贺。

天齐一巷与老虎庙巷紧密相连，当初天齐庙和老虎庙相隔不远，一个关外的山神和一个关内的山神能够和谐共处，能看出当时民间信仰的多样性和包容性。天齐庙原址的位置后来被用作大东区小东路第四小学和大东中小学保健所，再后来变成幼儿园。不过天齐庙并没有被彻底拆干净，当初还剩下一座偏殿没拆，现在还在幼儿园的院里，修葺以后，现在已经跟新的一样了。

八王寺街

八王寺街位于沈阳市大东区西南部，南起天后宫路，北至联合路，全长1548米。八王寺街是在1957年由八王寺东胡同、丰隆当胡同合并而成，得名于此地原有俗称八王寺的古刹大法寺。大法寺始建于明永乐十三年（1415年），在清代兴盛时期，僧侣云集，是当时重要的禅林之一。清崇德三年（1638年），清太祖努尔哈赤十二子、和硕英亲王阿济格路过大法寺时，见庙宇破败不堪，便施舍银两重修大法寺。寺庙主持为了感谢他的恩德，便在大法寺旁边建了一座祠堂。由于阿济格在清初开国诸王的排序中位列第八，所以这里也被叫作八王祠。大法寺逐渐成为阿济格的家庙。久而久之，人们就把八王祠叫成了“八王寺”，而忽略了大法寺。寺东南有一眼清泉，在康熙东巡之时即已成名，乾隆东巡时钦点其为皇室供水。当时盛京做豆腐、烹茶无不在门前挂上“八王寺好甜水”的招牌，直到民国时期八王寺金铎汽水上市声名远扬。日俄战争时沙俄占了八王寺充作军营马厩收容所，尔后焚毁。1928年，奉系军阀张作霖拨专款，再次重修八王寺，使古刹恢复原貌。20世纪70年代以后，大法寺被沈阳市第五纸箱厂等单位使用。2005年，大法寺在原址东侧80米异地重建。

八王寺街不出名，寺不出名，只有以此命名的汽水最出名，但是从20世纪90年代开始直到21世纪初，10年的光阴，八王寺汽水好像人间蒸发了一般，个中缘故又从何说起呢？

民国九年，即公元1920年，京城双合胜啤酒厂朱寿臣来到沈阳，在八王寺矿泉井的西面租了三亩香火地，建立了“奉天八王寺汽水厂”。当时的汽水厂只是八王寺门前的一座只有十几人的小作坊，年产汽水仅2000箱。到了1922年，时任东北三省官银号总稽查和奉天储蓄会会长的张惠霖发现，奉天八王寺汽水厂坐拥享有“东北第一甘泉”之美名的八王寺矿泉井，很有发展潜力。于是，他联合奉天商工会长金哲忱、辽宁省储蓄会王枢垣等人，集资66万奉洋在八王寺门前租用30亩地扩建了这个小作坊式的汽水厂。扩建后，该厂增加了酱油、啤酒等新项目，并增建啤酒生产楼，购进德式啤酒机，聘用德国啤酒技师，把一个小汽水厂办成了奉天八王寺啤酒、汽水、酱油股份有限公司。当时“八王寺”注册公司商号时选用的是“金铎”商标。《说文解字》说：“铎，大铃也。”它是一种古乐器，形如铙、钲而有舌，可摇击发声，在古代常常用来宣布政教法令，也多用于军旅，盛行于中国春秋至汉代。舌分铜制与木制两种。铜舌者为金铎，木舌者为木铎。《洛阳伽蓝记》写道：“宝铎含风，响彻天外”，当年的八王寺金铎汽水确实名声在外，不仅占据东北市场，连华北市场也到处都能看到它的身影。尤其是“五卅惨案”之后，全国各地开始抵制日货，当局在“抵制洋货、提倡国货”风潮中颁布了“准许汽水公司三年内不缴纳税金的决定”，八王寺借此良机，扩大生产，薄利多销。到1928年，八王寺年产啤酒10万箱（18瓶装）、汽水6万箱（48瓶装），产品远销至天津、上海等地，创造了建厂初期的传奇。在那个各式洋货席卷沈阳的年代，唯独洋汽水在奉天没有任何市场，这是因为，无论从口感还是价格上，八王寺汽水都占有绝对优势。

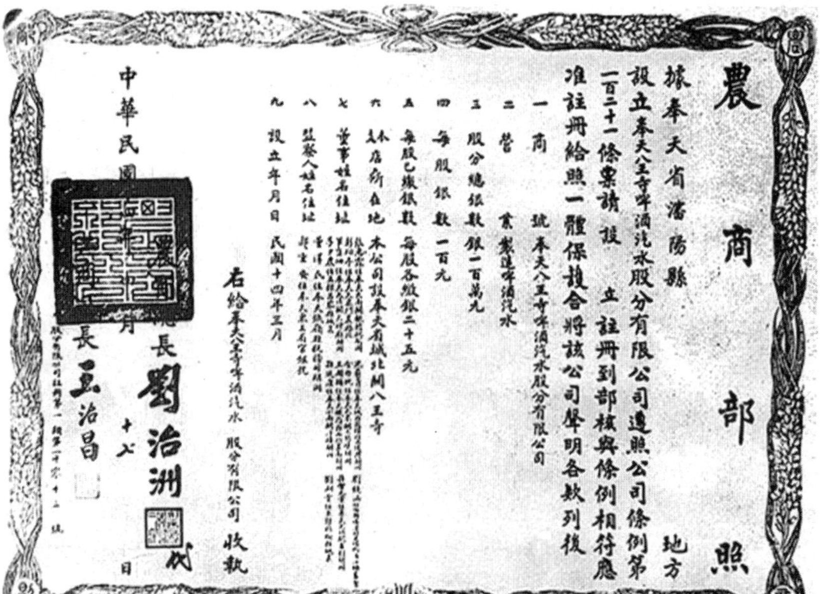
農商部 照
地方
據奉天省瀋陽縣
設立奉天八王寺啤酒汽水股份有限公司遵照公司條例第
一百二十一條稟請設 立註冊到部核與條例相符應
准註冊給照一體保護合將該公司聲明各款列後
一 商號 奉天八王寺啤酒汽水股份有限公司
二 營業 製造啤酒汽水
三 股分總額 銀一百萬元
四 每股銀數 一百元
五 每股已繳銀數 每股各繳銀二十五元
六 本店所在地 本公司設奉天省城北關八王寺
七 董事姓名住址
八 監察人姓名住址
九 設立年月日 民國十四年三月
右給奉天八王寺啤酒汽水股份有限公司收執
中華民國 年 月十八日
總長 劉治洲
次長 王治昌

1925年八王寺的公司执照

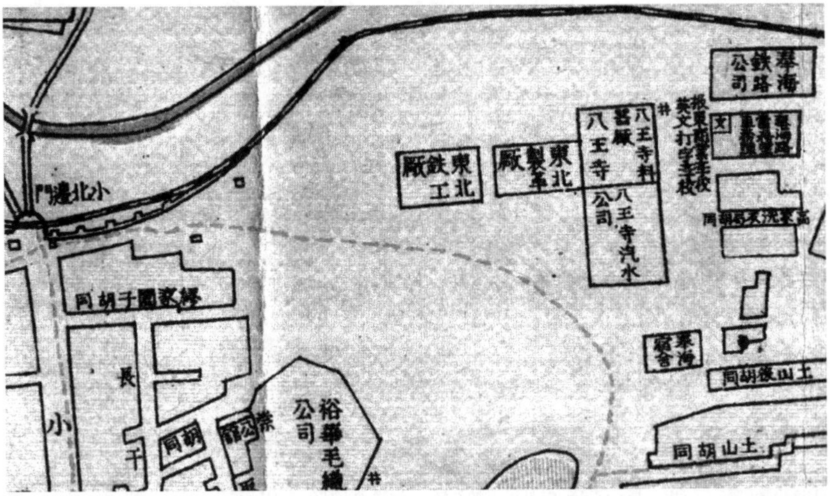

1927年的八王寺附近地图

可惜好景不长，1931年九一八事变后，八王寺被日伪商工银行强占，并于1935年4月被市川宗助窃取了公司代理董事长的职务。1937年3月，市川宗助以每股1.7元、总价37,374.50元（伪满国币）的价格，将汽水公司出兑给日本大阪昭和商会，国人股东反对无效。至此，奉天八王寺啤酒、汽水、酱油股份有限公司被日本人强行霸占，并开始生产清酒，公司名字也被改成了奉天八王寺酿造工业株式会社。

随后的几十年，八王寺汽水跟随着光复、解放、“公私合营”“大跃进”以及“文革”等历史进程起起伏伏，终于在20世纪80年代迎来了自己的鼎盛时期。1979年，中国饮料行业成为改革开放刺激下最先发展起来的新兴行业之一，沈阳八王寺汽水成功跻身“中国八大汽水厂”之一，与上海正广和、北京北冰洋、天津山海关、青岛崂山、武汉大桥、重庆天府可乐、广州亚洲汽水并驾齐驱，成为那个时代难忘的记忆。

1984年，一张举重冠军撑起6瓶橘子味八王寺汽水的广告登陆大街小巷，这一年八王寺汽水跟随中国运动员出征第23届奥林匹克运动会，射击运动员许海峰打破了中国在奥运会历史上的“零的纪录”。当时这种叫作“八王寺847奥林匹克体育运动饮料”的汽水受到了不少中国运动员的喜爱和欢迎，据说女排、乒乓球和体操等运动团体夺冠之后还写过感谢信。到了1985年，八王寺汽水厂的固定资产总值达到1363万元，处于当年全国同行业第四位。

就在国营企业按照固定计划按部就班生产经营达到它的顶峰的时候，危机突然降临。据时任沈阳八王寺饮料有限公司董事长李秀实口述、刘学虎整理的《在挑战与跨越中发展的“八王寺”》一文里，详细讲述了在20世纪90年代初的“并购潮”中，八王寺汽水是如何被美国某著名可乐公司，以“与中国国营饮料厂合资经营、帮助中国民族饮料发展”的名义，将“八王寺”包括商标所有权、市场份额在内的全部资产并入其成立的合资企业的，从此“八王寺”成了无力自保的小股东。随后，“八王寺”商标所有权被“可乐公司”拥有并封存达10年之久。在“消灭”、吞并了八王寺原有市场和优势后，“可乐公司”又将为其承担全部债务的空壳“沈阳市八王寺汽水厂”退还给了地方政府。类似的遭遇同样发生在了八大汽水厂当中的其他七家身上，“八王寺”被封了10年，“北冰洋”被封了14年。

2003年以后，经过商业运作，八王寺汽水再次回到了我们的视野，甚至成为2013年第十二届全国运动会唯一指定专用汽水。但是，市场再也不会回到从前的样子，产品再也不能像以前那样一家独大了，消费者不可能只靠玻璃瓶和情怀活着。

以前的“八王寺街90号”的生产线现在已经搬到了距离老八王寺厂20公里的沈北新区欧盟工业园。祝福我们的民族企业能够发愤图强，越来越好。

银元街

沈阳市大东区南部有一条银元街，南起大东路，北至小东路。早先这条街曾经被分段命名为“天气胡同”和“太平胡同”。1989年被定名为“银元街”，其取名“银元”之意，并非整条街都能挖出银元，而是因为此地曾经设立过奉天制造银元总局。清光绪二十二年，即

奉天机器局

1896年，盛京将军依克唐阿奏请成立东北第一家机器工厂——奉天机器局，从天津的德国礼和洋行购买铸币机器、锅炉，铸造银元，开创“近代沈阳机械工业之先河”，开始机械化制币。1900年沙俄军队侵占奉天，机器局即被焚毁，机器遭到抢占。两年之后，经盛京将军增祺向俄方交涉，机器局才起死回生，更名为“奉天制造银元总局”。后来银元局数次更名，但造币工作始终未停，直到1987年正式更名为“沈阳造币厂”，是中国目前铜合金硬币生产基地。作为全国四大造币厂中的最年长者，这里依旧机器轰鸣。

中国人民银行的资料里有：“为了改变第一套人民币面额过大等不足，提高印制质量，进一步健全我国货币制度，1955年2月21日国务院发布命令，决定由中国人民银行自1955年3月1日起发行第二套人民币，收回第一套人民币。折合比率为：第二套人民币1元等于第一套人民币1万元。第二套人民币共10种：1分、2分……1957年12月1日又发行10元1种。自1957年12月1日起发行1分、2分、5分三种硬币。”其中，1分硬币的研制和铸造工作就发生在沈阳。

据当年研制新中国第一套人民币硬币的主要参与人之一——宋津民回忆说：“我父亲就是硬币制模老艺人。受父亲影响，我十几岁就在造币厂当学徒工，曾经看到过早期工人用机械雕刻硬币原模，但外国人不允许我们靠得太近，很显然制作钱模在任何年代都是政府的一等机密。”中国人民银行把1分硬币的研制工作交给沈阳以后，宋津民凭借着造币技师家族的经验敏锐地感到，只有用机械雕刻才能跟上时代的潮流，才能符合制作硬币的标准。“但在沈阳解放前夜，这台机械雕刻设备已经被打包准备运走。解放军进来得及时，机械雕刻设备还没来得及运走，就放在造币厂隔壁的军工厂设备间里。我和几个同事连夜把雕刻机搬回来，为日后试制1分硬币留下了金刚钻。”

钱币，可以说是一个国家历史发展的缩影，一分钱的诞生过程也承载着沈阳造币的独特历史。尽管最初依克唐阿成立“奉天机器局”，开创了沈阳民族机械工业之先河，但经历清朝灭亡、奉系当政、伪满掌控、解放战争等巨大的历史变迁之后，新中国成立初期我们要造一枚一分硬币，用的还是外国机器和已经培养成熟的产业工人。那么，这些机器和工人是从何而来呢？

1932年，伪满洲国新建的“满洲中央银行”接管了当时的辽宁造币厂，将其改名为“满洲中央银行造币厂”，“造币厂担负制造硬币和硬币销毁、奖章纪念章的印模制造，金银原料的熔化、电解、分析和合金的制造以及其他有关事项。”同年9月，日本人仿造日本大阪造币局的模式，对奉天造币厂进行全面改造，从国内派遣优秀的专业技术人员，并“投资”新建了厂房，新建金库、机械车间、更衣室、浴室、办公楼、变电室、气罐室等设施，还痛下血本，将原有设备全部拆除，并从日本运来碾片机10台、撞光机9台、轧机11台、印花机31台，扩大生产能力。伪满洲中央银行造币厂成立时设两个部、12个系，厂长和各科、系长都由日本人担任。1939年（伪满康

1898年奉天机器局铸成的一圆银币

德六年）10月由二部改为二科十三系，即总务科下设人事、庶务（总务）、用度（费用）、会计、地金（原料）等系；工务科下设熔解（熔化）、伸延（轧片、光边、酸洗）、压印、雕刻（制模）、企画（计划）、工作系、试验系、精制系（金币、银电介）等。1941年成立勋章系，制造各种勋章。1941年（伪满康德八年）末统计职工人数达800名。其中职员83名、工人569名（日本人116名其中女工104名、中国人453名）、其他雇员148名。据统计，1933年至1945年13年间，伪满洲中央银行造币厂共铸造白铜币、青铜币、铝币、镁币4种，面额分别为5厘、1分、5分、1角，共5.4亿元。

从清末光绪年间铸造一圆、五角、二角、一角及半角的银币开始，这里先后造出过外圆内方的机制铜元光绪通宝、机制银圆光绪元宝，也就是民间俗称的"龙洋"，还有北洋政府早期的"袁世凯头"银圆、奉系军阀时期的大银圆、以及伪满时期的四种金属币。直到新中国成立以后研制一分硬币，和后来陆续投产的二分、五分硬币，再后来的一角、五角、一圆硬币。银元街上的造币工厂一直致力于金属币制造，是国内其他造币厂望尘莫及的"硬币专业户"。

由于地域、流通以及经济等综合原因，国内有少数城市对于硬币的使用率并不高，但作为硬币主要生产地的沈阳，从来没有发生过小额纸币占主流、硬币很难花出去的情况。不可否认，城市交通中的地铁，电影院里的抓娃娃机，超市门前的摇摇车，还有许多地方需要硬币。就算是一分的硬币，在沈阳造币厂20世纪90年代后期已经逐渐停产，2000年7月就已退出流通领域的状况下，依然没有退出历史舞台。从2005年起，中国人民银行开始重新发行一分硬币。尽管央行也注意到分币在流通中的使用功能逐渐弱化，然而，在一些领域因为计息计价的需要，分币还是有必要存在的。银行柜台工作人员表示，给付利息时少不了用到分币，不能四舍五入，因为存款多的时候利息会很可观，除银行外，包括水、电、煤气的收费员也在使用分币，还有大型超市小件商品计价也会使用分币。要是遇到需要大量使用分币的时候，想要兑换得事先联系银行。

1分钱买颗糖，3分钱买块腐乳，7分钱甚至可以买本书的时代一去不复返，但生产它们的造币厂依然还在，承载造币厂的银元街也在，货币依然在变迁，希望它们能继续见证下去，希望它们能存在得久一点。

小河沿路

小河沿路位于沈阳市大东区南部，西起大什字街万泉街，与东滨河路相连，完全沿着南运河的走向延伸向东北抵达长安路，长3098米，双向两车道。早在清代，沿万泉河北河沿便已形成便道，该便道就是小河沿路的雏形。据《沈阳县志》记载："在邑城抚近关（大东边门）之东，源出观音阁之涌泉，西流入东水栅栏至魁星楼，过虹桥而南注入南水栅栏，与二道河会，俗呼小河沿，即小沈水也。清波一泓，珠泉万孔，而四时不涸，又名万泉河。河之上水草丛生，荷花茂盛，为夏日游人避暑之地。"近代诗人钱公来有诗赞曰："小河沿上柳如茵，画舫竹歌历历春。借问柳阴垂钓客，青衣行酒又何人。"由此可见当年小河沿路上的旖旎风光。或许正是由于风景如画，小河沿路上才留下了许多著名的建筑。小河沿路22号是担任过黑龙江省省长兼督军、东三省保安副司令的奉系军阀吴俊升的公馆，现存东侧四合套院和新中国成立后加建的2层主楼以及地下室，2004年被列为市级

1884年的盛京施医院

不可移动文物，现在是中共大东区委办公地。小河沿路44号是始建于1913年的盛京医科大学旧址，创始人是盛京施医院院长司督阁博士，后并入中国医科大学，2008年被列为市级文物保护单位，现由辽宁省肿瘤医院使用。

小河沿路22号，在小河沿路的西端，距离以前的魁星楼和杨宇霆公馆都不远，奉系军阀的代表人物之一——吴俊升的公馆就坐落于此。

1928年的“皇姑屯事件”与1929年的“杨常事件”曾经被民间附会为：杂乱无章，扬长而去。意思就是炸烂吴张，杨常而去。虽说是吴张同时被“炸烂”，但说起来吴俊升还是要比张作霖惨了一点，张作霖从北京返回奉天，吴俊升专程去山海关接，火车车厢在皇姑屯被日本关东军炸毁之时，吴俊升直接被铁路道钉穿入脑部，当场丧命，时年65岁。而张作霖身受重伤，坚持到当天晚上才死去。吴俊升，这位与张作霖同生共死的好兄弟，一直是张作霖的左膀右臂。袁世凯称帝时，他与张作霖共上《变更国体请愿书》；讨袁运动中，又与张作霖联手驱逐亲袁的奉天将军段芝贵；第二十八师师长冯德麟起兵反对张作霖，吴俊升又与张作霖联手将其击败；两次直奉战争，吴俊升都是坚定不移地支持张作霖；郭松龄反奉，吴俊升任讨逆军总司令，烧了郭松龄部的军械弹药、粮秣仓库，随后将其击败。

吴俊升与张作霖有一个十分相像的特长，就是会给马看病。他少年时跟其父贩过马，加入辽源捕盗营后做过马夫，因善医马疾，被骑兵营官看中，先后升任什长、哨官，又因为作战勇敢而被多次提升。这个特长也成为他的爱好，他曾经在洮南和齐齐哈尔专门养过3000多匹马，还在督军署后院养了200多匹，每天早起第一件事就是去马厩。他的另

吴俊升像

一大爱好就是女人，而且他对这个爱好从不隐讳，他的女人有很多，字却不认识几个。

吴俊升的身量矮，为人粗鲁。他年幼时嘴受过冻伤，以致说话吐字不清，常是磕磕巴巴，被人戏称“吴大舌头”。别看他外形不佳，却因为手中权力而充满自信，对女人的要求也极为苛刻。当年张作霖的三姨太戴宪玉宪夫人，也就是后来的密亮圆寂以后，又有一位俊俏少妇在广林寺剃度出家，法号印承。据说，印承本家姓曹，因为人长得太漂亮，而被叫作“曹西施”，嫁给了奉军一个姓高的军官。沈阳市《大东资料本》收录了当年新风纸制厂工人石桂荣的口述：一次，曹氏在高府门前泼水，水刚出盆，一匹马刚好来到门前，水泼了骑马人一身。曹氏吓得脸变了色，忙施礼道歉。没想到那人一点儿没生气，反倒跳下马走到曹氏身前，色眯眯地盯住了曹氏。此人就是当时威名显赫的洮辽镇守使，外号叫“吴大舌头”的吴俊升。吴俊升私下打听得知，曹氏已名花有主，嫁的就是自己麾下的军官。吴俊升虽然心痒痒，但左思右想也没好意思向自己的部属下手。也是曹氏命里该着，没过多久，她的丈夫在一次出征中战死了。这下子吴俊升没有顾忌了，赶忙把曹氏娶进了吴公馆，曹氏就这样做了吴俊升的四姨太。

天有不测风云，人有旦夕祸福。一天下午，在自家门前，吴俊升带着她迎接时任吉林省督军的孙烈臣。吴俊升笑着说：“四太太说了，今儿要陪着督军打八圈儿！”吴孙二人有说有笑地走上台阶。可就在这时，吴俊升突然一回头，勃然大怒，冲着四姨太骂道：“贱货，我看你是活腻歪了！我毙了你！”说着就掏出手枪。原来，孙烈臣下车后，司机关上车门，回过头，正与曹氏打了个照面。曹氏发现那个司机脸上有块痣，很像话本里的梁山好汉、青面兽杨志，不由得扑哧一笑，而这一笑刚好被吴俊升看在眼里。孙烈臣知道原因后，忙劝说暴跳如雷的吴俊升，说：“大哥息怒，来，把枪收起来！毙了她谁来陪咱打八圈儿啊，给老弟个面子。”气头上的吴俊升骂道：“跟车夫都眉来眼去，你都贱到什么分上了，明天我就把你送寺院当尼姑去，我让你贱！”

平白无故地挨了一顿骂，曹氏满肚子委屈，麻将也没打，把自己锁在房里哭了一夜。第二天一早，曹氏收拾了一个简单的包裹就要出家。吴俊升说：“你敢?”曹氏说：“不是我敢，是你赶，是你赶我出家的。”一句话说得吴俊升没了词，嘴里嘟囔几句，一挥手，便走了。世间传说，吴俊升对待女人的态度历来是“招之即来，挥之即去”。他经常挂在嘴边的口头禅是：“女人呀，就是墙皮，揭下来一层还有一层!”

曹氏就这样来到了广林寺，取法名“印承”。至于她为什么到广林寺而不是其他的寺，有分析认为与密亮有关。自从人们知道广林寺的密亮曾是张作霖的姨太太，就再也没有人敢来骚扰，广林寺成了沈阳城最清静、最安全的寺院。

从小河沿路的吴俊升公馆，到大北关街西侧的白衣庵巷其实并不远，几公里的路程。可是，对于有些人来说，这段距离就意味着人生际遇的扭转、情感命运的鸿沟。

现在的吴公馆由大东区委使用。由四合院和小洋楼组成的1300平方米的公馆依然保持着当年吴俊升设计的格局。四合院坐北朝南，由倒座、东西厢房、正房组成，砖木结构。洋楼位于四合院西北，坐北朝南，地上2层，地下1层，砖混结构，坡屋顶，但是这个2层楼的第2层是新中国成立以后加盖的。

吴俊升公馆现存建筑航拍图

万泉街

沈阳市大东区南部有一条并不宽阔的万泉街，它北起小什字街小河沿路，南至万柳塘路，迄今已经有百年历史了。这里的万泉河清波一泓，珠泉万孔，而四时不涸。万泉公园由万泉河而来，万泉街又由万泉公园而来。万泉街1号，是闻名遐迩的赵尔巽公馆。1905年赵尔巽由户部尚书调任盛京将军，大力推行清末“新政”。包括设立培训地方官吏的仕学馆、法政学堂，训练新军的督练所，创办东三省讲武堂，选派留学生赴日本学习军事，创立巡警学堂整顿警政，成立电话局，建立气象台，设立卫生院，开辟商埠地等等。在此之时，赵尔巽在盛京将军衙门府邸之外，特选万泉河畔修建传统四合院式的公馆。这座公馆历经百年沧桑，几度易主，在2004年得以修复。而当年，随着赵尔巽调任四川总督，徐世昌任东三省总督，这里变成一位沈姓士绅的私营公园，时称万泉园。1973年改建成沈阳动物园，1998年迁走了动物变成一般性游乐休闲公园。老沈阳盛京八景里的万泉垂钓，指的就是这里。这里还有一座标志性建筑——1934年修建的给水塔，1936年开始向附近居民供水，真正实现了这片地区拧开水龙头即有水。新中国成立后这里才逐渐被新建的水源地取代。万泉街，跟水结下不解之缘，在一百年的流水潺潺之中，继续为后人记录着历史变迁。

万泉公园旧影

赵尔巽于清末的东北影响十分巨大，却有很多人只知张作霖而不知赵尔巽。殊不知没有赵尔巽，哪来张作霖？张作霖的帅府每天都游人如织，赵尔巽的别墅却常常门可罗雀。

赵尔巽晚年照

坐落于沈阳市大东区万泉街1号，万泉公园西南角的赵尔巽别墅，也可以叫作“赵尔巽公馆”“赵尔巽府邸”“赵尔巽故居”。清末诗人张之汉在《万泉河杂咏》中写道：“名园买夏数荷钱，别墅谁营兜率天。半可亭空鸿雪滤，不堪花木忆平泉。”又写：“观音阁畔，旧有半可亭，为某君（即赵尔巽）别墅。”这座始建于1905年左右的建筑确实是景色迷人，它与后来的各位奉系军阀高官的西式公馆不同，是典型的江南风格的庭院，而喜爱这种风格的赵尔巽实际上却是铁岭人。之所以把现在牌子上写明的“赵尔巽公馆旧址”叫作别墅，一是先有张之汉的诗，二是这座公馆从功能上看最多只能算是别墅。实际上，赵尔巽和其他当时的地方行政长官一样，是住在国家给提供的官衙里的，前堂办公，后堂住宿，所以他常待的地方是盛京将军衙门和东三省总督府，一年里只有夏天最热的时候来避暑，冬至除夕之类的节日来度假，真正发生在这座别墅里的故事并不多。

其中一个故事是张学良讲的，发生的时间大概在辛亥革命之后。当时革命党风头正劲，奉天城风起云涌，赵尔巽为防不测，秘密搬到公馆来住，由张作霖派重兵把守。据唐德刚撰写《张学良口述历史》中说：“我在这里加一段，就是现在赵尔巽的儿子赵世辉，是怎么出世的？你知道为什么他的小名叫天赐？赵尔巽这老头很有意思，他有个姨太太，那天晚上他说，明天我就要死了，今晚上我要干一下子，但愿能生个儿子。赵尔巽那时还没儿子，结果，后来就这么得了个儿子。”老来得子，天赐麟儿，赵尔巽到底是身体真棒，还是运气真好，只有他自己知道了。

赵世辉后来与张作霖的三女儿张怀曈结婚了，婚后夫妻两人感情和睦琴瑟和鸣。“七七事变”后，他们共同迁居美国，生活美满幸福。从20世纪40年代起，赵世辉在联合国总部任外交官，张学良对这个妹夫也很佩服。不过这段难得的幸福婚姻在张作霖活着的时候并没有被允许，后来还是张作霖死后张学良替妹妹做主，这里面就涉及张作霖与赵尔巽的关系问题了。

沈阳张氏帅府博物馆副研究员赵菊梅在《大帅府 · 揭秘（第八期）》中写道：出于政治需要，张作霖为女儿择婿时，首先看中的是对方的门第与家世，而对女婿的人品、性格等因素考虑得则比较少。虽然儿女和夫人们对这种包办婚姻都十分不满，但慑于张作霖的威严，最终只能无奈接受。在这种包办婚姻之下，张作霖的子女大多从小就定了亲。但只有三女儿张怀曈因张作霖婉言谢绝了“恩师大帅”赵尔巽为独子赵世辉的提亲，直到张作霖去世前也未曾订婚，而出生于1909年的她当时已经年满19周岁了。

张学良说：“我们兄弟姐妹都一小订的婚，很奇怪，就我三妹没有订婚……到了北京，我父亲当大元帅时，那时赵尔巽还在，赵尔巽想给他儿子求婚，想娶我们家女儿。那时我只有一个三妹了，我父亲就没有答应。什么原因呢？因为赵尔巽呐，我总跟他开玩笑，管赵尔巽叫爷爷，那么我的妹妹也就管赵尔巽叫爷爷，他儿子高我妹妹一辈。我父亲很讲伦理，他就对这事不愿意，没答应。”

按照张学良的说法，这个问题就解释得通了。张作霖之所以拒绝赵尔巽的提亲，是因为他讲求伦理，觉得自己的女儿和赵尔巽的儿子之间辈分不对。据说张作霖一生认过40多个干爹、干妈，留下文字记载的就有12位，其中有穷困潦倒的老妪，也有富甲一方的豪绅，还有权倾东北的高官，比如东北大员张锡銮、段芝贵的父亲段有恒，还有东三省总督赵尔巽。事实上，张作霖的确一直把赵尔巽尊为“恩师”和“前辈”。不仅如此，张作霖对赵尔巽还心存敬畏之情，用张学良的话说就是：“我父亲没有一个人可怕的，没有怕的人，他就怕赵尔巽，就赵尔巽能说他。”张作霖怕赵尔巽，是因为他之所以能起势，很大程度上归功于赵尔巽对他的提拔和重用。

早在1906年，盛京将军赵尔巽就因为张作霖剿匪有功，将他从新民府游击马队中营管带提拔到了奉天巡防营右路统领的位置上。辛亥革命期间，张作霖“护驾”有功，帮助赵尔巽镇服了新军将领，取得了与革命党人交锋的胜利，因此再次受到了赵尔巽的器重。赵尔巽任命张作霖为奉天城防司令，将其驻守洮南的前路巡防营队伍陆续调往省城驻守，并把中路巡防营的九营人马也拨归张作霖统一指挥，这样就使得张作霖成了奉天省地方最大的军事首领。之后，张作霖又继续与革命力量对抗，采用所谓“擒贼先擒王”的手法暗杀了奉天革命运动的领袖人物张榕及其好友宝昆等人。张作霖的做法令赵尔巽十分满意。赵尔巽在给清廷的奏折中盛赞张作霖：“该统领不动声色，连毙三凶，实足以快人心而彰显戮。”清廷因此破格升赏，任张作霖为“关外练兵大臣”，赏戴花翎，并将其所部改为第二十四镇，由张作霖任统制，相当于师长，不久又兼任巡防营务处总办。军事实力的增强，使张作霖的腰杆硬了起来，具备了涉足政界的重要条件。自此以后，张作霖逐渐走进了东三省中枢的奉天官场，成了左右奉天军政大权举足轻重的人物。

张作霖对赵尔巽提拔和重用自己的那分情谊，一直心怀感激。因为辈分的缘故，张作霖拒绝了赵尔巽的提亲，心中却一直怀有内疚之感。对此，张学良说：“不久啊，这个赵次帅就病故了。我父亲非常难过，为这件事情难过，说了好几回。他说，我呀，真觉得对不起他，好像我阔气了，他想求婚我没答应。我怕他误会，好像这事情我不肯。我不肯的原因不是为别的，就是因为辈数。我知道，我应该答应他。”

张作霖生前的这分遗憾，在他去世之后，张学良对其进行了弥补。回到奉天之后，张学良和张作霖的二夫人卢氏商量道：“他们两个老头都有这个心意，我是自由派的，就让他们两个结婚好不好？”卢夫人很开通，赞成地说：“这样吧，咱们让他们两个会会面。他们如果自己愿意就好，如果不愿意，我们也不能硬配。”就这样，张家把赵尔巽的独子赵世辉请到了奉天，结果赵世辉和张怀瞳相处得很好，于是就这样结合了。

张作霖感激赵尔巽，这里有很大的感情因素，这属于个人际遇和造化；而张作霖敬畏赵尔巽，那是真实的。在清朝最后十年的政坛上，论风云人物，赵尔巽算是其中的佼佼者。他出生于铁岭的一个官宦世家，先世隶汉军正蓝旗，他们家号称“一门五进士、一代两总督”。他的祖父、父亲都是进士，他兄弟四人中有三人——赵尔震、他自己、赵尔萃都考取了进士，唯独老三赵尔丰屡试不第，实在没办法就靠纳捐做了官，做到了四川总督的高位，结果还在任上就被革命党给杀了。最后还是赵尔巽仗着修《清史稿》向袁世凯讨的恩赦平的反。赵尔巽同治年间中了进士以后，先是授翰林院编修，后来历任安徽、陕西各省按察使，又任甘肃、新疆、山西布政使，后任湖南巡抚、户部尚书、盛京将军、湖广总督、四川总督等职，最后做到东三省总督。为官期间，他充分施展了自己的能力和魄力。1903年1月，赵尔巽调任湖南巡抚，开始在湖南搞新式教育，抵制外国资本攫取矿权，下力气落实《公司律》，简化开办企业的注册手续，使大量民间资本注入生产领域。不长时间，湖南的经济就搞了上去，财政收入大幅度增长。由于工作指标完成得好，他的养廉银在全国拿得最多，加上朝廷的特别奖励，他一年拿了两万余两。对于这段历史时期，西方经济学家给予了相当高的评价。他们说中国人开始搞自由经济市场经济了，结果就是，从1901年到1905年中国经济每年的增长率是15.3%，排在世界第一位。地方上有钱了，中央开始研究通过税制调整中央与地方分成。1904年，慈禧调赵尔巽入京署理户部（财政部），就是要借助他在地方的工作经验，解决税收分成问题。日俄战争以后，他又被安排做盛京将军，继续在东北搞活经济，整顿财政，搞人事改革和税制改革，去湖广、四川转了一圈以后又回到东北，还是延续他的施政理念，前后贯通，把濒临崩溃的奉天财政机构成功整合，形成由财政总局、各项税捐局、统捐局组成的相对完整的财政体系，并成立财政局，铸造银元，创办东三省银号，发行纸币。因其措施得当，为人清廉，整顿田房契税、丈放荒地、整顿牛马税、整顿盐法、改订车捐等，使得奉天的财政收入迅速增长。不得不说，赵尔巽对奉天财政的改革确实收到了一定的成效，他参与推行的东三省新政，奠定了东北近代化的基础。

人们都知道，东北的现代工业基础是张作霖时代奠定的，但是，在王永江和刘尚清之前，张作霖确实是把赵尔巽的政策和理念全盘接收并且“萧规曹随”延续了下去，而且赵尔巽本来就十分看好王永江，最开始想让他担任奉天民政司使（即民政局局长），单说赵尔巽的这一眼力也足以令人称道。据张学良回忆录中说，他爸爸最佩服赵尔巽，开会的时候赵尔巽这个名字是挂在嘴边的，常常是“当年赵大帅如何如何说”。

赵尔巽一生愚忠清王朝，反对共和，仇视革命。辛亥革命爆发，全国大多数地区已经升起五色旗的旗帜之后，他才迫于形势不得不降下大清的黄龙旗，但他心中的黄龙旗至死也没降下。1912年2月清宣统帝退位后，为效忠清室，赵尔巽、张作霖、袁金铠等人策划，对东三省全境的革命党人和无辜平民进行血腥屠杀。1914年，赵尔巽出任清史馆馆长，想通过纂修清史，以示不忘先朝隆恩。

但是，从历史学的角度来说，赵尔巽至少有两大贡献：一是纂修《清史稿》，另一个就是“赵尔巽全宗档案”，包括其光绪十一年（1885年）至民国二年（1912年），在各个任期内所形成的文件及其

赵尔巽位居正中，与洋人官员合影

闲居青岛时期的私人信件，共622卷，20234件。按其任期先后，分为贵阳知府、安徽按察使、陕西按察使、甘肃新疆布政使、山西布政使、湖南巡抚、户部尚书、盛京将军、湖广总督、四川总督、东三省总督、山东青岛时期各部分。档案内容包括日俄战争、镇压革命运动、筹备立宪、路矿实业、商务活动、外交事件、民政法律、文教卫生等方面，是全面了解清末地方政务的重要史料。他的这份个人档案，是新中国成立后他在青岛的后人献给国家的。赵尔巽是个有心人，他在官府任职后，凡是在工作中形成的文件，除了按规定存档外，他都复制一份，妥善保管，并且走到那里，带到哪里，而且经常阅读、整理和研究。尽管后世的人们对他主持纂修的《清史稿》有诸多诟病之辞，但研究清史谁能绕得开这部皇皇巨著呢？

赵尔巽曾经居住的别墅，在2004年经过修缮以后，归大东区城建局管理，后来作为大东区慈善总会办公场所，不对外开放。

荣光巷

在沈阳市大东区小北街的荣光社区门前有一条小路叫“荣光巷”，看上去平淡无奇，这里早年间却发生过一起震惊关东的残杀革命党人的血案。

100年前，沈阳一个叫张榕的年轻人加入了同盟会，后奉孙中山之命在奉天组成“奉天联合急进会”，密谋反清。当时其秘密办公地址就设在张榕家，现荣光巷里。武昌起义之后，时任东三省总督赵尔巽成立“奉天国民保安会”阻止革命。由于形势恶化，张榕决定在北大营开会采取军事行动，不料被赵尔巽和号称奉天“三狼”之一的袁金铠探知。1912年1月23日晚，由袁金铠出面在西关平康里的德义楼，“宴请”张榕。宴会结束，张榕在回家途中被张作霖密派的杀手暗害，时年29岁。同日，反动当局在全城捕杀革命党248名。后来，人们为了纪念张榕，把他生前住过的地方叫“张榕胡同”，张作霖得知以后不准这么叫，于是改为“榕光胡同”。总督府又派兵干涉，说：

上司有令，凡张榕的名和姓一律不准使用，违者必治罪。无奈，人们只得把“木”字旁去掉，改为“容光胡同”，一直沿用至1989年，改为光荣的荣，是为“荣光巷”。

荣光巷实际上是一个统称，具体说来分为荣光一巷、二巷、三巷、四巷直到荣光五巷。现在荣光小区附近地区，张榕家的宅院占了很大面积，因为他们家是当时有名的辽东巨富，那个时代有能力接受教育思想积极投身革命的，很多都是“富二代”。

张榕出生于清光绪十年，即公元1884年，在东北近代史上，他绝不应该被当作一个无名小卒。

张榕，原名张焕榕，字荫华，满族（汉军镶黄旗），原是抚顺人，出生地是奉天省兴京县抚民府营盘村新屯，也就是现在的抚顺市东洲区营盘东面的新屯村。他的父亲张钦善和叔叔张钦元是当地数一数二的有钱人。张钦善做过广宁府，也就是后来的北镇市的仓官，任满后，携家眷定居奉天小北关，在奉天另置房产一二百间。张榕虽然是衣食无忧的“富二代”，却并没有沉迷于美女名马和烟土，甲午战争到甲辰战争之间的10年正是他三观形成的10年，他亲眼看到满目疮痍、国土沦丧，加上老师张振声“洗刷国耻，振兴民族”思想的影响，使他立志要改革社会。1903年，他到北京进泽学馆学习俄文，结交了一些志同道合的朋友，其中一位是继李鸿章、曾国藩第一波洋务运动之后的改革家黄思永的儿子黄中慧。这位曾经留学美国还做过驻美国旧金山总领事的黄中慧比张榕大很多，二人非常投契，结成了忘年之交，张榕从他身上汲取了欧美的民主政治思想，后来仰仗他才侥幸逃

张榕像

过一死。

1904年日俄战争爆发后，张榕弃学回乡，与恩师张振声，好友丁开璋、王阁臣、洪东毅等人到兴京（今新宾县）、海龙一带组织“关东独立自卫军”，公开名称是东三省保卫公所，并发表宣言称：“国土存亡，端赖此策，事成固善，即不成亦足挫强邻之野心，为政府之后援。”他们联络当地人士组织乡团，将章程条文在报刊上发表，并呈清政府备案，一切按照程序来，准备进行合法活动。据记载，当时“关东独立自卫军”万余人云集东边道，声势浩大，使清廷甚为恐惧，电令盛京将军增祺强行将其解散。

辽宁省博物馆藏有一份被定为国家一级文物的信件《张榕致黄中慧书札》，是张榕在日俄战争之时的光绪三十一年，即公元1905年3月27日写给黄中慧的书信，后面还附有马万里、吴景濂、梁漱溟、张继、李煜瀛等15人的题跋。当时，清政府虽早已宣布“局外中立”，但一直暗中支持日军，书信落款日期之时，乃木希典带领日军已在奉天之战中彻底击溃俄军，这封书信详细记述了“亡国之民何顾廉耻”的民间惨状，张榕向黄中慧叹道：“呜呼！奉人之官场善钻营如此，诚地球上之奇物。兴言及此，愤谢不胜，惟望次公来此，将此辈一扫而空，奉天其庶有豸乎!”字里行间透露出对前后两任盛京将军增祺、廷杰的极大不满，翘首以盼次公赵尔巽早日到来，没想到7年之后要他性命的正是赵尔巽。

1905年7月下旬，张榕又到北京，创办秘密刊物，鼓吹革命。此间他结识了革命党人吴樾，成为生死之交。1905年9月24日，清政府派辅国公载泽、兵部侍郎徐世昌、户部侍郎戴鸿慈、湖南巡抚端方、商部右丞绍英五位大臣出洋考察宪政。他们在前门车站登车时，张榕、吴樾乔装仆从携带炸弹也混入车站，吴樾正准备投弹时，炸弹突然爆炸，吴樾当场炸死，张榕逃离现场。刺杀事件之后，受伤的5位大臣纷纷逃回府邸，推迟出洋考察行程，连慈禧也惶惶不安，严令搜捕同案者。10月5日凌晨，100多名军警秘密包围了张榕藏身的保安寺，将他逮捕。

按清律，张榕犯了杀头的叛逆罪，张家的世交世仁甫翰林曾联合在京朝野的东北人士，共同奏请保赦，清廷坚决不准。张榕的忘年交黄中慧恳请其父黄思永给予帮助，因黄永思与太监总管李莲英相交甚好，张榕之姐张焕桂又携来巨金请黄思永贿赂李莲英，于是李莲英特意选了个慈禧高兴的时候，跪求说："张焕榕是咱老家兴京府的旗人，是咱自家里的孩子，年轻不懂事，请老佛爷恩典吧！"慈禧才同意将杀头改为永久禁锢。结果这个所谓"永久"也就不到三年，1908年，他所服刑的天津模范监狱的典狱长王璋被张家人送来的金钱所击倒，不但协同张榕越狱，还与张榕一道东逃日本。在张家雄厚财力的支持之下，张榕进入日本士官学校学习，并结识了孙中山，加入了同盟会。1910年张榕回到奉天，颇受东三省总督赵尔巽器重。当时慈禧已死，他也早已由张焕榕改名为张榕，所以赵尔巽并未追究，反倒因其才华把他委任为军备处提调，后来升为参赞。于是张榕利用职务之便，与新军统制吴禄祯、张绍曾、蓝天蔚共同谋划革命，并奉献巨资组织军事力量准备起义。1911年秋，张榕与同盟会骨干策划趁清军秋操之时举事，带领民军由锦州入关，直捣北京，推翻清政府。但此计划还未来得及实施，武昌首义就打响了辛亥革命的第一枪。如果张榕参与组织的武装起义在武昌首义之前举事，那么，打响辛亥革命第一枪的人很可能在辽宁。

武昌起义能够成功有很多原因，四川保路运动把湖北新军吸引过去导致武昌兵力空虚是原因之一，湖广总督瑞澄连出昏着应对失策也是原因之一。但瑞澄与赵尔巽的差距可不是一星半点，赵尔巽在武昌首义的当天就发出函电《忠告武昌此次肇祸诸君》："倘若执迷，则所谓子能覆楚，我必能复楚者。"当时他还宣称要带领部队出关勤王保护京畿，最下策也要将朝廷接回东北，以图东山再起。不过张榕及其同志对赵尔巽似乎并没有足够的深刻认识和了解。

1911年11月6日，张榕同新军革命党人第二混成协协统蓝天蔚等开会讨论，酝酿驱逐赵尔巽，宣布奉天独立。10日，赵尔巽委任张作霖为全省营务处总办，奏请清廷撤销蓝天蔚第二混成协协统的官职。

革命党人针锋相对，推举蓝天蔚为关外革命军大都督，张榕为奉天省都督兼总司令，咨议局局长吴景濂为奉天民政长。11日，咨议局召开各团体代表会议，筹谋成立保安会并逼迫赵尔巽入关，实现奉天独立。12日咨议局继续开会，但形势突变。因蓝天蔚已被赵尔巽褫夺兵权，第二混成协未按预先部署行动，加之会场又被张作霖带兵武装控制，由日本赶来的君主立宪派占了主导地位，竟然选举赵尔巽为保安会长，袁金铠为参谋长，吴景濂、伍祥祯、张榕为副会长。会后，还公布了《奉天国民保安会章程》，张榕见保安会已被把持，拒不到任。

随后，赵尔巽以派蓝天蔚赴东南各省考察为词，逼他出走，蓝天蔚走了，吴景濂也被迫离开了奉天。蓝天蔚等人被逼走后，革命重担完全落在了张榕的肩上。为加强力量、统一指挥，张榕组织革命党人成立了“联合急进会”，会长为张榕，副会长为柳大年、张根仁、李德湖。该会成立后，大家分析了形势，认为在奉天发动武装起义已经相当困难。当时，张作霖的巡防营，金寿山的游击队，吴庆桐的先锋队和伍祥祯的35协，皆集中于省城，武装力量非常强大。因此，“联合急进会”决定：一面由张榕与赵尔巽继续谈判，一面派得力人员分赴各地，组织武装力量。而赵尔巽一面与张榕虚与周旋，一面在12月2日通令所属各部要严酷镇压，要求“乱未起，预防之；乱初生，力制之；乱既起，痛剿之”。结果，复州（今瓦房店）、辽阳、凤城、辽远州（今兴城）等各路起义军都失败了。

1911年12月到1912年2月，南北和谈，南北双方约定会谈期间停战，赵尔巽与张榕也约定履行停战协定。张榕放松警惕，甚至公然出入公众场合。1912年1月23日，获取张榕信任的袁金铠对张榕说张作霖有意拥护共和，建议张榕请张作霖吃饭商议大事，张榕本想扩大革命力量，况且善于虚与委蛇的张作霖当时表现得似乎有些倾向革命。于是张榕接受了袁金铠的建议，在奉天西关平康里德义楼宴请张作霖。宴毕，袁金铠告辞而去，张榕与张作霖同出德义楼，准备找一间客房，进一步商谈起义具体事宜，就在此时，尾随于后的张作霖的侦探长于文甲等人，掏出手枪，打死了年仅29岁的张榕。接着，奉天陷入腥风血雨之中。“奉天联合急进会”的办公地点——小北关张家被张作霖洗劫查抄，其兄张焕柏家亦被查抄，张家财产损失核白银53300两。张榕的亲密战友宝昆、田亚斌等也相继遇难。张作霖在奉天省城疯狂屠杀革命党和进步人士达百余人。

后来，孙中山在南京专门为张榕举行了追悼会，并尊称张榕为关东革命第一人。

堂子街

沈阳市大东区南部，大东路和小河沿路之间有一条六百米左右的堂子街，这条街附近以前有不少胡同，最重要的两条是南部的南土坑胡同和北部的堂子庙胡同，直到1989年重新规划地名，此地因为以前有堂子庙而定名为“堂子街”。据史料记载：清代爱新觉罗家氏祭天，在静室祀社稷诸神祇，名曰“堂子”，在满族语中就是神庙的意思。后金天命十年（1625年）努尔哈赤迁都沈阳之后，在大东边门内建立堂子。《清史稿》记载：努尔哈赤、皇太极每逢出征、遣将、凯旋等重大军事行动，都要拜堂子，以求上天保佑。天命十一年（1626年）努尔哈赤死后，后人将他穿过的服装，即“太祖御服”及弓箭、佩刀等遗物，均收藏在堂子内供奉，终年严禁任何人入内。皇太极称帝后明确规定：“凡官员庶民等，设立堂子致祭者，永行禁止。”这就意味着他确立了堂子祭为国祭的庄严地位。不过，民间的说法是堂子庙里供奉着一位无头将军，是明朝万历年间援朝殉难的副将邓子龙。他因为救过努尔哈赤的命而成为整个清代皇室顶礼膜拜的秘密祭祀的保护神之一。所以早年间也有人把堂子庙叫作“邓大人庙”，这条街也被叫作“邓大人胡同”。现在，堂子街里的堂子庙早已不知踪影。

堂子，在汉语里有4个意思：第一个意思是神龛，凌濛初《初刻拍案惊奇》（卷二十）里有：“主家间壁是一座酒肆，店主唤做熊敬溪，店前一个小小堂子，供着五显灵官。”第二个意思是妓院，比如欧阳予倩在他的《车夫之家》里写道："我知道他是劝妈把我卖到堂子里去当妓女。"第三个意思是澡堂子；第四个意思其实是满语，读音为Tangse，只有清朝人才懂，不算八旗和官府中人的话，唯有彼时盛京和北京两地的百姓对"堂子"门儿清，因为只有这两个地方有。

"睁眼看世界"的魏源在《圣武记》(卷十二）里说："皇帝拜天则于堂子，出征拜天亦如之……则堂子自是满洲旧俗，祭天、祭神、祭佛之公所。"简而言之，堂子就是"萨满教"在先盛京后北京的国都之中聚集祭拜的场所。

作为女真族后人，满族固有的特色宗教萨满教也随其崛起而入关。萨满教的神职人员萨满作为他们认知中的人与神之间沟通的媒介，是诸多早期女真部落以及其他民族部落敬重和信任的重要成员，作用类似于智者、预言家，或是国师。早期女真族各个部落的姓氏主持人（在满语之中称为穆昆达）居住的地方，都会布置一个名为"恩都力包"（"恩都力"，满语中为神的意思）的包裹。后来生产力发展了，包裹变成一个匣子，被叫作"神匣"。每当重要的节庆日，或者需要判断选择部族重要方向的时候，就得恭请"神匣"，并且由萨满来为族人祈福。随着部族迁徙，"神匣"也就随之迁徙。直到部族完全定居以后，才把神匣放进固定的房屋之中，这个房屋就是堂子。它是满族从游牧到定居的必然转变，后来成了部族祭祀苍天、神灵及祖宗的地方。

沈阳现在有因此命名的堂子街，北京现在也有堂子胡同，东堂子胡同、西堂子胡同、下堂子胡同等，胡同多是因为《辛丑条约》规定了东郊民巷的使馆区，被划进意大利使馆区的堂子不得不搬家。在《钦定满洲祭神祭天典

20世纪初的堂子大殿和迎神亭

礼》和《钦定盛京通志》可以看出来，北京起初建造的堂子是按照盛京的规制来的，位置也在城区的东侧，有大殿、迎神亭、八角亭等等。

在《清史稿》中，“谒庙”“诣堂子”“拜堂子”，是清朝国家级的重要礼仪活动。《满洲实录》记载了太祖努尔哈赤“诣堂子”的记录。《清实录》中记载：“崇德元年，每年元旦，皇帝亲率亲王以下副都统以上，及外藩来朝王等诣堂子上香，行三跪九叩头礼。”在祭祀之中，依然保留了萨满跳神唱祝。清朝初年，萨满教的活动是堂子最为主要的活动内容，直到嘉庆年间才慢慢缩减。清末，大规模的萨满教祭祀全被取消，只保留了小规模的祭祀。北洋军阀当政时期，已经逊位多年的宣统皇帝爱新觉罗·溥仪在紫禁城的小朝廷中还谨守着先祖留下的礼俗。不过因为财力有限，祭祀用猪的数量都进行了削减，朝、夕祭一般用一猪，省牲红漆包锡大案也仅剩下一具。伪满洲国时期，溥仪被迫尊崇日本天照大神，满族的堂子祭祀至此彻底消失。

堂子街，一条空留名字的街道，一个早已经消失的庙，却能够勾起人们对明末清初改朝换代的记忆，并映照到当代人的心里，可能这就是历史的魅力吧。堂子虽然没有了，但是堂子里的索伦杆，也就是神杆还在。据《满洲源流考》记载：“恭设堂子，立杆以祀天。”索伦杆上边专门放有粮食用来喂食鸦、鹊。

三陵巷

在沈阳市大东区西部，抚近门外的东顺城街和大什字街之间有一条巷子叫“三陵巷”，之所以叫三陵巷，是因为这里曾经有一个级别很高的三陵衙门。始建于清乾隆四十八年（1783年）的三陵衙门的全称是“三陵总理事务衙门”，清朝末年叫“盛京寝陵事务总理衙门”。它是管理三陵的最高官方机构，总管永陵、福陵、昭陵关外三陵事务，与清代的吏、户、礼、兵、刑、工六部并列，所以这个衙门的总理事务大臣品级非常高，一般都兼任盛京将军，而且衙门里的高级职务只能是由满族八旗人担任。自打衙门建立以后，清朝皇帝东巡祭祖的相关一切事宜都是由三陵衙门负责安排，包括山河道路树木、陵寝安全防务，以及陵寝修缮、祭祀流程等等。由于东巡祭祖是当时关外的头等大事，其权限之大，可想而知。清朝结束以后，到了民国年间，三陵衙门依然存在，到九一八事变以后撤销。而当年足有半个足球场大的院落也慢慢地破败，门口的石狮子没了，上马石、下马石也没了，到最后只剩下了五间正房。2004年，大东区在抚近门外新修绿地时才重新发现了已成为民居的风雨飘摇的三陵衙门，由于产权归属于其中居住数十年的住户所有，而住户未办理拆迁补偿手续，所以当时此处既无法拆迁也没法修缮。但这并不妨碍这里叫作“三陵巷”，也不耽误记录这两百多年的时光。

所谓三陵，具体的名称应该是“关外三陵”，又叫“盛京三陵”“盛京祖陵”“清初三陵”或“前三陵”，它们是清入关以前留在东北的陵寝，里头埋的都是入关以前的皇帝及其后妃，其中有的是被追尊的帝、后，保留着入关以前的建筑特色和风格，对于研究清初的历史的弥足珍贵。这“三陵”分别是抚顺新宾的永陵、沈阳东郊的福陵（东陵）和沈阳北郊的昭陵（北陵）。永陵，最开始叫兴京陵，里面是努尔哈赤的六世祖猛哥帖木儿、曾祖福满、祖父觉昌安、父亲塔克世及伯父礼敦、叔父塔察篇古的陵寝。福陵里面是清太祖努尔哈赤及其皇后叶赫那拉氏。昭陵里面是清太宗皇太极及其皇后博尔济吉特氏。其实，在辽阳东郊还有一个东京陵，努尔哈赤在萨尔浒之战以后攻陷了辽阳，在辽阳兴建东京城并迁都至此，随后把他祖父、弟子等十余人的陵墓由赫图阿拉迁至东京城东北4华里的阳鲁山上，叫作东京陵。顺治年间，顺治把努尔哈赤祖父辈的陵墓又迁回了赫图阿拉永陵。东京陵现在还有努尔哈赤胞弟舒尔哈齐、长子褚英、庶母弟穆尔哈齐及其子达尔差的四座陵园，但只有东京陵没有被联合国教科文组织列入世界文化遗产名录。

以上是清朝的关外陵寝，关内还有两大陵寝，分别是清东陵（河北遵化清孝陵、清景陵、清裕陵、清定陵、清惠陵、昭西陵、定东陵），清西陵（河北保定清泰陵、清昌陵、清慕陵、清崇陵）。这两处埋了清朝十二帝中入关以后的九帝，唯有废帝溥仪死后先葬于八宝山，后来被他的第五任妻子李淑贤给迁到了清西陵内崇陵（光绪陵）附近的华龙陵园。

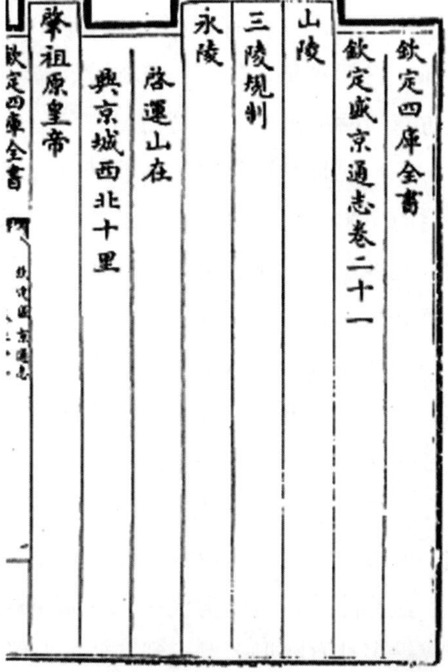
欽定四庫全書
欽定盛京通志卷二十一
山陵
三陵規制
永陵
啓運山在
興京城西北十里
肇祖原皇帝
欽定四庫全書

《钦定盛京通志》(卷二十一)关于“三陵”的记载

清朝入关以后，并没有破坏明陵，建筑风格也向明陵看齐，由此与明陵共同造就了陵寝建设史上的辉煌时期。首先是明初朱元璋对陵寝制度做了重大改革，把地上的封土堆由以前的覆斗式方形改为圆形或长圆形，取消了寝宫，还扩大了祭殿建筑。清代沿袭明代制度，更加注重陵园与周围山川形胜的结合，注重按所葬人的辈分来排列顺序，还形成了帝后妃陵寝的配套序列，在祭祀制度上也更加完善、合理，不过这主要体现在入关以后的清东陵和清西陵。

“圣天子孝先天下，首重山陵”，这是清朝的统治者时常宣扬的态度，以孝治国，为天下做表率，尔等不要忘了“君君臣臣父父子子”，山陵必须要高度重视。可是在入关以前，重视的程度实在有限，当时在陵寝的管理上根本没有完备的规制和健全的机构，《满文老档》二十六册记载：“天聪四年三月，皇太极曾赏赐守陵老人十一人各缎一，其次五人各赏毛青布六度。”算起来一共才16个人，分工并不明确，祭祀、安全、礼仪、防火、防盗等工作都是混着来，也没有具体机构进行管理。入关以后，清廷开始对三陵进行修缮。随着国库愈发充盈，首先是设置专门的领导机构“三陵总理事务衙门”，下设具体办事机构“三陵承办事务衙门”，执掌祭祀修缮之事，设有主事、委署主事各一人，读祝官8人，赞礼官16人，皆由作为陪都的盛京礼部、工部、户部派充。同时，在永陵、福陵和昭陵分别设有总管衙门和掌关防衙门两个机构。总管衙门是各陵的武职机构，主要负责陵寝的安全防务，同时兼管陵内的山、河、道路和树木等事务。掌关防衙门是各陵的文职机构，执掌该陵的岁修，承办祭祀、制作祭品及相关人员的管理事宜。现在去沈阳故宫还能看到一件铜质的总管衙门大印，上面有满汉两种文字，篆书“看守昭陵山河关防”，落款是“乾隆十七年四月礼部造”。《钦定大清会典事例》开列了三陵四时大祭每次所需部分祭品的数量：“福陵、昭陵四大祭，每祭玉棠米、糯米各八升，黄米一斗二升，小米一斗六升，稗米二升，白盐二十三斤，黑盐二十一斤，蕨菜十斤，木耳二斤八两，蘑菇八斤，鸡蛋一千一百五十六枚，鹅蛋四十枚，鸭蛋六十枚。永陵倍之。”

遗憾的是，这座清代中期建筑很长一段时间被用做了民房，因为产权等多种原因迟迟得不到有效的修缮和保护。

小什字街

公元1626年努尔哈赤死后，皇太极继承汗位，开始改造沈阳城，十字街路变成了井字街路，修建八门八关，界定区域由八旗各占一方。直到1634年改沈阳为盛京时，街路城墙已经基本改造完毕，包括在沈阳古城东侧的井字形街路。因为其中东西走向的两条路与抚近门即大东门，还有内治门也就是小东门相通，所以叫作大东路和小东路，南北走向的两条街叫作大什字街和小什字街。这样的命名规律在顺治入关时带到了北京，在北京故宫周边也有大、小什字街。大、小什字街的排序是根据道路的宽窄而定。当年大什字街是更加宽广的，结果随着城市的改造，到了20世纪80年代，大什字街还只是一条宽不过十多米的弯曲小道；而小什字街却不断地拓宽延长，北至小什字街工农路立交桥，南至小河沿路，成了大东区的主要大街。为了尊重历史，人们对于惯有的名字并没有改变，于是就有了现在的大什字街小、小什字街大的格局。历尽沧桑的老街，在日新月异的交通环境中，紧跟时代的步伐，越来越繁华。

关于大什字街、小什字街的大小长短问题，从数据上看是显而易见的。大什字街南起小河沿路，北至草仓路，《大东地名概览》中说它的全长是2720米，小什字街同样南起小河沿路，向北越过了草仓路，一直通到北边城路（路口就是立交桥，桥下就是北运河），比大什字街至少长了800米，比一环的一部分滂江街还要长。

拐个弯，去一下滂江街，从一环最东边的滂江街开始向西挨个数南北走向的大马路，第一个是连着管城二街的东边城街，这是当年盛京“八门八关”的最外一道屏障，上边本来有大东关和小东关，再往东就是外城了；向西继续数，过了老虎庙巷、堂子街、银元街等小街小巷以后就是小什字街，然后是大什字街，再向西就是东顺城街，这才到达盛京城的东城墙，算是经过了关厢地区真正进城。所以说，滂江街以前是盛京城外，它是1924年张作霖建的。第一次直奉战争以后，张作霖在大东边门外建立了奉天兵工厂，制造枪炮弹药，并建立了大东工业区。后来兵工厂出面，把现在的长安地区及管城地区的一部分民地买下来，规划建设了兵工厂的生活区，生活区西侧的南北向道路就是今天的滂江街，这个名字借用了当时内外蒙通道上的军事重地——滂江（位于今内蒙古自治区苏尼特右旗东南），那里离乌兰察布和呼和浩特都不远，附近有一个低洼盆地，叫滂江洼地。每到雨

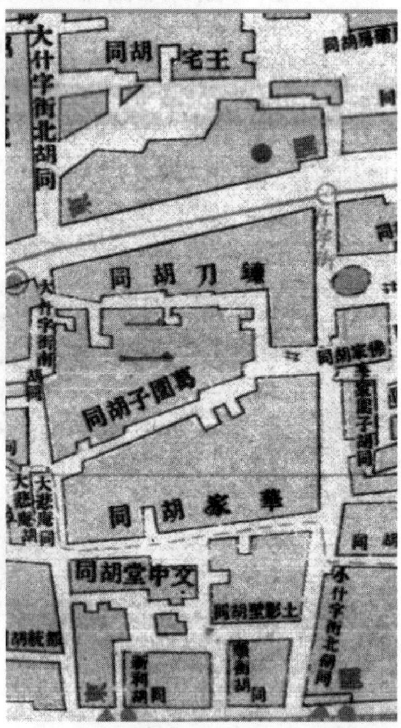

1931年小什字街附近的地图

季，来自四子王旗境内以及其他方向的雨水汇集于此，形成汪洋一片，蒙古语称为“滂盖淖尔”，后来被人简称“滂江”，但这个名字现在早已经废弃了，反倒是千里之外的沈阳还保留着。

滂江街的南端也是小河沿路，北端是沈海立交桥，它和小什字街一样都是沟通南北运河的大街。

北运河，又叫新开河，曾经名为永利河、太平世河等，1914年开凿，目的是解决沈阳西北郊区的土地灌溉问题，它东起浑河东陵水闸，西至于洪767库铁路专用线，全长27.7公里。

南运河，始建于1952年，是沈阳人民自己动手开凿的，东起北运河闸门、西南至龙王庙，绵延14.5公里，当年9月12日还召开了“沈阳市南部市区臭水泡改建运河开工大会”，整个施工过程留下了很多珍贵的照片。

现在的沈阳市区中心有3条水系，除了北运河、南运河之外，还有西边的卫工明渠，它们都有泄洪排涝、改善环境、净化空气、调节气候等重要作用，唯独流域面积最大的北运河还和最初开凿时一样用于农田灌溉，具有一定的农用价值。

1928年的北运河

沈河区

通天街

沈阳正式建城是在西汉时期，始称“候城”；唐代改称“沈州”；元代重建土城时，按“山北为阴，水北为阳”的汉族传统方位论，将沈水之北这座城改名为“沈阳”。从此，“沈阳”这个名称正式出现在史料上，距今已经有七百多年的历史。而通天街，几乎与沈阳之名年龄相仿，可以算是沈阳最早的老街，虽然当时仅仅只是一条不起眼的土路。到了明代，通天街已经成为一条贯穿当时沈阳南北两座城门的大道。后金天命十年，努尔哈赤进占沈阳后，在这条大道的北端九门附近建立了罕王宫，据民间传说这条街是因为直通天子所在而被命名为“通天街”。可以确定的是，从罕王宫开始，这条通天街就再也没通过。

现在北通天街、南通天街依然咫尺天涯，而罕王宫、沈阳故宫、张氏帅府、东三省总督府，这些矗立在北通天街上的建筑，正在随着北通天街的恢复而焕发新的生机。

现在的通天街一共分为两段：北通天街北起盛京路，南至以前古城南城墙下的南顺城路，从位置看正在古城的中轴线上；而南通天街北起乐郊路，南至文艺路，它在南城墙以外，与北通天街并不衔接，中间隔有红星小区。这个南通天街的南端，大部分都是1980年以后建的，只有北端的一部分是明代残留，由于各种原因隔着城墙，跟北通天街的走向有不小的偏移。直白地说，通天街，最有价值最有看点的就是北通天街，这一点从清代就已注定（见下图）。

据《明史・地理志二》记载：“沈阳中卫：元沈阳路。洪武初废。三十一年闰五月置卫。”“沈阳左卫、沈阳右卫：俱洪武中置。建文初

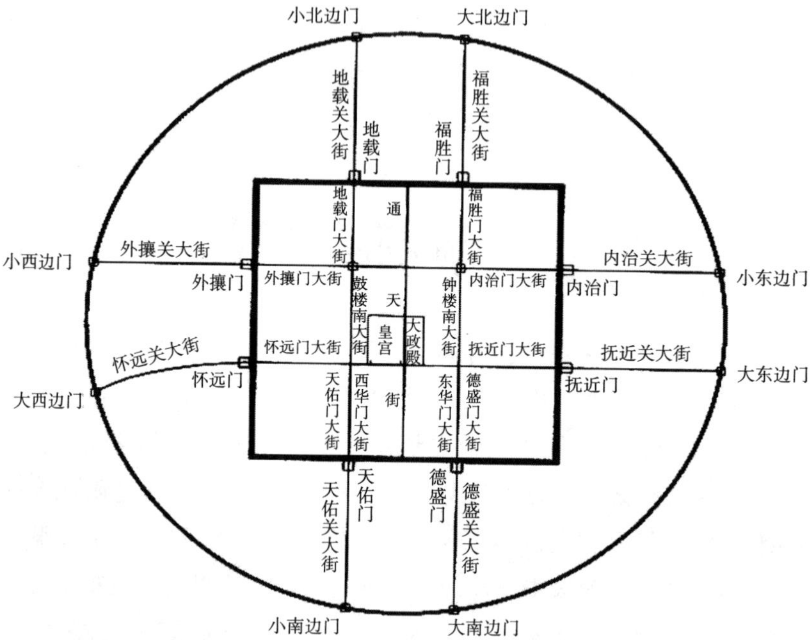

通天街在清代奉天城里的位置

废。洪武三十五年七月复置，后仍废。”由此可见，左卫、右卫还有其他的中护卫、中屯卫都在设置几年到二十几年内或废或迁，只有沈阳中卫（也叫沈阳卫）一直延续到明末，不曾废置，经过清代民国，直到现在。明以前历代的遗迹屡遭兵燹。

明初，沈阳卫是夯土围成的一座方城，城的四周分别有四个城门，城里的街路呈十字形，直通四个城门。而贯穿南北的那一条便是如今的通天街。没过多久，洪武年间，这里在土城基础上修建了砖城，在十字街的交叉处建了一座庙，意在阻隔四方视线，使东南西北不能一眼望到边。那时候的通天街是土路，北起北门（即安定门，明末改称镇边门，清代民间俗称“九门”），南至南门（保安门）。

后金天命十年，即公元1625年，努尔哈赤在攻占沈阳卫城四年后，把都城从东京辽阳迁到了沈阳，并改造沈阳城。他命人改了城门开了新街，重塑了城区格局，拆除了北门之外的东南西三门，并且在城区中央开始建造大政殿和十王亭，由此通天街开始不通。而据《盛京城阙图》显示，当时努尔哈赤正住在背靠着北城墙中间北门的罕王宫里，而这里也因为北门被封而成为通天街的北侧终点，由此“通天街”这个名字就被叫开了。

通天街在明代沈阳中卫城中的位置

不过努尔哈赤在这里没住多久就死了，死因有多种说法：有说是年近七旬的他于1626年初攻打宁远（今兴城）时被袁崇焕的大炮打伤，8个月后伤处复发而死；还有说他是鞍马疲累积劳成疾而死；还有说他是抑郁而死。明朝蓟辽经略高第在战后奏报中写道：“奴贼攻宁远，炮毙一大头目，用红布包裹，众贼抬去。”明朝张岱在《石匮书后集》中也记载：“炮过处，打死北骑无算，并及黄龙幕，伤一裨王。北骑谓出兵不利，以皮革裹尸，号哭奔去。”而《清史稿》说，天命十一年秋七月“上不愈”，至“八月丙午，上大渐，乘舟回。庚戌，至叆鸡堡，上崩”。而他生前在沈阳居住的罕王宫，随着《盛京城阙图》的发现被发掘出来，包括它身后的努尔哈赤第十五子、豫亲王多铎的豫亲王府。所谓罕王宫，仅是一栋简陋的小平房，整个院子是个二进四合院。

别看通天街没有什么名气，话说当年，这条街上的“天”可是真不少。罕王宫的努尔哈赤算一个，沈阳故宫的皇太极算一个，没入关前的福临也就是入关之后的顺治算一个。沿着明清的通天街，由北至南穿过沈阳故宫，越过盛京路，抵达南顺城路，它的东侧一大片区域正是张氏帅府——做过陆海军大元帅，身为北洋政府末代国家元首的张作霖也得算一个。随着故宫门前通天街广场的开放，现在从沈阳故宫步行到大帅府不用10分钟就到了。

九门路

公元1388年，即明洪武二十一年，辽东都指挥使司指挥闵忠在元代“沈阳路”旧城的基础上把城墙加高加厚，建成了“沈阳中卫”，形成了砖石罩面的坚固城墙。城墙高驻，城内驻兵，意在抵御北部蒙古族、女真族的军事攻击。城内以中心庙为中心点建有十字形街路，与四座城门相通，东门为“永宁门”、南门为“保安门”、西门为“永昌门”、北门为“安定门”。公元1543年，即嘉靖二十二年沈阳中卫再度扩建，北侧安定门更名为镇边门，加固后的北门军事防御能力更强。公元1610年以后的十几年间，在后金与明的数年征战中，沈阳的明代城墙除北门外，几乎全部被毁坏。公元1625年，清太祖努尔哈赤从辽阳东京城迁都沈阳，却并没有立即着手修建新宫殿，而是向西继续进攻，仅在城内靠着镇边门内依照女真族建筑模式建设一个简

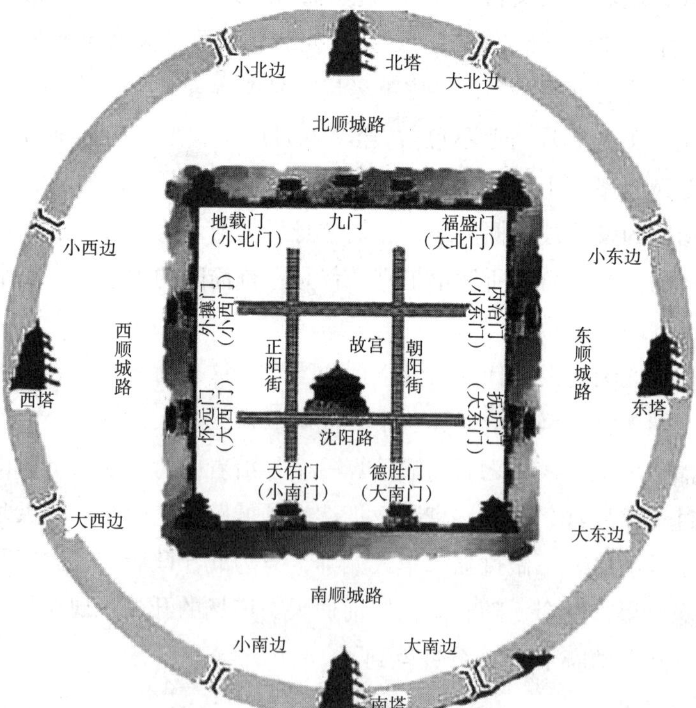

“九门”在盛京城中的位置

单的居住之宫汗王宫。后来皇太极重修城墙的时候，把四门改为八门，由八旗军各守一门，明朝原来最为牢固的北门在战争中毁坏最小，又因离努尔哈赤故居近，才有幸在清代得以保留，成为第“九门”。现在要找九门的影子，除了在白塔小学对过看看垒在民宅里的明代墙砖，以及去沈阳故宫里看看镇边门的匾额外，只能在这条1988年由此命名的九门路上徜徉一番了。

沈阳“九门”的说法起于清代，特指已经废弃封闭了的明代“安定门”，而北京的“九门”是一个统称，指的是“正阳门、崇文门、安定门、宣武门、德胜门、东直门、西直门、朝阳门、阜城门”。沈阳关于“九门”的说法常见于民间，直到1988年堂而皇之在地名上登堂入室，作为紧贴北顺城路南侧的一条横穿罕王宫小马路的名字。北京的“九门”基本以多种形式发挥作用，并且常见于清代史书以及后人的文艺作品中，其中尤以“九门提督”为甚。

九门提督，又叫步军统领，全名是“提督九门步军巡捕五营统领”，是清朝的驻京武官，设立于康熙十三年，即公元1674年，主要负责北京内城九座城门内外的守卫和门禁，还负责巡夜、救火、编查保甲、禁令、缉捕、断狱等工作。实际上，九门提督是清朝皇室禁军的统领，品秩初为正二品，后于嘉庆年间升为从一品。

最出名的九门提督非隆科多莫属，康熙年间九子夺嫡的戏码最后的压台大戏就是隆科多唱的。康熙病故于畅春园后，是隆科多宣布康熙遗嘱，让胤禛继承皇位。作为京城武装部队的“首长”，他的地位举足轻重，即便是远在西北的十四阿哥胤禵手握重兵也无可奈何。

从盛京到北京，从九门到九门提督，地点在变，人也在变，不知不觉，却已换了人间。

朝阳街

沈阳市沈河区朝阳街是清代盛京古城主要街衢之一，始建于公元

1631年，北起北顺城路大北门，南至南顺城路大南门，在井字形道路的东侧。朝阳街以前分为3段：福盛门内大街、钟楼南大街和德盛门内大街。1946年，3段合并叫作“朝阳大街”，1957年改为“朝阳街”，与正阳街共同取自《左传 · 文公四年》的“昔诸侯朝正于王”。

朝阳街历史悠久，从南到北说下来足以让人目不暇接。东侧有朝阳一小里的文庙，建于康熙年间的盛京三大书院之一的萃升书院，现在沈阳市少年儿童图书馆附近的高丽馆、工部衙门、礼部衙门、户部衙门、将军衙门，还有成亲王府等，民国年间设有奉天省教育厅、民政厅和省长公馆；北端有明代古刹长安寺，还有东北地区最早创办的近代银行，建于1905年，现在依然是银行的东三省官银号；西侧也毫不逊色，有成立于1919年，后来完全归张氏父子所有的手枪形的边业银行，著名的张氏帅府、大青楼、赵一荻故居小青楼，还有张作霖的老师、陈独秀的叔父陈衍庶开的崇古斋。虽然以上各地大部分已不存，但是地方志上早已把它们记录在案，为后人指出寻找它们的路径。甚至当地的一些小区仍以此为名，比如王府花园、翠生社区，默默地记述着过去的故事。

《左传 · 文公四年》记载：“昔诸侯朝正于王，王宴乐之，于是乎赋《湛露》，则天子当阳，诸侯用命也。”这里“朝正”的意思是古代诸侯和臣属在正月朝见天子的礼制，汉代以后基本都定在岁首元旦那天，也叫“大朝会”。杜甫有诗《元日寄韦氏妹》写道：“不见朝正使，啼痕满面垂。”1946年，二战结束以后的第二年，沈阳的街路名字进行了大规模的调整，福盛门内大街（又名大北门里大街）、钟楼南大街和德盛门内大街（又名大南门里大街），这三段被合并命名为朝阳街，命名原因据说是取自于《左传》，但究竟为什么偏偏取了《左传》，又为什么在皇帝已经下台三十多年的当时偏偏取了《左传》里的“朝正”二字，很少有人能说清。不过，对于百姓来说，很长一段时间里，大家还是习惯于就着城门来说街路，直到城门彻底毁弃。例如，现在朝阳街少帅府巷48号的张氏帅府，当时的说法就是德盛门内即大南门里的帅府，就在大南门里大街上。

张氏帅府俯瞰图

现在的张氏帅府有三万六千多平方米，其中建筑面积占两万七千平方米，分为东、中、西三座院落，以及部分院外建筑。中院是整个帅府里最早开工最早完工的建筑群。这座青砖结构的三进四合院是张作霖于民国三年，即公元1914年秋天开始动工修建的，当时他的职务是第二十七师中将师长。三进四合院坐北朝南呈“目”字形，是吸收了当时奉天城清朝各王府的建筑特点，并遵循张作霖家乡辽南的生活习俗而建造的。民国四年，即公元1915年秋基本竣工后，又进行了室内外装修。民国五年，即公元1916年秋，张作霖全家搬进四合院。四合院建成以后，张作霖已成功“驱段”，度过洪宪危机，升任奉天督军兼奉天省长，此时的张作霖已经是奉天说一不二的人物了。直到民国七年，即公元1918年，他成为东三省巡阅使，掌控东三省，完全成为奉系首领。

1918年，是东院北部的大青楼开始建造的时间。这座大帅府的标志性建筑采用青砖建造，仿罗马式建筑风格，也因此被俗称为大青楼。大青楼总建筑面积2460平方米，楼高37米，是当时奉天城除了故宫凤凰楼之外的最高点。可以看出，大青楼的建造期间，也就是1918年到1922年，张作霖韬晦关外经营东北还是有一点克制的，虽然频频用兵关内，算是应了朱升当初送给朱元璋的9个字："高筑墙、广积粮、缓称王"。有资料说，大青楼是仿造天津的曹锟公馆建的。实际上，大青楼跟曹公馆并不一样，无论是外形外貌还是内部结构，大青楼与曹公馆都有很多不同之处。大青楼融办公与居住为一体，是张作霖父子的主要办公场所，从这里发出的命令和做出的决断曾经深深地影响过中国的历史进程。大青楼前面是帅府的花园区域，花园正中也有一座青砖青瓦的建筑，被称为小青楼。它是一座中西合璧式的2层砖木结构小楼，和大青楼一样，也建于1918年，这是张作霖为他最宠爱的五夫人张寿懿专门修建的。尽管此前的1917年，他刚在八纬路张作相公馆旁边给她盖了一座公馆，由此可见张作霖对寿夫人宠爱之深。小青楼是坐北朝南的2层楼，中开门，前檐出廊，楼内上下各5间房。其中，一楼东、西两个房间分别为寿夫人卧室和会客厅，2楼除东西两个居室外，还设有一个宽敞的中厅。寿夫人搬到小青楼后，为避免引起其她几位夫人的不满，就把大夫人赵氏生的女儿首芳，二夫人卢氏生的二女儿怀英、四女儿怀卿，四夫人许氏生的三女儿怀曈、五女儿怀曦都接到了小青楼2楼居住，所以小青楼也被叫作"小姐楼"。而张作霖在"皇姑屯事件"被炸成重伤以后，运回大帅府医治无效，就是死在小青楼内。依据辽南民俗，张作霖在东院的东北角建了一座3间屋的小庙，叫家庙。因为张作霖行伍出身，崇信关羽，所以这座家庙的正殿供奉的是关公。在家庙东殿本来供奉的是张家的祖宗灵位，后来被人为地改动为以张学良为奠主，西殿中间供奉的是关羽的赤兔马，两侧存放的是张作霖两次结拜时的兰谱。

西院有6座3层的都铎式和哥特式楼房，这地方本来是江浙会馆，张作霖买下来做了西院卫队营部和网球场。张作霖死后，张学良拆旧盖新，盖了这一小片北欧古典主义风格的建筑群。由于外墙都是红砖，它们也被叫作红楼群，也因为是张学良主持建造而被叫作"少帅府"。红楼群的设计者是与梁思成齐名的著名设计师杨廷宝，在杨廷宝的设计方案出炉之后，张学良在1930年通过国际招标的方式，选

被日本人改作图书馆的大青楼

择了正在葫芦岛施工的荷兰建筑商作为施工方，第二年便开始施工。几个月后，九一八事变爆发，红楼群当时仅仅完成了地基和地下室的工程而已。随后，已经回不了奉天的张学良告知施工方打算放弃这个工程，然而这家公司偏偏不信邪，不但说服了日本关东军允许其继续施工，而且还百般劝说张学良，要求他支付剩余的工程款，保证完工。双方为此还打起了官司，一直打到日内瓦国际法庭。最后法庭接受了张学良律师的意见，认为中国的东北三省遭到日本侵略，包括红楼群在内的张氏家族所有房产均遭日本军方没收，红楼群被日军占有，日本关东军应支付建筑余款48万元。1932年秋天，红楼群完工之后，日本人就直接接收使用了。所以实际上张罗盖楼的张学良一天都没在这里住过。

唐德刚的《张学良口述历史》中记录了张学良说过的一句话："从21岁到36岁，这就是我的生命。"按照《张学良年谱》的记载，张学良21岁以前是这样的：1901年母亲赵春桂临盆时，张作霖正跟对手海沙子以同时拔枪互射的方式决斗。张作霖获胜后，听到长子出生的消息。所以张学良最初的小名叫"双喜"。算命先生说双喜与父亲是"今生父子，前世冤家"，张学良和姐姐张首芳、弟弟张学铭一直与父亲隔离开，与母亲生活在一起。8岁，张学良经张作霖做主与于凤至结下娃娃亲。12岁，母亲去世，张学良回到父亲身边，16岁与于凤至完婚，随后进入东三省陆军讲武堂，19岁从讲武堂毕业，21岁在第一次直奉战争中崭露头角。

从他15岁随父亲搬入帅府算起，到他30岁经历九一八事变有家不能回，他在朝阳街上一共住了15年；从第一次直奉战争算起，到西安事变完全结束，他说他全部的人生也只有15年。时间有时候只是一个主观的概念，会被加入感情附加值，不论是住所，还是人生，到最后都免不了做个不得不告别的过客。“夫天地者，万物之逆旅也；光阴者，百代之过客也。”

长安寺巷

早年间沈阳民间曾经流传过一个说法：“先有长安寺，后有沈阳城。”由此可见，位于沈阳市沈河区东北部的长安寺必定是个古老的寺庙。实际上，它初建的确切年代现在已经无法考证，只是知道可能在辽代之后，明代或明代之前。难能可贵的是，这座规模不大的古刹虽然经历了明清风雨，往来过各种人物，但直到今天依然健在，静静地矗立于一片闹市之中，愣是划出一方清净所在。长安寺坐北朝南，是三进四合院，自南向北依次建有山门、天王殿、戏台、拜殿、大殿和后殿等。长安寺内石碑林立，每次修缮都会在寺里立一座石碑，并篆刻相关碑文以示纪念。据碑文记载，长安寺曾重修于明永乐七年、天顺二年、成化二十三年，清代更是多次修缮，直到晚清才渐渐颓败。而在香火旺盛的清代，长安寺南侧的小路被命名为“长安寺胡同”，用以表示此地的标志性建筑。后来这里变成了买卖鸡鸭的行市，又被改作“鸡市胡同”。直到1988年又重新以长安寺命名，叫作“长安寺巷”。

长安寺巷，隶属于朝阳街，在朝阳街21–23号，东至东顺城内街，长300米，宽5米，建于明朝，南邻中街路，北邻九门路，与长安寺南巷、长安寺东巷、长安寺南一巷、长安寺东一巷相交，名字都是来自古老的长安寺。

长安寺旧影

“先有长安寺，后有沈阳城”，这种传说由来已久，却并没有史料支撑。至于说李世民起念建寺，尉迟恭用马鞭在浑河北岸随便一指就建起了山门，导致“庙在城中，城在寺里”云云，更是毫无根据的民间故事。实际上，沈阳长安寺最早始于辽代，因为近代考古专家考察长安寺的时候，发掘出辽代制造的石制佛像，而“长安”二字实际上也与唐朝的长安无关，取的大概是长治久安之意。

作为沈阳最古老的建筑群，长安寺在明清两代曾经数次重修，重修的过程基本记载于寺里留存的碑刻上。其中，原立于长安寺院内，后挪至北塔古石碑林，现又挪至塔湾舍利塔滩地公园碑林的“重修沈阳长安禅寺碑”，极具文物价值。这尊石碑刻于明成化二十三年，即公元1487年，碑文不仅记述了长安寺的历史以及当时重修长安寺的过程，还记录了曹雪芹祖上“世居沈阳”的重要佐证。碑阳第11行提到明天顺二年，即公元1458年沈阳中卫指挥曹辅捐了款；碑阴第9行提到明成化二十三年，即公元1487年沈阳中卫指挥曹铭捐了款。曹辅原为明代沈阳中卫的怀远将军，从三品的武官，于明成化二十一年，即公元1485年去世。曹铭就是曹辅的儿子，明成化年间，父子二人先后出任过“沈阳中卫指挥”这一职务，曹辅、曹铭都是曹俊的子孙，而曹俊就是曹雪芹家族的入辽始祖。明朝初年，曹俊随明军从登莱坐船入辽南，因功荫世袭指挥使，封怀远将军，守御金州，后调到沈阳。在文献上，其实并没有材料证明曹辅与曹雪芹存在血缘关系。因为在曹氏族谱上，曹俊之后的第三代、第四代是缺失的。但有

曹辅墓墓志盖

一点是可以肯定的，曹俊的子孙曾经连续八代担任沈阳中卫指挥使一职。在明代，军户和民户有严格的区分，而且怀远将军是世袭的，只有家中长子可以担任。由此推论，曹辅应该就是曹俊的长孙，其子曹铭应为曾长孙。曹辅是曹俊长子一脉，曹雪芹是曹俊四子一脉，所以说曹辅、曹铭是曹雪芹的同族祖先。因此，上文提到的“重修沈阳长安禅寺碑”就是研究曹雪芹家世出身的一件极其重要的碑刻史料。幸运的是，2012年5月，人们在沈阳市大东区后榆林堡北岗向阳坡地沈阳汽车城项目中发现了曹辅墓。该墓葬在被挖掘机破坏后，沈阳市文物考古研究所考古人员抢救性地发掘出了一块青灰色近长方形的曹辅墓志，本来它是与志铭扣合在一起的。志盖上有篆书阴刻“赠怀远将军曹公墓志”几个大字，志铭为楷书阴刻，由明代沈阳乐郊乡贡进士郭宾撰文书写，共828字，主要记载了曹辅始祖、高祖、曾祖、父亲等几代人的事迹，然后是曹辅的生平，还有其子曹铭的相关事迹。

自1921年胡适发表《红楼梦考证》以来，关于曹雪芹的祖宗八代之争已绵延百年，尽管祖籍“辽阳说”已为主流，但迄今依然没有世人公认的定论，曹雪芹的祖先也由明末向努尔哈赤投降变成正白旗包衣归佟养性管理的五世祖曹世选上溯到了宋代的开国大将军曹彬。而令人尴尬的是，曹雪芹的父亲到底是曹颙还是曹頫，到现在依然没有准确的答案。当年长安寺里的那块碑，的确具有极高的史料研究价值。

1985年2月，沈阳市人民政府将长安寺列为市级文物保护单位，并拨款进行大力重修，两年后已基本恢复原貌，建立了长安寺文物管理所，于1986年9月正式对外开放。1988年12月辽宁省人民政府将其列为省级文物保护单位。

除了长安寺之外，长安寺巷上还有一座建筑，那就是曾经掌控东北经济命脉的东三省官银号。目前它依然保持着1926年初建时的原貌，显眼地站在长安寺巷和朝阳街的路口，门牌号码是沈阳市沈河区朝阳街21号。

东三省官银号设立于1909年，其前身为盛京将军裕禄设立于清光绪二十年，即公元1894年的盛京华丰官贴局；光绪二十五年，即公元1899年，时任盛京将军依克唐阿奏设盛京华盛官钱局，以缓解奉省财政支出。1900年庚子国变，俄军占领沈阳，户部银库及官钱银号被洗劫一空。光绪三十一年，即公元1905年，新任盛京将军赵尔巽感到“奉省自经兵燹，商业萧条，银根甚紧，以致市面周转不灵，若不设法维持，恐有江河日下之势”，在奏请清廷后，将官银钱号改为奉天官银号，资本金由省库拨30万两沈平银，另有一小部分商股约几万两，称官商合办，地址在盛京城内钟楼南路东（即朝阳街东）原德兴永门市房。宣统元年，即公元1909年，东三省总督徐世昌把奉天官银号改为东三省官银号。民国五年，即公元1916年，张作霖升任奉天督军兼省长后，由奉天省财政厅出面，两次向日本朝鲜银行借款共300万元，作为东三省官银号货币周转金，并严厉打击参与挤兑风潮，整顿金融秩序。在改行大银元本位，募集本省公债，改设稽查员，整顿税制、田赋及官产，清查各县商铺纸币，裁减各机关经费，并任命刘尚清为东三省官银号总办办理奉天财政等措施后，奉天的财政金融局面有所扭转，趋于稳定，成为全东北地区的金融枢纽，其发行的货币不仅流通于东北三省，还延伸至

东三省官银号旧影

热河、河北、上海等省市。东三省官银号在张作霖的操作下，运用其庞大的发行权和附属企业，形成一个大托拉斯，逐渐垄断了东北金融和经济。在鼎盛时期，东三省官银号的分号一度增加到99处，但由于业务不多或管理不善等原因先后撤销了21处，剩余78处分号按业务量大小分为四等。其中一等3处，二等9处，三等21处，四等45处。另外，奉军庞大的军费也主要出自东三省官银号，钱不够的时候就大量发行奉票。第一次直奉战争失败后，张作霖曾退出关外整军经武，整顿财政。至1923年4月，东三省官银号增加资本为500万元。

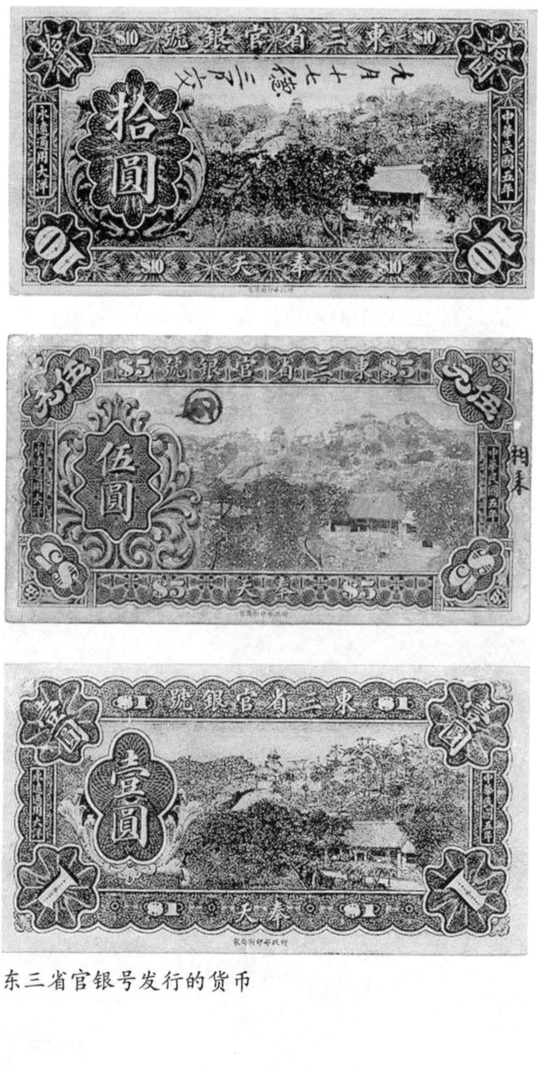

东三省官银号发行的货币

为统一东北币制，进一步控制金融，1924年7月1日，张作霖将东三省银行、兴业银行并入东三省官银号，增资为奉大洋2000万元，此时东北经济一度相当繁荣。不过，这番欣欣向荣的景象仅仅维持到1924年9月第二次直奉战争开始，在巨额军费的压力下，东三省官银号只能大量增发纸币，导致官银号开始亏损，但由于奉军战胜直军，因而票值暂时没有出现巨大变化。直至1925年11月郭松龄反奉之后，奉大洋开始迅速贬值，官银号的底子迅速被掏空。1927年张作霖再度大举入关，驱逐冯玉祥军队于京津，此时官银号发行奉大洋已达5.52亿元，实际上在关外流通者不过3600万元，其余5亿多元均在关内作为军需、军械之用。等到张作霖联合孙传芳与蒋介石北伐军作战之时，奉票早已无能为补助之力。1928年初，张作霖仍令官银号筹款5000万元，官银号难为无米之炊，只能以大量不兑换的奉票购买大豆，再把大豆出口兑换现金，而农民到手的纸币很快就开始贬值，这就是奉系军阀以奉票为手段从农民手中榨取了5000万元的实物。张学良主政东三省后，以裁减军费、整顿金融为措施，要求东三省官银号核算库存现金和有价证券、财政余存款项等，成立了辽宁省城四行号联合发行准备库，规定奉票固定价格，由此东北的金融秩序才渐渐趋于稳定，而东三省官银号在这一过程中功不可没。1931年九一八事变的第二天，东三省官银号就被日军占领了，库内存有的66万斤黄金和200万元银元全被日军劫走。1932年，伪满政府把东三省官银号、吉林永衡官钱银号、黑龙江省官银号等统统合并，成立了“满洲中央银行”，至此东三省官银号彻底消亡。1945年日本投降后，满洲中央银行被改作“国民党中央银行”，1948年沈阳解放后先后改为东北银行总行、人民银行东北区行、辽宁分行、沈阳市分行、沈河区办事处等，现为中国工商银行沈阳分行沈河区支行。它在1996年被沈阳市人民政府列为第二批市级文物保护单位，2003年被列为省级文物保护单位。

萃生里

位于沈阳市沈河区沈阳路三段的萃生里，是因为此地原来有一个萃升书院而得名。古代的书院，有如现今之大学，是学子求学之所、名儒授业之地。在东北，沈阳的萃升书院同铁岭的银冈书院、辽阳的襄平书院，并称“盛京三大书院”。萃升书院始建于康熙五十八年，公元1719年，由时任奉天府丞创建。乾隆初年，工部侍郎李永绍在德胜门（今大南门）学宫右面建立义学，不久改为沈阳书院，在国库拨款、官绅募捐扩建之后声名远扬。乾隆二十七年即1762年，时任奉天府尹欧阳瑾取“萃聚英才、升扬文化”之意，题写“萃升书院”四字楷书匾额，悬挂于书院的仪门之上。从此，沈阳书院正式命名为萃升书院。萃升书院的历任山长由绅董公荐产生，非德高望重之士莫属，且多为学界名人。尤其是嘉庆四年，官至大理寺少卿、文压三江的王尔烈因为到了耄耋之年，卸任回到辽东，掌教萃升书院，使萃升书院更加名声大振，名儒学子趋之若鹜。可惜到了1900年，俄军占据院舍，辟为军营与马棚，萃升书院从此人去屋空，荒芜颓废。虽然在1928年，张学良出资两万大洋，购买典籍，聘请名师，修葺院落，重建了萃升书院，但重新兴盛起来的景象很快就消散了。九一八事变后，书院被迫关闭，学员流亡关内，萃升书院彻底废矣。直到今天，萃升书院再也没能重建起来。

萃升书院其实并没有被人忘记，即便它遭受过各种各样的折腾，甚至在地面上的建筑都被折腾没了，但是它依然被用来命名道路里巷，于是有了虽然不起眼却依然顽强存在着的萃生里，还被用作小区的名字，于是有了朝阳街东侧、大帅府对面的翠生小区。毕竟，真实存在过的历史谁都无法抹去。

当年的萃升书院位于现在沈阳市沈河区沈阳路三段的萃生里，当初之所以选择这个位置，是因为旁边的文庙，而现在与萃生里毗邻，并同属于沈河区沈阳路三段的文庙里也是因为文庙才如此命名。民国时期出版的《沈阳旅游指南》写道：“省城之文庙（孔子庙）位于大南城门里，清（后金）天聪三年（1629年），首建圣殿、三楹戟

萃升书院

门、棂星门，至康熙五年（1666年），学宫增设，康熙二十一年（1682年），筑造东西两庙，康熙三十二年（1693年），明伦堂及东西斋房竣工，而大门仪门及东西两角门、学署六间相继建设，至道光时代于圣庙西南隅萃升书院之南侧增设孝子节妇二祠，并于春秋两季执行祭孔之举……”据《清史稿》记载，明崇祯二年，后金天聪三年，即公元1629年时，皇太极“建庙盛京，遣大学士范文程致祭”。显然，清朝在入关以前早已打定主意要汉化。顺治继位第二年就给孔子加封为“大成至圣文宣先师孔子”，于是，顺治年间所有孔庙的孔子牌位均由明嘉靖九年，即公元1530年以后的“圣先师孔子”改成了“大成至圣文宣先师孔子”，定了文庙谥号。此后，各地孔庙开始统称文庙，即“文宣先师庙”。清顺治六年，即公元1649年，封孔子第六十六代孙为衍圣公。康熙刚即位就去太学祭奠孔子；康熙十四年，即公元1675年，又省去了“大成”“文宣”四字，直接叫“至圣先师孔子”。此后全国各地孔庙的孔子牌位均沿用此制。清代皇帝们送给孔子最大的礼物其实是两块匾，也就是现在依然被广泛使用的两个荣誉称号，一个叫“万世师表”，一个是“生民未有”。康熙二十三年，即公元1684年，康熙去山东曲阜孔庙祭孔，听孔尚任讲完《大学》首章以后，特书“万世师表”四字悬额殿中，随后又将这块匾额内容颁发给全国各地的孔庙，刻匾恭悬。但这块匾现在不在曲阜，而是在北京的孔庙和国子监博物馆。“生民未有”四字比“万世师表”夸得还厉害，《诗经·大雅·生民》里有“厥初生民，时维姜嫄。生民如何，克禋克祀，以弗无子”。《孟子·公孙丑》里有“出乎其类，拔乎其萃，自生民以来，未有夫子也”。意思是说，自有生民以来，从来没有像孔子一样至高无上的圣贤，世上只出现了这一位圣人。乾隆三年，颁“与天地参”匾额；乾隆八年，颁“先觉斯民”匾额；嘉庆五年，颁“圣集大成”匾额；道光三年，颁“圣协时中”匾额；咸丰二年，颁“德齐帱载”匾额；同治三年，颁“圣神天纵”匾额；光绪二年，颁“斯文在兹”匾额；宣统元年，颁“位育中和”匾额。光绪三十四年，即公元1908年，清朝甚至把祭孔典礼升格为大祀，崇圣祠供祭太牢。太牢是祭祀礼仪的最高规格，一般只有皇陵才能使用。最开始只用于古代帝王祭祀社稷，祭品要求牛、羊、豕（猪）三牲齐备。古代祭祀所用牺牲，行祭前需要先饲养于牢，所以这类牺牲就称为牢，根据牺牲搭配的种类不同又有太牢和少牢之分。少牢只有羊、豕，没有牛。

辽宁省档案馆馆藏档案中，有一份光绪三十二年，即公元1906年十二月二十日盛京礼部的奏折，奏折中向光绪皇帝奏请将奉天文庙与太庙、天坛、地坛同等规制，即将文庙所覆青瓦全部换成黄瓦，将文庙所用器皿饰金、饰玉、饰黄色云纹。此奏得到慈禧太后及光绪皇帝的批准，于是，奉天文庙的规制提升了一大截，与太庙、天坛、地坛等礼遇相同。此后，奉天文庙不仅各殿之瓦换成黄瓦，就连那圈200丈的围墙也覆上了皇家专用建材——黄瓦。

清亡之后，袁世凯登上民国总统之位，定孔教为国教，提倡尊孔读经。各地文庙也借着“皇上”的威风，拿到了拨款，维持着正常运作。奉天文庙也算颇受重视，此间制定了祀孔典礼的规程，增置了祭祀的法器，把文庙的名称改为孔子庙。但到了20世纪20年代，由于资金匮乏，各地文庙纷纷败落，奉天文庙也未能幸免。1918年沈阳县公署的一份档案中写道：“文庙之大成殿之脊及东西两面宫墙年年剥落，均有损坏之处，而庙内殿上蔓草丛生，几无隙地，是皆岁修无款

奉天文庙旧照

以致有些现相……”后来奉天文庙西院学宫又长期被县教育会劝农所占用，文庙已毫无儒学氛围，渐渐被人淡忘。

文庙的旁边不仅建立了萃升书院，在1905年还建立了一所公立小学，先后称为“中央两等（初等、高等）模范小学校”“奉天省城官立第四初等、高等小学校”，具体位置就是现在的沈河区朝阳一校。这所公立小学在1949年更名为“沈河区文庙小学”，1954年文庙被拆除，平整成了现在朝阳一校的操场，而学宫也改为了住宅。至此，活了300多岁的奉天文庙，和萃升书院一样灰飞烟灭，只留下了和“萃生里”殊途同归的纪念性地名——文庙里。

其实，辽宁历史上书院和文庙的数量还真不少，截止清末，有39处文庙和18处书院。由于各种各样难以尽述的原因，辽宁现在完整的文庙仅存1处，就是兴城文庙。完整的书院仅剩3处，即铁岭银冈书院、瓦房店横山书院和辽阳襄平书院。真正的历史，镌刻在这些经历岁月沧桑而侥幸存活下来的建筑中，也凝聚在“萃生里”“文庙里”这般简短而文雅隽永的文字中，等待着人们仔细阅读。

正阳街

北起北顺城路，南至南顺城路的正阳街，始建于1631年，位于沈阳故宫西墙外，是老盛京城里井字形道路靠西边的南北向老街，它的南北两端是已经消失了的小南门和小北门。最初，正阳街分为3段，叫“地载门内大街”“鼓楼南大街”和“天佑门内大街”。1946年，3段合并叫作正阳大街。1957年改为正阳街，与朝阳街共同取自《左传·文公四年》的“昔诸侯朝正于王”。

正阳街可谓囊括市井百态，虽然有的已经不复存在，但依然令人难以忘怀。著名的老字号烧卖、熏肉大饼都是发迹于此。南端有1913年建的连奉堂，与北边兰亭巷里的会兰亭浴池并列于奉天四大浴池之上；南端还有清代储存救济物资的通济仓，买鹰卖鹰的鹰市口。北侧有城隍庙，有翰墨轩，有清太祖第十五子豫亲王多铎的十王府，还有

地载门与天佑门之间的鼓楼

1904年的小北门

清代专制铜器的手工作坊集中地铜行胡同。中间还有明代老城十字街中心辟邪用的中心庙。不能不提的还有现在名扬四海的大舞台，这座1908年始建的剧场，从翠芳楼开始到庆丰茶园、明卿大舞台、奉天大舞台、沈阳剧场，数度易手，中间也出过袁绶卿那种靠巴结张作霖发家的暴发户，不过也只是历史长河里的一朵浪花罢了。

正阳街的北端以前是地载门，也就是小北门，街的南端是天佑门，也就是小南门，这天佑地载的美好寓意本是当初皇太极的个人愿望，可惜天佑地载不能长久，无非是“你方唱罢我登场”的历史周期律，就像以前的大舞台常常上演的那些戏文一样。

正阳街110号的大舞台始建于清光绪三十四年，即公元1908年，起初是于洪区沙岭乡一个姓刘的乡绅盖的一座只有一层的建筑，叫“庆丰茶园”，又叫“翠芳楼”或“庆丰大舞台”。1912年，唱“三花脸”的艺人王明义与袁绶卿合伙出资买下了“庆丰茶园”，改名为“明卿大舞台”。1931年，扩建为3层剧场，改名为“庆丰电影院”。1933

年，日本人长桥荣一做了这里的经理，把剧场改名为“奉天大舞台”。1945年8月15日抗战胜利以后，大舞台正式定名“沈阳大舞台”，1948年改叫“辽宁大舞台”，1951年叫“沈阳剧院”，1970年又改作“沈阳人民剧场”，1981年改回“沈阳大舞台”，2003年，改作“刘老根大舞台”。

最初，大舞台里演出的主要是落子戏，即评剧的前身。据说最开始是清末发端于河北滦县一带的小曲“对口莲花落”，后来传入唐山，被叫作“唐山落子”。它的长足发展，是在传入东北以后被人们叫作“奉天落子”。据戏曲专家考证，1908年，营口大官塘的一个四合院里出现了奉天落子的第一个大班社——营口李子祥共和班，营口的小红楼剧场便是他们排练和演出的基地，它也是我国最早的、为数不多的评剧创始班社之一。因而营口成了奉天落子的主要发祥地。李子祥班的出现，引发了落子深度的变革，对评剧影响深远。落子在营口的发展吸引了全国的莲花落艺人、落子班社纷纷出关。成兆才的警世戏社、孙凤鸣的南孙家班、孙洪魁的北孙家班都先后落脚奉天。与此同时，奉天亦土生土长出许多落子小班社。这些戏班拥有了得以适合的土壤，便如同张作霖的队伍一般飞快地壮大起来，并且“鸟枪换炮”，越来越趋近“正规军”——向京剧、梆子大戏靠拢。恰在奉天落子开始走俏辽南时，张作霖的队伍也活跃在辽南。所以，有人说，奉天落子是与张作霖的奉军同时同地并同步地壮大起来的。

从辛亥革命到20世纪20年代，是奉天落子的大发展时期，是张作霖的大发展时期，也是大舞台的大发展时期。当时有小香水、小菊红等艺人在此演唱奉天落子；后来世界语学会在此演出过文明戏；以后，更多的评剧班子在此演出，比较红的有筱桂花、白玉霜等；京剧大师张君秋、荀慧生、宋德珠、唐韵笙，中国评剧四大名旦之一的筱桂花于新中国成立前后都曾在此演出过，轰动一时。新中国成立后，著名评剧表演艺术家韩少云、花淑兰、筱俊亭等都在此演出过。同时这里也是电影、话剧等艺术形式的表演场所，是早年中街少有的热闹地。

据民间传说张作霖曾经被落子艺人救过性命，所以张作霖一直支持落子在奉天演出。

正阳街上大舞台的人物依然在粉墨登场，大舞台外边的小吃摊子也依然人来人往。不管是戏台，还是城市舞台，人物更迭变换其实都是常态，而正阳街作为一个承载体，见得可远远不止最近100年这么简单。

1993年，正阳街上的东亚广场开始兴建，建筑工人在数十米的地基挖掘中，竟然挖出了两千多年的候城城墙，这也印证了史书上的记载：早在战国时期，沈阳就已经具备了城市的雏形。候城遗址位于正阳街的东侧，当时叫“东亚广场”，后来改作“兴隆大家庭”。

《汉书 · 地理志》载：“辽东郡（秦置，属幽州）户五万五千九百七十二，口二十七万二千五百三十九。县十八：襄平、新昌、无虑（西部都尉治）、望平、房、候城（中部都尉治）、辽队、辽阳、险渎、居就、高显、安市、武次（东部都尉治）、平郭、西安平、文、番汗、沓氏。”这是历史文献里首次具体记录了辽东郡县，也首次记录了候城。

其实，早在1971年和1975年，考古人员分别在沈阳故宫东路院内和南邻沈河区公安分局院内发现古代遗址，两者仅有一路之隔，实际上共为一体。这处古代遗址有6米多厚，最底下是战国、汉代文化层，上边依次是辽金和明清文化层。到了1993年3月，建筑工人在沈阳故宫北墙外修建东亚广场时，挖出来一段古城墙。城墙呈东西走向，黄土夯筑，最高处残高2米以上，夯层每层厚13厘米左右，夯窝密集，清晰可见。从遗迹和出土文物可以确定，这段城墙经过3次修筑，始筑于战国时期，汉魏时期又经过两次修补。在城墙的北侧，还发现了当年的护城河遗迹，可知这段城墙属于古城的北墙。在城墙内外，还发现了大量战国、汉代板瓦、筒瓦等建筑构件和瓮、釜、甑等陶器残片，还有半两、五铢等钱币以及铜箭镞、木箭杆等兵器，这说明当时城内有大量的军队驻守。除此之外，还有沈阳市区内发现的几处战国和汉代的墓葬。所有这些证据都足以证明，沈阳城，也就是候城，最早建于战国。按照考古学者们的推断，候城的大致范围应该是以现在的兴隆大家庭为一侧，正阳街到朝阳街的区域，其规模在每边200米左右。

中街路

中街路，也叫“中街”，是沈阳最早的商业街。从1631年开始算，中街已经有近400年的历史了。它西起正阳街鼓楼，东至朝阳街钟楼，全长一百七十三丈八尺，近580米。最开始叫“四平街”，意思是四季平安，因其位于沈阳古城中央，两街中间，又叫中街，一直沿用至今，而四平街的名字却被人们淡忘了。当时这附近有很多座王府，八旗贵族们需要一个专门的市场来供应他们的日常生活，于是皇太极按照“左祖右社、面朝后市”的规制，在面南背北的王宫背后设立了市场，于是就有了左有祖庙、右有社稷坛、前朝百官朝觐、身后一片喧嚣的繁华景象。1644年清军入关以后，直至康熙中期，中街慢慢形成了真正意义上的商业区。从山东人带来的丝房生意开始，这里汇聚了九行十六市的各色人等，成就了各行各业的老字号，每天顾客川流不息。1906年，盛京将军赵尔巽修筑了石子马路；1929年，张学良主政东北时期，拓宽了街道，拆除了钟鼓二楼；1930年又将石子路改修成柏油马路。两侧的商户也慢慢从平房建起了门市楼房，越来越繁华，也越来越现代化。不论这里经历过多少人多少事，这条流金的路、淌银的街从未改变，即使当年的老字号所剩无几，也不影响越来越多的人光顾中街。

其实沈阳市现在依然存有四平街，就在光荣街的西侧，与十三纬路相交，旁边都是辽源路、通化街等街路，一看便知都是取自于东北地区的城市名字，此“四平”非彼“四平”也。而以前的四平街路段，现在叫作中街路，因为它是东西走向，所以后边得加一个“路”，只是人们习惯叫中街了。

几百年前，现在东边朝阳街上原有的钟楼和西边正阳街上原有的鼓楼是整个老城的坐标，所以，位于钟楼南侧，连通大北门和大南门的朝阳街中段以前叫钟楼南大街，而位于鼓楼南侧，连通小北门和小南门的正阳街中段以前叫鼓楼南大街，而钟楼（现在沈阳商业城附近）和鼓楼（现在中街恒隆商场附近）中间的这一段，虽然以“四海

中街旧影

升平、四季平安”之意被叫作“四平街”，却因其地处钟鼓楼两大地标之间，位于沈阳老城的中心位置，所以后来被民间叫成了中街。

中街最早的老字号店铺是“天合利”，创办于清康熙十五年，即公元1676年。山东黄县的单氏兄弟单文利、单文兴看到了东北地区不产丝线、货源大多来自关内的商机，便在中街开了第一家丝房 “天合利”，除了生产绣花丝绒线以外，还从江南采购大批绸缎以满足市场需求，因其市场定位准确，生意迅速红火起来，直接带动了中街地区丝房业的迅猛发展，也带来了更多的黄县人来做生意。后来，为了在竞争中获得优势、吸引顾客，各家丝房开始扩大经营范围，附带经营一些日用小百货，从此丝房一度成为百货店的代称。据《奉天通志》记载：民国初年，资本在万元以上的丝房全市有42户，其中在中街开办早、规模大、资本多的丝房有17家，形成了以“天”“兴”“吉”“洪”“裕”“谦”为字头的六大字号丝房，其中“天、吉”两大字号为最。这些丝房多数由山东黄县人所办，他们做生意讲究诚信，不掺假，谦和有礼，但是总是自成团体，所以被称为“黄县帮”。据说黄县商人有个老规矩，每家几百号人中，包括十几岁的小伙子在内，没有一个当地人，老伙计大多从本县或邻县带出，大多都是知根知底的亲朋乡邻。

1914年，四平街马路拓宽，为了和“天”字号争夺市场占有率，经营“吉”字号的林芸生在掌柜王敬三的支持下投资5万多奉洋，在中街路北建起了一座小2楼，这个小二楼是当时整个中街的第一栋楼。吉顺通二层楼开张以后，顾客盈门，生意兴隆，没过多久就收回了建筑成本。“天”字号一看“吉”字号盖了小楼这么赚钱，就在路南盖了一栋比吉顺通二层楼还高一层的3层大楼，当面锣对面鼓地唱对台戏。1926年，吉顺通一狠心一跺脚，把原来的2层楼给拆了，原址重建了一座5层门市大楼，这栋5层楼房不仅外表豪华气派，里边还装了暖气、电梯、电风扇、电话等，工程设计一流。楼盖好以后，整个奉天都被这种无与伦比的高端大气上档次的大楼震住了，一时间人头攒动，消费者趋之若鹜。吉顺通借此改了名字，叫吉顺丝房，其服务理念也随新大楼的入驻有了新风貌：管理体制改革了，财东们退居二线，让懂业务的职业经理负责经营；分红制度也改革了，掌柜的、大伙计、小伙计都能拿到符合自己回报的分红；还在奉天首次尝试了租赁招商，把本来用不着的四楼五楼租出去了，经营小百货和西式餐厅；店员伙计也脱下了长衫，摘下了瓜皮帽，穿上了西装，打起了领带，还开全国先例地聘请女服务员穿上裙子卖化妆品。洋气的装修洋气的服务，再加上本来就有的谦恭有礼的态度，使得吉顺丝房一跃成为中街百货业的老大。这栋记录了沈阳宽容的营商环境和开拓进取改革精神的大楼，在1956年工商业公私合营的时候，改制成了后来的沈阳市第二百货商店，这栋大楼现在依然屹立在中街上，就在光陆影城对面。

当年的吉顺丝房

除了丝房、百货店，中街还有各种各样的茶店、点心铺、钱号、珠宝店、照相馆、钟表店、玩具店等商铺，很长一段时间是整个东北的商品集中零售和批发的交易场所。据记载，当时在中街地区形成的行市有25处，占当时全市的70%。有果品行、估衣行、鱼行、铜行、木行、皮行等9个行，以及银市、鸟市、马市、灯市、帽市、肉市、果市、柴草市、菜市、洋货市等16个市。中街上几乎囊括了沈阳商业史上最具盛名的老字号，洪顺盛、洪顺茂、老天合、天益堂、大德生、谦祥恒、瑞林祥、内金生、内宾生、内联生、兴顺东、兴顺西、吉顺昌、吉顺洪、吉顺通等等，都是享誉关内外的大商号。

老沈阳有个讲究，说的是“头顶庆丰润，脚踩内金生”，这是家境殷实的沈阳人当年最时髦的打扮。据说张作霖的寿夫人、张学良以及东北军的官绅名流都是这几个本土品牌的忠实拥趸，就连1934年溥仪在伪满新京（长春）“登基”时，也是穿着这身行头。

沈阳路

明代沈阳中卫有4个城门，两条十字街路，沈阳路就是其中东西走向的那条路。它也是清代盛京城井字形街路靠南边那条路。西起西顺城街、东至东顺城街的沈阳路，曾经分3段命名，分别是怀远门内大街、抚近门内大街和金銮殿大街。1939年3段合一，被日本人改为“一心街”；1946年改作“沈阳大街”；1957年改成“沈阳路”；1966年改叫“东风大街”；1988年重新改回沈阳路。

沈阳路现在是装潢秀丽的清朝仿古一条街。如果您想开车从大西

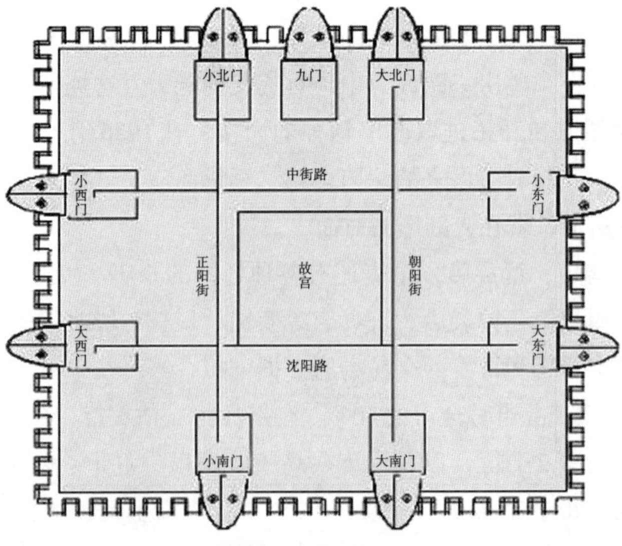

沈阳路在盛京城里的位置

门进来直接从大东门出去，那就只能绕路了，因为沈阳路通过故宫南端，东华门、西华门之间普通车马均不得入内，这里从清代起就是这个规矩，直到现在依然青砖铺地，仅供游人步行进入。东华门、西华门的正式称呼应该叫文德坊和武功坊，是按照大臣上朝文东武西设置的两座阙门，旁边立有下马碑，文武百官到此必须下马，普通百姓则要远离这里的皇宫禁地。20世纪70年代，为了通行10路无轨电车，文德坊、武功坊被拆下来，存到了北陵，80年代又重新迁回了原址。这皇家禁路虽说能够让百姓俯首、百官顺从，但在国力孱弱之时只能任由侵略者践踏蹂躏。1900年9月，沙俄侵略军开进沈阳城，沈阳故宫沦为他们的屯兵驻扎养马之所。两年半之后他们撤走，故宫丢失和损坏的藏品达1万件以上，令人慨叹！

1903年的武功坊

1908年的文德坊

当初沈阳路分为3段，被叫作抚近门内大街（大东门里大街）、金銮殿大街和怀远门内大街（大西门里大街）的时候，中间这段金銮殿大街其实是个误会，尽管因其得名的故宫里面的崇政殿不是误会。

沈阳故宫即盛京皇宫，是清初期的皇室建筑，始建于明天启五年，后金天命十年，即公元1625年，距今已有近400年历史。清迁都北京后，这座皇宫被称作“陪都宫殿”或“留都宫殿”。辛亥革命后，根据《清室优待条件》，它仍然作为“皇室产业”，归“盛京内务府办

沈阳故宫全图

事处”管理。1924年10月，冯玉祥发动“北京政变”，重新颁布的《修正清室优待条件》规定，一切皇产归国民政府所有，这里便被奉天省政府接管了。1926年11月16日，东三省博物馆筹办处成立，从此沈阳故宫成为博物馆。它不仅是我国早期建立的博物馆之一，而且是东三省首家公立博物馆。此后，沈阳故宫又经历了奉天故宫博物馆、日伪占领时期的“皇产”、辽宁省立民众教育馆、国立沈阳博物院等不同的阶段。中华人民共和国成立后，沈阳故宫博物院作为建立在宫殿遗址基础上的历史、艺术性质的博物馆，于1961年被国务院列为第一批全国重点文物保护单位。1981年，正式定名沈阳故宫博物院。2000年，沈阳故宫成为首批国家AAAA级旅游景区；2004年7月1日，作为明清北京故宫的扩展项目，在联合国教科文组织世界遗产委员会第28次会议上，正式列入《世界遗产名录》。

1900年俄军在大政殿前

盛京路

“盛京”是1634年清太宗皇太极给沈阳改的尊称，而以盛京为名的盛京路，实际上从1988年才开始命名。最开始这里是皇太极珍之重之、老百姓敬而远之的金银库胡同。这里原本有大小金银库18间，清初皇室所有的金银、玉器、珠宝都储存于此。整条胡同都设有重兵把守，闲杂人等不得靠近半步。（1931年前后，因年久失修，金银库主楼和附属建筑先后被拆除）清末，这里又改名叫“将军衙门大街”，是以路北清代盛京将军衙门得名，也就是后来住过徐世昌、赵尔巽、张氏父子的东三省总督府。它位于盛京路28号，是沈阳故宫的同期建筑。1644年清入关后成为留都府；1747年变成盛京将军府，是当时最高军政机关。为了显示将军府的独特地位，在东、西路口还修建过两座气派的雕花东辕门、西辕门牌楼。将军衙门大街也没叫多久就改作“军署街”，因为将军衙门改成了督军署。1916年又改作“行政公署大街”。1950年，以军属的谐音命名为军属街，直到1988年改作盛京路。

盛京路虽然只有不足500米，但是沈阳市沈河区人民政府、沈河区人大常委会、沈河区公安分局、沈河区教育局都在这里。

不论盛京路以前叫过什么街什么胡同，最恰当的名字，其实是后来改成的“盛京路”。它既体现了沈阳城历史沿革当中最辉煌最鼎盛的时期，又表明了这条路上统辖东三省的最高长官——盛京将军的办公场所。

从1634年到1907年，“盛京”二字共伴随了沈阳城273年。明崇祯七年，后金天聪八年，即公元1634年，皇太极升“沈阳”为“盛京”。《清史稿·地理二》：“天聪八年，尊为盛京。”两年之后，后金改国号为清。明崇祯十七年、清顺治元年、大顺朝永昌元年（李自成）、大西朝大顺元年（张献忠），即公元1644年，清定都于京师顺天府，仿照明朝二京制把盛京定为留都，据说也是为了留个后路。《大清一统志》上说：“世祖定鼎京师，以盛京为留都。”留都，也叫

盛京路上的东辕门旧影

陪都，原来没扒的小西边门的门额上就写着“陪都重镇”4个大字。

盛京，是陪都的典型样子，比如说，都城要是被人给端了马上就能续上，连皇宫都有，驻防的兵力也仅次于京畿地区，盛京衙门属下机构有印务处、户、礼、兵、刑、工等司，基本上能和六部对上；除此之外，盛京同时还有省会和八旗军驻防城市的特征。它不是正常的行省制，而是军府制，所以最高官员不是盛京总督、盛京巡抚，而是盛京将军。在关外，盛京将军职位最高，军政一体，主管旗务。不过，“盛京将军”这个名称只存在160年左右的时间。顺治年间最开始叫过“内大臣”，后来改作“昂邦章京”；康熙年间改作“镇守辽东等处将军”，又改称“镇守奉天等处将军”；乾隆十二年，即公元1747年才改成“镇守盛京等处将军”，也就是“盛京将军”；直到光绪三十三年，即公元1907年裁撤，改作“东三省总督”。

盛京将军下设盛京副都统、锦州副都统、熊岳副都统、金州副都统、兴京副都统以及副都统衔总管各1人；城守尉8人，其中盛京4人，兴京、凤凰、辽阳、开原城各1人；协领15人，内设水师1人；防守尉2人，分驻牛庄、熊岳；佐领131人，内设宗室2人、水师2人；防御102人，内设水师4人；骁骑校207人，内设水师8人。盛京将军原为正一品武职，乾隆三十三年降为从一品武职。

盛京将军这么大的官职，所管辖的地盘到底有多大呢？

打开《盛京将军年表》，简单浏览一遍，就会发现不少耳熟能详的名字，比如：

福康安，乾隆四十三年十一月二十七（1779年1月14日）。这位替乾隆四处平定民变的福康安是乾隆原配老婆孝贤纯皇后的侄子，经常出现在各种电视剧里。

晋昌，辅国公，嘉庆十九年五月初三（1814年6月20日）授热河都统，仍署；嘉庆二十二年二月初九（1817年3月26日）改伊犁将军。道光二年正月二十四（1822年2月15日）由兵部尚书授；道光七年闰五月初四（1827年6月27日）与绥远城将军互调。在盛京将军这个位置上演帽子戏法的晋昌是程伟元的朋友，也是《红楼梦》得以四处推广的重要助力。

耆英，道光十八年闰四月十八（1838年6月10日）由热河都统改；道光二十二年正月十五（1842年2月24日）改广州将军。离开盛京后，耆英被安排去浙江向英军求和，在南京签订了《南京条约》。随后的《五口通商章程》《虎门条约》《望厦条约》和《黄埔条约》，他都是签订者，他的下场是在第二次鸦片战争期间被咸丰赐死。

倭仁，咸丰十年八月十八（1860年10月2日）由盛京户部侍郎署；同治元年（1862年）升任大学士、官拜工部尚书。他是道光、咸丰、同治三朝元老，同时也是程朱理学在当时的忠实继承者，对清末的政界和学界都有过巨大影响。比如，他是曾国藩的偶像，曾国藩的日课就是跟他学的，而他作为同治年间反对西学的著名顽固派，在近代中西文化的首次交锋——同文馆之争中留下过代表着一个体系的传统保守而落寞的身影。

依克唐阿，光绪二十一年八月二十五（1895年10月13日）由镶黄旗汉军都统授；光绪二十五年二月初一（1899年3月12日），卒，谥诚勇。出生于吉林的依克唐阿人生的后三十年几乎完全贡献给了东北防务，一直努力抗击日、俄侵略。在甲午战争中，在清军“屡退不进”的情况下，仅“得依率军鏖战”，以其骁勇善战而“为敌所畏”。由于他在东北根深蒂固，又号称“东北三省海外天子”。

增祺，光绪二十五年三月二十五（1899年5月4日）由福州将军

外攘门（小西门）外的依公祠旧影

改；光绪二十六年八月十九（1900年9月12日）与江宁将军互调；光绪二十七年正月初七（1901年2月25日）再由前宁夏将军授，光绪三十一年三月初五（1905年4月9日）召陛，四月初四（5月7日）因忧免。对于后人来说，增祺最著名的一段事迹就是以三姨太为契机招安了张作霖。但更该记住此人的是，1900年庚子拳乱中，俄军攻陷奉天时他逃去了新民，后来，在俄军胁迫下，派人去旅顺擅自签订了《奉天交地暂且章程》，事发后被革职，《章程》亦作废。此事一了，他竟然又留任了，后来去广州做了两广总督。

以上这些人物，都曾常驻盛京路上的盛京将军府，对东北大部分地区发号施令。清末盛京将军改成东三省总督以后，盛京将军府也进行了改建。光绪三十三年六月，即公元1907年，新建了上下2层的新式建筑。东三省首任总督徐世昌，继任总督锡良，第三任总督赵尔巽，以及1914年改称镇安上将军行署后，时任镇安上将军的张锡銮和段芝贵，还有后来的盛武将军、奉天督军张作霖，奉天军务督办、东三省保安司令张学良，都曾在此办理过公务。而这座历经百年历史的东三省总督府，自20世纪80年代被闲置多年后如今终于修葺一新。

承德路

清代初期始建的承德路是盛京路向西穿过正阳街的延伸，它拐了一个直角边向北直接通到了沈阳路。这条才400米的路，记录了沈阳的另一段身世。

康熙三年，即公元1664年，奉天府属下设置承德县，管辖盛京城外郊区，东至抚顺城，西至辽河，南至十里河，北至懿路。不久后，现在的承德路就因为此地路西设有承德县署而命名为“承德县胡同”。而现在的河北承德，是在康熙四十二年修建的热河行宫，雍正十一年胤禛取“承受先祖德泽”之意，罢热河厅，设承德直隶州，才开始有了乾隆之后承德避暑山庄的声名远扬，而1913年沈阳改为“沈阳县”之后，反而很少有人知道沈阳的承德历史了。承德县胡同也在同年改作“沈阳县胡同”，1989年改作“承德路”。

昔日的同泽女中

承德路的直角拐角上有一座3层的老式建筑，夏天时楼面会布满绿色的藤蔓，它就是曾经大名鼎鼎的同泽女中。20世纪20年代，于凤至拿出私房钱建立了东北大学家政系，同时建立了同泽女中，还聘请

同泽女中与奉天女高进行排球比赛旧照

德国工程师设计监修了现在这座钢骨水泥结构的火不能引的楼房。张学良也投入重金聘请各地名师，甚至将老虎厅里的其中一个老虎标本慷慨赠予。这个老虎标本现在依然是学校的镇校之宝。

承德路得名于承德县，这条东端与盛京路相连的小路，虽然短，却因为自康熙年间在路西设有承德县署而尤为重要，而对于当时的盛京来说，在城里专门另设承德县到底有没有必要呢？

由“后金”到“清”，有的人只看到了年号的改变，却并没有在意一个新的满洲共同体的形成。后金在统一女真和对外征战的过程中掳掠了大量人口，再加上东北地区各族人民主动内附，到顺治入关时，入关大军以女真为主体，包括蒙古族、汉族、朝鲜族等在内的满洲共同体，其中最明显的特征就是八旗制度“合满洲、蒙古、汉军为一”，除军事之外，民间融合的速度也十分惊人，当时东北地区汉人和女真人的生活已经完全交织在一起了。

而顺治入关之时，把这个满洲共同体能带走的人都带走了，后续问题是：东北没人了，龙兴之地需要开发利用，光靠留守的那点儿人哪够？整个清朝，对于东北的开发和封禁都是阶段性的，每次开发都会形成一波移民潮。顺治要经营老巢，振兴东北，就从关内大量移民出关，而这些移民光靠盛京将军，管是管不过来的，主管军政和旗务的堂堂封疆大吏，不可能天天研究升斗小民的具体生活问题，需要比盛京将军职级稍微低级一点的官僚来做具体执行工作，于是设置了和关内一样的府、县机构。最开始设置的是辽阳府及其下辖县城。顺治十四年，即公元1657年，降辽阳府为辽阳县，仿效京城顺天府的命名和建制，在盛京城内设立“奉天府”（原址在城内钟楼南大街路西大南门里），最高长官是奉天府尹，管辖相当于现在辽宁省范围内各县的“民人事务”，也就是非八旗人口，包括汉民等其他各族人民的事务。也就是说，沈阳历史上“奉天”这个名字，是从1657年开始有的，不过它并不是唯一的。据记载，唐代的陕西乾县曾经叫作“奉天县”，后来被废除了。虽然府县级别不同，但是奉天之意大致相同。

奇葩的是，奉天府虽然管辖范围广、权力大，但盛京城却不归它管。于是，康熙三年，即公元1664年，清廷在盛京城设立县级地方政府，名为“承德县”。按规格，它是奉天府首县，承德县署原址在怀远门内大街路南胡同内，也就是现在的承德路路西，沈阳路一段承德西里。《清史稿·地理二》“奉天府”条下记载：“承德……明，沈阳中卫。康熙三年置县，附府。”不论是奉天府，还是承德县，都不是一般的府、县可比，它们都是按照当年北京城的规制设立的，奉天府尹与京师顺天府尹同为正三品，直接归中央管辖，承德县也与京师的大兴县、宛平县一样，长官称为知县，是正六品，而当时其他府、州下属县的长官只能称县令，是正七品。

《沈阳县志·职官》：“宣统三年二月，民政部通咨各省，裁并同城州县。尊将承德县员裁撤，一切事务归并奉天府办理。”也就是说，从1664年到宣统三年即公元1911年初承德县建制撤销，近250年间，沈阳城真正的管理机构应该是承德县。

而现在承德路存在的好处就是，作为一个街路的名称，记录着一个城市的历史，不论这条路长短与否，它都是历史上真实存在过的必经之路。

下附辽宁沈阳各时期各名称变更情况：

沈阳城：元朝（沈阳路）、明朝（沈阳中卫）、后金初年至后金天聪八年（1634年）。

盛京城：后金天聪八年（1634年）至清光绪三十三年（1907年）。

奉天府：清顺治十四年（1657年）至清宣统三年（1911年）。

承德县：清康熙四年（1665年）至1913年。

奉天省：清光绪三十三年（1907年）至1929年；1931年至1945年（伪）。

奉天市（奉天省城）：1907年至1929年；1931年至1945年（伪）。

沈阳县：1913年至1948年11月；1956年7月至1959年12月。

辽宁省：1929年至1931年；1945年至今。

沈阳市：1929年至1931年；1945年至今。

奉天街

沈阳市沈河区中部的奉天街，南起南关路、顺通路和风雨坛街三条街路交叉口，北至友好街，长3225米，宽40米，按照城市规划，此地于1988年命名为奉天街，1990年始建，全线分期、分段建成，2000年竣工。别看奉天街很年轻，奉天街的名字可是大有来头。

“奉天”二字的本意是遵从天意，指的是皇帝受命于天。秦代以前的天子一般只用奉天来解释天命所归，秦代以后的皇帝都爱学靠“水德”得天下那般承运，于是后来的皇帝都当上“奉天承运”的皇帝了。而把“奉天承运”用在诏书上是从明太祖朱元璋开始的。1368年，朱元璋在南京称帝，把规模最大的朝会大殿取名为“奉天殿”，把手拿的玉圭也刻上了“奉天法祖”，还在颁发的诏书前面自称“奉天承运皇帝”，导致清朝皇帝发诏书也用“奉天承运皇帝诏曰”八个大字，直到辛亥革命宣统皇帝退位才结束。顺治十四年，即1657年，以“奉天承运”之意，沈阳设置了奉天府，这也是沈阳又名“奉天”的由来。1907年，清廷改东北地区的军府制为行省制，裁撤盛京将军，设奉天省。1929年，张学良将“奉天省”改称为“辽宁省”，意为“辽河两岸永远安宁”。无论是沈阳市还是辽宁省，都跟“奉天”二字有解不开的缘分，专门设置一条以此命名的街路便理所应当了。

关于奉天、奉天府、奉天街，前文已经交代清楚，此处不再赘述。不过，在奉天街还不叫奉天街的时候，奉天街位置上的一座建筑实实在在地奉“天”而建，它就是清雍正年间按雍正皇帝旨意建造的大名鼎鼎的贤王祠。《盛京通志》记载：“贤王祠，初名怡贤亲王祠，雍正十二年建。正宇五楹，配庑各三楹，大门三楹，耳房四楹，仪门一楹，碑亭一座，左右门各一楹，皆为琉璃瓦顶。”

清康熙年间“九子夺嫡”的故事很是盛行。儿子多，一个比一个有心眼儿：要是在穷苦人家，这家就发达了；要是在帝王之家，这家就乱了套了。再加上康熙之前几位立储之后引出的各种祸乱，吓得雍正不敢立储，从他往后都是秘密立储，传位诏书就放在乾清宫

“正大光明”匾额后面。按照这种一朝被蛇咬的心态，雍正该对所有的兄弟都不放心才对，但是唯有十三阿哥胤祥，则让雍正十分放心。

胤祥画像

爱新觉罗·胤祥是康熙第十三子，生母敬敏皇贵妃章佳氏死得早，他被送到雍正的母亲德妃处抚养，没想到因此他与雍正的关系比雍正与同母亲生弟第十四阿哥胤禵的关系好得多。善骑射、有见地、能文善诗的胤祥在12～22岁期间非常受宠，这十年间康熙每次出巡必带他随行，六下江南就带了他4次，前两次没带是因为他没到12岁，岁数太小。出巡是如此，平时在宫里的恩宠更是不胜枚举。没想到的是，在康熙四十七年即公元1708年“一废太子事件”中，22岁的胤祥突然失宠，被圈禁在宗人府关了一年多。此后一直到康熙驾崩，他都没有再接近过权力中心。关于失宠原因，民间向来传说众多，有一种说法是胤祥为四哥胤禛顶包，承担了夺嫡过程中的责任。此事虽然不可考，但是后来胤禛对他好是清楚可查的。康熙一死，雍正就把他封为和硕怡亲王，让他总管户部，兼任军机处领头的军机大臣，还主管内务府造大炮，督领圆明园八旗守卫禁兵（雍正长期居住在圆明园，这就是最贴身的亲兵），主持审理大案要案，又全身心治理水患。可以说，雍正朝最重要最关键的钱袋子、枪杆子，包括工程建设、宗教事务、刑事诉讼等事项中，都有他忙前忙后的身影，结果造成他积劳成疾，而他的身体本就不好，腿疾一发作就很严重，在雍正八年即公元1730年病逝，享年44岁。他死之后，雍正极为伤心，为他“辍朝三日，素服三月”，让这位为国操劳、付出巨大的“柱石贤弟”“配享太庙”，封为

“铁帽子王”，还可以世袭罔替，谥号为“贤”，在“贤”字前面还加了“忠敬诚直勤慎廉明”。本来雍正登基以后把所有兄弟名字里的“胤”全改成了“允”，在“允祥”病逝以后，雍正竟然把“胤”赐还给他，“允祥”又变回了“胤祥”，这是有清一代不避皇帝讳的唯一特例，其受重视程度可想而知。

“怡亲王事朕，克殚忠诚，职掌有九，公而忘私；视国如家，朕深知王德，觉此八字，无一毫过量之词。在朝诸臣，于忠勤慎明尚多有之，若敬直诚廉则未能轻许。期咸砥砺，以副朕望。”这是胤祥生前雍正对他的评价。这些好评，再加上谥号、赏赐以及延及子孙的福利待遇，都不足以表达雍正强烈的情感，于是胤祥死后没多久，他在王府井的那座宅子就被改成了贤良寺，儿子弘晓带着全家搬到了朝阳门的新宅。据《宸垣识略》（卷五）记载：“贤良寺在东安门外帅府胡同，雍正十二年建。本怡贤亲王故邸，舍地为寺，赐名贤良。乾隆二十年移建于冰盏胡同。”移建后的寺庙，规模虽然缩小，但名气依然很大，据说李鸿章进京的时候还住过这座寺。

《清史稿·列传七·诸王六》记载：“白家疃等十三村民请建祠，允之。拨官地三十余顷为祭田，免租赋。命更定园寝之制，视常例有加。又命未殡，月赐祭；小祥及殡，视大祭礼赐祭；三年后，岁赐祭。皆特恩，不为例。乾隆中，祀盛京贤王祠。命王爵世袭。”村民给胤祥建祠堂的“白家疃”就是现在西山的白家疃，那里有一座胤祥的别墅，别墅现在已经改成了白家疃小学，但是部分保存下来的建筑上依然写着“怡贤亲王祠”的字样。除了北京的这座祠堂之外，本书开篇提到的《盛京通志》记载，雍正十二年在盛京建造了“怡贤亲

当年盛京外攘门（小西门）外的贤王祠

王祠”。

盛京的“怡贤亲王祠”规格很高，每年照例要在春秋仲月择吉日致祭，由盛京将军承祭，祭品用少牢一，果品五盘，每位前用帛一、爵一，可以说胤祥算是享尽哀荣了。到乾隆十九年，即公元1755年，乾隆第二次东巡，想到盛京为清朝的龙兴重地，应该给那些为了清朝占领天下抛头颅洒热血的诸王颂扬一下功勋，最直接的方式就是建立祠堂表达纪念，但是最后并没有新建。他下了一道旨意，把配享太庙的通达郡王（雅尔哈齐）、武功郡王（礼敦）、慧哲郡王（额尔衮）、宣献郡王（界堪）、礼烈亲王（代善）、饶余贝勒（阿巴泰）、郑献亲王（济尔哈朗）、颖毅亲王（萨哈廉）都请入“怡贤亲王祠”与怡贤亲王（胤祥）一并祠祀。本来是胤祥一个人的房子，结果一下子搬进来一堆他的爷爷辈、太爷爷辈、太太爷爷辈，也不知道胤祥做何感想。乾隆四十三年，即公元1778年，又把睿忠亲王（多尔衮）、豫通亲王（多铎）、克勤郡王（岳托）都请入祠中祭祀。

贤王祠早就已经被拆没了，拆它那会儿，奉天街还没有影儿呢，只有断断续续的一段一段的小胡同。建贤王祠的时候是奉“天”之意，拆贤王祠的时候又是奉何之意？天意乎？危房乎？《文中子·事君》说：“大厦将颠，非一木所支也。”诚不欺我乎？

大南街

老沈阳城有八门八关，其中南城墙靠东这个城门叫“德盛门”，也叫“大南门”。清康熙十九年，即公元1680年，盛京城外增筑了8个边门，自那时候起，开始有了大南街的雏形。起初这里只是土道，后来铺了碎石路面，民国二十年，即公元1931年前后改筑柏油路面。最开始的大南街就是大南门到大南边门，也就是现在的南关路稍往南、三友北里东这一段，叫作“大南关大街”，街路两侧以及周边被俗称为“古城关厢”。修筑“边墙”，没有关厢之前，盛京方城之外，除了庙宇很少有人居住，谁都不愿意夜里黑灯瞎火地被关在方城城墙之外。修筑“边墙”之后，人们不再一味地挤在方城内，而纷纷在关厢内安家、开设店铺。大南关按八旗分配设定为镶黄旗界，这里的热闹程度和其他7处关厢区域有所不同。直到清末，大南关大街两侧集聚了16处明清建筑寺庙宫观，是庙宇比较集中的古城区。虽然这里经历过多次变故，仍有慈恩寺、般若寺、大佛寺保存到今天，成为沈阳乃至东北著名的汉传佛教寺院。而曾经的大南关大街，在1957年从大南边门延伸到了文化路，才改作现在的名字——大南街。

大南街得名于大南门，2007年，大南门瓮城遗址在今南顺城路大南街交叉路口的东北角被发掘出来，此时沈阳市国税局沈河分局正在当地开发建设“综合办税服务楼”，现在这栋大楼早已站在路口，鹤立鸡群，俯视着周边的低矮建筑群，也俯视着脚下已经被玻璃罩保护起来的大南门瓮城遗址。

大南门的正式名称是德盛门，与它正北方的福胜门也就是大北门遥相呼应。奉天府的府衙当初就设在钟楼南边的大南门里，钟楼南大街路西，也就是现在的朝阳街上。当时按照“旗民分治”的分工，军务旗务都归盛京将军管，民务及汉民等各种事宜由奉天府尹负责，仿佛奉天府衙地处德盛门里的奉天府尹就会跟着“德盛”似的。德盛门的另一个谐音是“得胜”。北京城也有一个德盛门，但北京德盛门比沈阳的早，在元代的时候叫“健德门”，徐达攻下元大都以后改成了“德盛门”。沈阳德盛门在南城墙偏东，而北京德盛门在北城墙偏西。按方位来说，明朝的北京城（起初叫北平）德盛门更恰当，因为按照传统，北方按星宿属玄武，玄武主刀兵，所以出兵打仗，一般从北门出城。北门叫“德盛门”，意思很明显，就是要“以德取胜”“旗开得胜”，打完仗回来从东侧的“安定门”班师回朝，意为“太平安定”“安抚平定”。

德盛门内的这个地块被张作霖看中。民国三年，即公元1914年，在德盛门内大街西侧、通天街东侧，也就是现在朝阳街南端西侧和北通天街南端东侧之间，开始建造张氏帅府的一期建筑，也就是帅府中院那个三进四合院。而在张氏帅府之前，这个地块实际上也跟军事有关，只不过这里一度不属于我们自己，而是被侵略者占据。

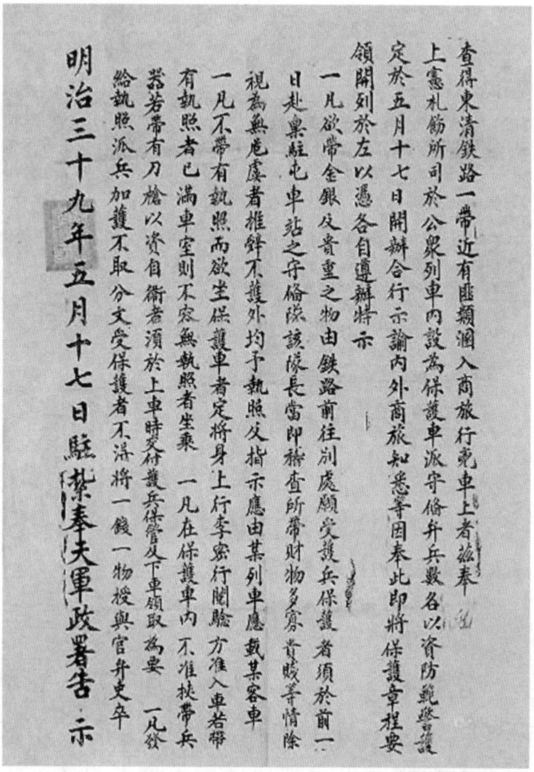
查得東清鐵路一帶近有匪類溷入商旅行竊車上者茲奉
上憲札飭所司於公衆列車內設為保護車派守備弁兵數名以資防範照護
定於五月十七日開辦合行示諭內外商旅知悉等因奉此即將保護章程要
領開列於左以憑各自遵辦特示
一凡欲帶金銀及貴重之物由鐵路前往別處願受護兵保護者須於前一
日赴就駐屯車站之守備隊該隊長當即稽查所帶財物多寡貴賤等情除
視為無危虞者推辭不護外均予執照及指示應由某列車應載某客車
一凡不帶有執照而欲坐保護車者定將身上行李密行閱驗方准入車若帶
有執照者已滿車室則不容無執照者坐乘　一凡在保護車內不准挾帶兵
器若帶有刀槍以資自衛者須於上車時交付護兵保管及下車領取為要　一凡發
給執照派兵加護不取分文受保護者不得將一錢一物授與官弁吏卒
明治三十九年五月十七日駐紮奉天軍政署告示

驻扎奉天军政署告示

告示的发布者“奉天军政署”就在后来张氏帅府的位置上，它是日俄战争奉天会战之后日本在沈阳设立的军政合一的管理机构。日本《满洲军政史》记载，它的开设时间是奉天会战刚结束后的1905年3月11日，后于1906年8月1日撤废。右图告示即是撤废之前发布的，纪年方式与日本本土一样。设立初期，奉天军政署隶属于满洲军总司令部，1905年11月25日之后隶属于关东都督府管辖。奉天军政署管辖区域包括承德县（沈阳）、兴仁县（原承德县东境及兴京厅西境部分，即后来大体上的抚顺县县境）、兴京厅、通化县、临江县。

奉天军政署及驻于奉天城的日军守备队负责全城的治安、卫生、土木建设等的行政管理，有日军分别驻扎守护于内城外郭十六门、两陵、宫殿、盛京将军府、八王寺水源等处。奉天军政署俨然成了清廷盛京地方政府，对各项事务发号施令。

奉天军政署的位置在大南门内，当时有一张照片就是在奉天军政署院里拍摄的，照片左上角就是露了个头的大南门。

奉天军政署里的日本军政要人

照片里的人：

左数第一人：黑木为桢，鹿儿岛人，萨摩藩士之后，生于1844年5月3日，死于1923年2月3日，日本明治时期的陆军大将。

左数第二人：野津道贯，鹿儿岛人，萨摩下级藩士之子，生于1841年11月3日，死于1908年10月18日，曾参加戊辰战争和西南战争，甲午战争时身为第一军司令，日俄战争时身为第四军司令，大山岩的副手，1895年晋升为大将，1906年晋升为元帅，1907年封为侯爵。

左数第三人：山县有朋，长州藩中间（地位比足轻还低的一个阶层）出身，生于1838年6月14日，死于1922年2月1日。他一手打造了日本陆军，被称为日本陆军之父。他直接参与策划并指挥了中日甲午战争和日俄战争。中日甲午战争中，他在野津道贯之前做第一军司令，庚子事变中派出日军参与八国联军攻入北京。日俄战争中出任日军参谋总长和兵站总监。1890年晋升为陆军大将，1898年晋升为元帅，1906年受一级功勋，1908年受封为公爵。

左数第四人：大山岩，鹿儿岛人，原为萨摩藩武士，生于1842年11月12日，死于1916年12月10日。戊辰战争中带领新式枪队参加鸟羽伏见之战等。1907年封为公爵；1912年退役，同年受命成为9位日本元老之一；1915年出任内大臣。在日本陆军中他的地位仅次于山县有朋，而远远高于其他人。

1905年3月15日大山岩进入奉天城

左数第五人：奥保巩，福冈县人（并非长州藩系，也非萨摩藩系），生于1847年1月5日，死于1930年7月19日。1894年晋升为中将。中日甲午战争中任第一军第五师团长，指挥所辖第九、第十旅团入侵辽东地区。与守卫摩天岭通道的清军聂士成部激战数十次，均未得逞（那是清军在甲午战争中唯一的胜利）。根据“辽河平原扫荡作战方案”，他指挥第五师团，与桂太郎的第三师团相配合，于3月初先后攻占鞍山站、牛庄、田庄台。所到之处，纵兵焚杀，战后以功授男爵。1903年晋升为陆军大将。1904年日俄战争时，任满洲军第二军司令官，再次率兵入侵中国，先后在盖平、大石桥、沙河、辽阳、奉天一带与俄军作战，连续打退了俄军大规模反攻。战后升为伯爵，任东部都督、参谋总长等职。1911年授封陆军元帅。

左数第六人：乃木希典，长州藩藩士出身，生于1849年12月25日，死于1912年9月13日。中日甲午战争时任第二军第一旅旅长，率部侵占中国旅顺、辽阳，与山地元治同为旅顺大屠杀的执行者。1895年晋升为陆军中将，特封为男爵，同年率军入侵台湾，1896年出任台湾第三任总督。1904年日俄战争爆发后任第三军司令，以“肉弹”步兵冲锋战术进攻旅顺，战死五万余人而未成，后被大山岩安排儿玉源太郎代替其指挥，仅以六千人的代价，集中炮火攻占203高地迫使旅顺俄军投降。次年参加奉天之战，战后任军事参议官，是皇孙裕仁（即昭和天皇）的导师。1912年明治天皇病逝后，同其妻剖腹殉节，成为日本武士道精神的典型代表。

左数第七人：儿玉源太郎，长州藩武士之子，生于1852年4月14日，死于1906年7月23日。1889年8月24日晋升陆军少将，任监军部参谋长。中日甲午战争中策划侵华战争，被称为“日清战争的萧何”。大山岩出任第二军司令官后，他成为实际上的陆军大臣，战后被授予男爵爵位，后擢任第三师团长、内务大臣。1898年开始出任台湾总督长达八年之久，镇压台湾起义，对台湾加强管理并疯狂掠夺资源，使日本大获其利。日俄战争爆发后，晋升陆军大将，担任日本满洲军总司令大山岩元帅的参谋长，后代替乃木希典攻下203高地。他是侵华罪魁之一。

左数第八人：川村景明，萨摩藩武士之子，生于1850年4月8日，死于1926年4月28日。参加过萨英战争、戊辰战争和西南战争。1891年晋升陆军少将，任步兵第八旅团长、近卫步兵第一旅团长。中日甲午战争时率部在台湾作战，1895年封男爵。1897年任第一师团中将师团长，1901年为第十师团长，日俄战争率第十师团出征。1905年1月15日晋升陆军大将，当上了扩编的鸭绿江军司令官。参加奉天之战，率先行动，执行佯动任务，把俄军的全部预备队吸引到自己面前，为主攻部队突破打下基础。战后任军事参议官、东京卫戍总督。1907年升子爵，1915年被授予元帅府元帅。

以上八人，都是明治时期陆军建军时的元勋大将，其中有5个元帅，个个都有爵位，每一个都有不止一次侵华作战的经历，都是日本历史上载入史册的“赫赫有名”的军人。对于这些人，对于那段历史，作为受害方的我们究竟了解多少呢？

站在大南街上，想象曾经的德盛门以及德盛门里的各色人等，一百年前的沈阳人和现在的沈阳人，在想法上会有多大的差距呢？

乐郊路

从沈阳市沈河区南顺城路顺着大南街往南约100米，有一条东西走向的小路，西起风雨坛街，东至金觉寺街，约920米长，这条路就是“乐郊路”。《诗经·魏风·硕鼠》云：“硕鼠硕鼠，无食我苗。三岁贯女，莫我肯劳。逝将去女，适彼乐郊。乐郊乐郊，谁之永号。”诗中的乐郊是人们心中向往的理想家园，能以乐郊为名，这条小路要么承载了盛世的安定与万千繁华，要么承载了乱世的苦难与无数期盼。

据《辽史·地理志》记载：辽神册六年，即公元921年，辽太祖耶律阿保机亲率契丹大军攻占了当时的檀州、顺州及安远、三河、良乡等十多座州县城池，俘虏了这些州县的大批汉人，其中蓟州三河县（即今北京市东的三河县）被俘的俘虏在契丹大军押送下，经过长途跋涉迁到今沈阳处，并在这里又设置了一个县，县名仍称“三河县”。“后以其地广衍肥饶，迁，于是土者乐之，更名乐郊县。”乐郊县治元时即废，乐郊之名辽、金延用，清末废止。

乐郊路的得名，另有传说可能和金代的“乐郊馆”有关。据说靖康二年，宋朝的徽钦二帝被金人押往北方，曾经在乐郊县停留，住在“乐郊馆”，乐郊馆的位置就在现在乐郊路北边。乐郊馆后来改名叫徽宗寺、辉宗寺，而乐郊路也可能因为乐郊馆而得名。但是这种说法并没有文献记载，徽钦二帝北行的路线中也没有沈阳，只是皇族其他人等有可能到过乐郊县，住过乐郊馆。

“乐郊”二字从《诗经》里走出来，穿越宋、辽、金，历经千百年风霜，一直延伸到今天，而幸福的沈阳人每天都不知不觉地走在这条名实相符、安居乐业的路上。

南乐郊路

沈阳市南乐郊路，得名跟乐郊路基本一样，来自辽代乐郊县、金代乐郊馆。1989年，此路因在乐郊路南侧而派生出现在的名字。而在清末，南乐郊路有一个更广为人知的名字：洋楼前胡同。这个名字更直白，因为它在洋楼前面。洋楼是建于光绪四年南乐郊路40号的沈阳小南天主教堂，当时俗称“南关洋楼”。

公元1878年，法国神父方若望在此地建成天主教堂。1900年7月2日教堂在庚子之乱中被烧毁，堂内一百多名男女，包括一名外国神父，都被烧死。现存建筑为1912年由南满教区法国苏悲理斯主教利用《辛丑条约》中的庚子赔款在原址上重建的，由法国人梁亨利设计。教堂坐北朝南，双塔高40米，进深54米，用青砖砌筑，正面中央部位是大玫瑰窗，是一座风格纯正的哥特式大教堂。1949年以前，它一直是沈阳最高的建筑物。1988年，它被列为辽宁省文物保护单位。

南乐郊路在乐郊路的南面，相距只有二百余米，虽然南乐郊路是由乐郊路派生而来，但是南乐郊路承载的历史却并不比乐郊路轻松，尽管二者涉及的死亡人数有天壤之别。在乐郊路上看到的是千百年来民族融合的印记，在南乐郊路上看到的则是百十年来宗教传播的进程，此间阵痛，岂能不令人心头一紧？

现在的南乐郊路上居民楼林立，随处可见20世纪末的8层楼房，还有一段变成了温州一条街，写着“东北服装材料城”的字样。而在南乐郊路和小南街的交叉路口向西望，让人喘不过气的居民楼群豁然中开，出现一大片空地，中间矗立着一百多岁的小南教堂，虽然其开阔程度与一百多年前相去甚远，但它和那时候一样，依然是天佑门即小南门外最具有标志性的建筑。缪润绂的《沈阳百咏》第一百咏写道：“洋楼钟动日升天，簇簇明妆耀眼鲜。怪煞寻春春不见，好春多在教堂边。”关于教堂边的“好春”，诗按里如此解释：“英夷于同治初年至盛京相阴阳，始于天佑关街西市官舍数十楹设教堂焉。迄光绪三年，又起建洋楼，大兴土木。入教者每当晨钟动后，整具衣冠，鱼贯而前，趋之若鹜，妇人女子亦皆画黛匀螺，新妆竞斗，谓不如是则教主不欢。败俗伤风，莫此为甚。”《沈阳百咏》成书于清光绪四年，

1900年之前缪润绂笔下的小南天主教堂

即公元1878年，当时27岁的缪润绂还没考中进士，还没当上翰林，“好春”是他道听途说还是亲眼所见，因无法下断言，此处不做考证，只引其文字描述。

佟冬先生主编的《中国东北史》第五卷第七章“风起云涌的反洋教斗争和义和团运动”中第一节就是“洋教侵略和东北人民的反洋教斗争”，该节提到，鸦片战争以后，按照条约规定，外国传教士获得传教和购置田产等权利，基督教开始在中国蓬勃发展，到19世纪末已有3300名传教士来到中国传教，其中来到东北的主要是法国天主教和英国新教的传教士。法国天主教神甫于1838年涉足东北，至1889年东北已有南北两大教区。南境主教统理奉天全省教务，总堂在沈阳天佑关外，主教是法国人纪隆。1900年义和团运动前，天主教在奉天省有大小教堂42处，分布于沈阳、辽阳、营口等地，共有外国教士23人，中国教士8人，招收教徒约17500人，该数据来自李杕的《拳祸记》。英国新教1866年开始进入东北，宾维廉与罗约翰先后到营口传教，始创中华基督会。1876年在奉天创立英国长老分会，至1896年，其教徒约有5800人，1898年增至约19600人，两年之间人数增长惊人，该数据来自施督阁写的《奉天三十年》。《中国东北史》

中写道："在基督教的众多传教士中，不乏虔诚、正直，以传播上帝福音为宗旨的传教士。在人民群众与封建主义斗争中，传播一些西方的新思想和科学文化知识，对中华文化有一定影响。但是他们大多数在鸦片战争中和以后充当了列强侵略势力的别动队的角色，在中国社会中的作用已经发生了根本性的转变，成为列强侵华的工具。"

从以上资料可以看出，缪润绂诗里的信息确有不准确之处，小南门外的教堂并非"英夷"所建，英国传教士建的是实际上是抚近门，也就是大东门外的"基督教会东关教堂"，该地现在的门牌是沈阳市大东区东顺城街三陵巷8号。清光绪二年，即公元1876年，罗约翰在奉天省城小北关租房设堂讲道。第二年迁至西华门，不久又迁到四平街。1888年教会在大东门外购地筹建东关教堂大礼拜堂，1889年落成，1900年义和团运动爆发，教堂被毁。1907年教堂在旧址上重建，半年后竣工，也就是我们今天看到的东关教堂大礼拜堂主体，这是我国东北地区最古老的新教教堂。而关于小南门外通常被叫作"南关教堂"的天主教堂，在《沈阳县志》里是这样记载的："天主堂在天佑街西，光绪元年建，堂宇百二十楹，西教士三、中教士一，教民七百。"据史料记载，1862年2月18日，尚在营口的法国传教士方若望在一封信中写道："我们已在奉天购置一宗土地，这块地要3000两白银，合3万法郎。我们可以建医院、孤儿院、神学院。"1878年，教堂建成，而为其筹款的方若望在同年去世。1892年满洲教区第四任主教纪隆将主教府由营口迁至奉

小南教堂旧影

天，南关教堂因此升为主教座堂。从此，沈阳成为东三省的天主教中心。以上就是沈阳老城东关和南关的教堂创建过程，而南关教堂与东关教堂一样，在义和团运动中也被焚毁了。

现在，在南乐郊路上看到的教堂是利用《辛丑条约》的庚子赔款在原址附近重建的，这座拥有尖形拱门、肋状拱顶与飞拱，还有玫瑰花窗的哥特式建筑在2013年被国务院公布为第七批全国重点文物保护单位。除了相关宗教界人士在这里进行宗教活动之外，几乎每天都有结婚的新人到教堂附近拍摄婚纱照，也常常有游人来参观游览。但相信本书的读者，眼前应该不只有一座教堂，应该还有一段它身后的历史。

翰林路

柴烘炕暖胜披裘，宿火多还到晓留；
谁道塞寒衾似铁，黑甜乡里好温柔。

这首诗的名字叫《火炕》，收录于光绪四年的《沈阳百咏》，作者叫缪润绂，出自盛京书香世家，光绪十八年进士，授翰林院编修，后出任山东地方官，虽然官位不高，却为官清廉，加上他在当地创办了现代官办学校，泽被后世，所以深受百姓爱戴。

无论是大帅张作霖，还是少帅张学良，在缪老翰林回沈阳的时候都得登门拜访，接风洗尘，毕恭毕敬。据老一辈人说，缪翰林住的这个翰林府至少有四进院子，有正房、门房、东西偏房、家庙、书房、月亮门通道、大青砖铺地、粉墙灰瓦，十分气派。

20世纪六七十年代这里搬进了很多人，80年代附近又建立了五爱市场。曾经静谧的书香大院，现在成了客货运输站。来来往往、熙熙攘攘的客商很少知道这里以前还有一个翰林府，他们只知道这条路有一个非常有文化的名字——翰林路。

沿着小南街经过乐郊路，南乐郊路向南，越过小南教堂和热闹路就是热闹的五爱市场，在五爱市场的南面有连续3条路都与翰林有关，分别是北翰林路、翰林路和南翰林路，南、北翰林路都是由翰林路派生而来。《晋书 · 陆云传》里说“辞迈翰林，言敷其藻”，魏晋时期翰林指的是文翰荟萃之所。到了唐代，它开始特指文士。杜甫《宴胡侍御书堂》一诗中：“翰林名有素，墨客兴无违。”杜甫生活的唐代天宝年间，唐玄宗已经开始从文学侍从中选拔优秀人才，充任翰林学士，专门负责皇帝直接发出的极端机密文件，如任免宰相、宣布讨伐令等。由于翰林学士参与机要，有较大实权，当时号称“内相”。到了北宋，翰林学士开始设为专职，并与科举接轨。明代以后翰林所在的翰林院的政治功能被内阁等代替，成为养才储望之所，翰林开始只负责修书撰史，起草诏书，为皇室成员侍读，担任科举考官等，其地位清贵，是成为阁老重臣或地方官员的踏脚石。无论政治地位高低，在各朝各代，翰林学士始终是社会中地位最高的士人群体，集中了当时知识分子中的精英，社会地位优越。唐朝的李白、杜甫、张九龄、白居易，宋朝的苏轼、欧阳修、王安石、司马光，明朝的宋濂、方孝孺、张居正，晚清的曾国藩、李鸿章等，皆是翰林中人。入选翰林院被称为“点翰林”，是非常荣耀的事情。翰林学士不仅负责“继往圣之绝学”，更愿意参与政治，议论朝政，“开万世之太平”。参加科举，当上翰林，再从翰林变为朝臣，是科举时代士大夫的人生理想。从清代起，现在的热闹路就很热闹，当时被叫作热闹半街，两端皆有闹市；1957年才改为热闹路；1980年以后不停地延伸拓宽，变成现在西至风雨坛街，东至东滨河路，近三公里的东、西向主要道路。

翰林路的名字是1988年改的，它实际上建于清代，当时分3段，有3个名字：东段叫甜水井胡同，因为那里有一口水质甘清的水井；西段叫马箭荡胡同，因为那里曾经地势低洼，积水存蓄形成水泡，长满了像箭竹一样的长草，被周围百姓叫作马箭草，水泡被荡平后，上边铺筑了一条小道，故而命名；中段叫缪翰林胡同，因为以前缪翰林的大宅院就在这条路的北侧。

缪润绂，原名裕绂，汉军正白旗，字东霖，又字东麟，号钓寒渔人，又号太素生。他出身书香世家，曾祖是康乾时期的盛京名士缪公恩。缪公恩，原名公俨，字立庄，号楳澥，别号兰皋，曾随其父宦游江南近二十年，北归盛京后以诗画自娱，以其学问文章闻名。他50岁出任盛京礼部右翼官学助教，后来在萃升书院担任主讲，被称为当时的文坛泰斗。有人写诗称赞他：“留都多少能吟客，总让公才一着先。”一些朝鲜留学生，学成归国后仍念念不忘缪公恩的教诲之恩，经过盛京的朝鲜贡使有不识缪兰皋先生者，则引为缺憾。清咸丰元年，即公元1851年缪润绂出生时，太爷爷缪公恩已经去世十年了，但是缪家依然是盛京地区的望族，缪润绂的祖父、父兄等都是享有盛誉的文人。潜移默化之中，缪润绂14岁能文，与韩小窗和喜晓峰等人创建了著名的“荟兰诗社”；24岁考中举人，以诗文名扬辽东；26岁写出《陪京杂述》和《沈阳百咏》两部作品，流传后世。清光绪十八年，即公元1892年，中壬辰科进士，授中宪大夫、翰林院庶吉士。

缪润绂

缪润绂入了翰林院成为缪翰林以后，很快就被派到山东去做地方官，宦游十几年，很少回老家。直到侍妾和儿子先后死去，晚景凄凉、孤独难耐，他才回到沈阳的缪家大宅，打算“重游泮水”，叶落归根。没想到，当时已有80高龄的他没住多久就被九一八事变的炮火轰出了沈阳，回到了济南，直至1939年病逝，享年88岁。他在《陪京杂述》里描述的“盛京八景”至今依然被后人津津乐道，即天柱排青、辉山映雪、浑河晚渡、塔湾夕照、柳塘避暑、花泊观莲、万泉垂钓、皇寺钟声。这个版本的归纳总结比陈梦雷的“留都十六景”、刘世英的“留都十景”、金梁的“奉天八景”和钱公来的“盛京八景”都要有名，成为沈阳人最认可的评选结果。而《陪京杂述》这部记载着沈阳地方古迹、旧闻、盛典、胜境等几大类地方的见闻杂录也因此被用作重要的民俗与文史资料，被后人不断挖掘研究，使得现代人通过他的文字依然能够领略一百多年前老沈阳的风貌。而与《陪京杂述》有同等文献价值和学术价值的《沈阳百咏》，则是以竹枝词为主体，记录了当时的社会文化、风土人情，很多内容都与《陪京杂述》相互印证，互为补充。由于它的体例容易被人记住，内容也更加生动，所以《沈阳百咏》的流传范围更加广泛，比如前文提到的“火炕”，还有南乐郊路上的“洋楼”。本书对其引用颇多，请读者在后文中慢慢发现，此处再列举几首，以供诸位玩赏。

耍青时序报南风，避暑人寻绿树丛。侬自乘凉郎附热，午筵扇出火锅红。

诗按曰：“俗谓消夏为耍青。六七月之间，城内铺户人家出郭为避暑之游，强半携带火锅、炽炭以佐野酌。道旁人或异之，余窃以为不必。”

砧杵声多力不降，高丽纸薄快糊窗。秋田菜属秋菘好，满趁西风著几缸。

诗按曰：“俗于九月内制寒衣、糊窗。城距朝鲜国较近，以故糊窗多用高丽纸。又大田所种晚菘最美，俗率呼以白菜。时维九月，家必满著数缸收作酸菜，或有收作咸菜者，盖亦旨蓄御冬之遗意云。”这是老沈阳人一眼就能看穿的文字，那人间的烟火、熟悉的味道，恨不能让人大喊一声：“就是这个味儿!”

兰盆超度众生生，道院入争说太清。恰及中元好时节，年年来看鬼灯明。

诗按曰：“大清宫在外攘门外。光绪初年，道士魏永彩请南阳道师张度戒一坛，遂为京末道士受戒之所。又每于中元节日起坛，诵焰口经，在护城河中放夜灯，谓之超度。当月转高处，万点齐明，有如无数秋星飞落水面，远而望之，动人逸兴不少。”

李氏曾将口袋传，自来城畔卜金钱。那知抚近门前路，更有垂帘喻小仙。

诗按曰：“城于怀远外攘两门之间，俗呼之为西门脸，卖卜人多业于此。前数年间，有口袋李者占验最神，近时抚近门外喻姓号小仙者，亦不减君平当日。”

后面这两首诗展现了缪翰林在描述吃之外写景状物的能力，其间提及的有关太清宫和西门脸的故事。

由于缪润绂如此眷恋故土，让人充分感受到了他爱这片土地爱得深沉，于是他家的大宅院所在的胡同就被叫作缪翰林胡同。老沈阳有很多同类型的胡同，比如锡翰林胡同、王翰林胡同、张孝廉胡同、于进士胡同、文中堂胡同、恒知府胡同等。

慈恩寺巷

西起大南街、东至般若寺巷的慈恩寺巷，得名于此地的慈恩寺。但是，从明末清初开始到1988年，这条路却一直叫作“大井沿胡同”。《沈阳县志》中对慈恩寺的地址如此描述：德盛关大井沿路东即该寺址。因为当时这里有一个菜园，园子里有两眼大井，而其中一眼目前在慈恩寺里封盖。

慈恩寺始建于唐代，后金天聪二年，即1628年重修，清顺治、道光及民国年间均有扩建和重修，它占地约12000多平方米，是沈阳市现存最大的佛教寺院，有“十方丛林”之称。

大南街从南顺城路出发，向南穿过乐郊路、南乐郊路，就会在大南街东侧发现沈阳市妇婴医院，那就意味着到了必堵无疑的热闹路路

大佛寺

口，但是一过热闹路，街东的一大片区域霎时间陷入静谧。从地名上就可以见分晓，从热闹路自北向南排开的分别是：华岩寺巷、龙凤寺巷、大佛寺巷、慈恩寺巷和般若寺巷，它们无一例外全都因寺命名。佟悦先生在《清代盛京城》一书中写道："城东以小东边门内天齐庙一带，除天齐庙外，尚有地藏阁、灶君庙、老君堂、山神庙、养生堂等数处；城西则以小西边门外的实胜寺附近庙宇最多，如积善寺、善缘寺、兴庆寺、太平寺、关帝庙、保灵寺以及僧王祠、三贤祠、双忠祠等；城南一处是在大南边门内的慈恩寺、华岩寺、龙凤寺、大佛寺、般若寺、药王庙、玉皇阁等所在区域。另一处为小南门外风雨坛一带，如马神庙、灵神庙、玉皇阁、老爷庙、普济寺、穷神庙等；城北则在大北门外区域，如天后宫、三皇庙、财神庙、白衣寺以及杨家庵、孟家庵、佟家庵……"经历了晚清、民国等暴风骤雨的洗礼之后，大南边门早就没影儿了，单说大南边门内的这些寺庙，现在人们能看到的只有大佛寺、慈恩寺和般若寺。

位于大南街三段慈恩寺巷14号的大佛寺，因寺内佛像高大而得名，有民谚说"人过大佛寺，寺佛大过人"。据《沈阳县志》记载，大佛寺原有乾隆十二年重修匾额一方，丈六大铜佛一尊，但是到民国的时候铜佛就失踪了。现在的大佛寺很局促地藏身于重重居民楼之间，山门不大，建筑面积500多平方米，占地面积3000多平方米。不过，寺内中殿、大殿、东西配殿、东西厢房样样俱全。相传它始建于唐朝，在明万历四十二年，即公元1614年重修时曾发现过唐代残碑和一些残存法器，后于清乾隆十二年、乾隆五十六年、宣统二年多次重修。民国五年，即公元1916年，比丘尼常慧多方化缘求施扩建此寺，修缮庙宇，寺内现在依然存有1939年刻的《奉天大佛寺记》碑，上面记载了大佛寺的整修记录。现在的大佛寺是比丘尼道场，2008年被沈阳市人民政府公布为沈阳市文物保护单位。

般若寺

位于大南街般若寺巷8号的般若寺，始建于清康熙二十三年，即公元1684年，创建人是古林禅师。般若寺于宣统元年和民国十三年两度重修，在20世纪60年代几乎被毁坏殆尽，70年代到80年代又重修庙宇、新塑佛像，于1985年被沈阳市人民政府列为沈阳市文物保护单位，2015年被辽宁省人民政府列为辽宁省第九批省级文物保护单位。般若寺的面积比大佛寺要大些，建筑面积1000多平方米，占地面积也是3000多平方米。般若寺系佛教名僧十方丛林，寺院僧人均为比丘尼，现为辽宁省佛教协会所在地。

位于大南街三段慈恩寺巷3巷12号的慈恩寺，与哈尔滨极乐寺、长春般若寺和营口楞严寺并称为“东北四大佛教丛林”。慈恩寺始建于唐朝，重建于后金天聪二年，即公元1628年，寺内碑文刻有“天聪二年复兴古刹”云云。1949年以后，慈恩寺曾一度是省市佛教协会所在地。20世纪六七十年代，慈恩寺曾经入驻过多家工厂；1985年被列为沈阳市文物保护单位；1988年又被列为辽宁省文物保护单位，现为沈阳市佛教协会所在地。

关于慈恩寺，《沈阳县志》记载道：“德盛关大井沿路东，即该寺址。”而对于慈恩寺创建的时间，《沈阳县志》却认定为1628年，与传说中的始建于唐代不符，此处暂以《沈阳县志》为准。公元1628年，即后金天聪二年，明崇祯元年，当时明代僧人惠清在沈阳城外建

慈恩寺

立了慈恩寺。惠清并不是特别有名的高僧，初建之时，慈恩寺的香火也不旺，很多僧人大都是务农出身，认不了几个字，据说连主持僧人也只能诵一篇《金刚经》。直到清顺治五年，即公元1648年，函可和尚被发配到盛京慈恩寺“奉旨焚修”，慈恩寺才开始名声大噪。函可，广东博罗人，明代最后一位礼部尚书韩日缵的长子。作为一个不愁吃喝的江南名士，他曾以有才华、讲义气、豪爽而受人尊敬。27岁时，他看不惯明末的社会丑态而愤然出家皈依佛门，法名函可，字祖心，法号剩人。“剩人”的意思就是希望能够躲避世俗世界，但实际上他并没有就此解脱。

明崇祯十七年，清顺治元年，即公元1644年，函可在惠州任罗浮华首台都寺，闻国变，“悲恸形辞色，传江南复立新主，顷以请藏，附官人舟入金陵”。到了南京以后，他就住在老朋友、江陵名士顾梦游家。适逢清兵渡江，南京陷落，“亲见诸死事臣，记为私史”。这部私史，就是函可以亲身闻见，密记金陵沦陷时弘光帝被虏，诸臣死节和万民涂炭的事实，名为《再变记》。顺治三年暮春，函可由南京返回广东，同年又重游南京。函可在兵荒马乱中不辞艰危，去而复返，表面上是印刷经书，实际上正如陈寅恪先生所推测，“实暗中为当时粤桂反清运动奔走游说”。顺治四年冬，函可再次返粤，在行李中挟带着《再变记》出南京城，被巡城的清兵搜出，同时被搜出的还有福王朱由崧答阮大铖的书信。函可这次出城的牌文，是被顺治皇帝封为九省经略招抚江南大学士的洪承畴所发，被后人叫作大汉奸的洪承畴在明朝曾是韩日缵的门生，与函可是故交，当时正驻节南京。为此，满人大为震惊，以为其中必有内情，严加追究，这就引发了清朝第一宗文字狱。洪承畴为避嫌自保，把此案移送北京处置。于是，身受重伤的函可被顺治下旨“拿解来京”。函可的弟子们也随后赶到，“燃指为灯，号于都门”，为师申冤。顺治五年，函可终因《再变纪》言论“有干我朝忌讳”获罪，流放盛京，敕住慈恩寺，“奉旨焚修”，成为清朝文字狱的第一个受害人。

函可被流放到盛京的时候，已经降格为陪都的盛京没有那么繁华，他在诗里记下了对盛京的第一印象：“开眼见城郭，人言是旧都。牛车仍杂沓，人屋半荒芜。幸有千家在，何妨一钵孤。但今舒杖履，到此亦良图。”不久之后，故乡博罗传来噩耗，他的族兄率领家族参加了反清斗争，韩家在后来的清兵屠城中几乎全部罹难，函可成了家里名副其实的“剩人”。悲痛欲绝的他写下了感人至深的“我有两行泪，十年不得干”。

当时与函可一起被流放到盛京的有很多明朝臣子、江南才子：誓死不降清的兵部右侍郎左懋第的堂兄左懋泰，是明崇祯七年甲戌科进士，吏部员外郎，李自成攻陷北京后降了李自成，清军入关后他不降清，顺治年间被发配辽东；还有大学士陈名夏的长子陈掖臣，生于江苏溧阳，是明末清初诗人，因其父陈名夏被大学士宁完我弹劾受到株连，也发配辽东。这些孤寂的流人们常常慕名互访，吟诗论文，聊以消遣。顺治七年，即公元1650年九月的一天，他们在左懋泰家里庆贺函可的生日，函可提议结社，得到积极响应。当时在场的僧人3人，道士2人，士人16人，后来者8人等，共和诗32首。函可称诗社为“冰天诗社”。在辽东的冰天雪地中，这些丧失了家国、丧失了故乡、丧失了自我、丧失了身份的流人，并没有丧失自己的诗意，在东北埋下了诗情的土壤。

除了写诗之外，函可还在盛京遭受瘟疫的时候为穷苦百姓送药救命，获得了百姓的崇敬。他在慈恩寺开坛讲法，听者如云，来者络绎不绝。除了在慈恩寺外，他相继在普济寺等7座古刹作过道场，后来其被奉为辽沈地区佛教开山之祖。顺治十七年，即公元1660年，函可在盛京坐化，终年49岁。弟子们在千山璎珞峰为他修建了一座剩人禅师塔，随后印刷了20卷本的《千山诗集》与6卷本的《剩人禅师语录》。由于当年的《再变记》是手稿，没来得及出版就被清兵查获，当时已不存。尽管函可在顺治年间去世，但由于他的诗文甚广，他的事迹在盛京地区颇有影响，导致其在乾隆年间遭到封杀。乾隆四十年，即公元1775年，当乾隆皇帝在阅读各省呈缴应毁的书籍时，无意中看到死去了116年的函可的诗集，他专门下了一道“圣谕”，要“逐一查明，据实覆奏。”于是，奉天府尹、盛京将军忙不迭地查办。函可住过的寺庙、函可在双峰寺所遗留下来的碑塔都被尽行拆毁，《盛京通志》原本载有函可事迹也被逐一删除，函可的《千山诗集》和《剩人禅师语录》被列为禁书。在乾隆时期，一个诗人的诗集落到了跟“实为教诱犯法之书也”的《水浒》一样被禁毁的命运。虽然清朝严酷的文字狱和查禁书都让函可赶上了，但星星之火并未熄灭，他的诗集在道光年间就有重刻本。

毋庸置疑，函可为辽沈地区的佛教传播做出了巨大的贡献，慈恩寺作为函可和尚的主要活动场所，也被载入东北佛教传播的史册。但是慈恩寺只是沈阳地区的一座寺庙，它的变迁无法概括整个东北佛教传播历程，它只是一座民间庙宇，并非皇家寺庙，所以并不能代表清代官方的宗教立场。

以慈恩寺附近区域为例，20世纪中叶以后，这里的佛教活动并不兴旺，甚至在六七十年代的时候一度停滞，一些单位都曾经进驻寺庙。至80年代以来，随着寺庙的归还和重建，佛教活动也重新活跃起来。

先农坛路

沈阳市沈河区先农坛路是连接热闹路和长青街的东西向主干道，它对缓解市内交通拥挤、沟通市区东部与中部交通具有重要作用。虽然先农坛路有一个古色古香的名字，但它实际上非常年轻，始建于

1989年，此地得名于路南以前有个先农坛。

先农，远古称帝社、王社，到汉代的时候始称先农。魏时，“风伯、雨师、灵星、先农、社、稷为国六神”。唐代之前的祭坛叫藉田坛，唐垂拱年间往后改为先农坛。至此祭祀先农神正式定为封建社会的一种礼制，每年开春，皇帝亲领文武百官行藉田礼于先农坛。

在盛京，皇太极建了天坛和地坛，祭天祭地。雍正年间，又建了社稷坛、风雨坛和先农坛。社稷坛在天佑门（小西门）外西南隅，风雨坛建在社稷坛之南，先农坛位于德盛门（大南门）外东南隅的五里河一带。至此，沈阳城“五坛”齐备，祭祀建筑规制完整，身为陪都名副其实。

不过，盛京的先农坛早已不存。

明清以来，人们在打算形容“自己的小地盘”时，常常会用“一亩三分地”来指代，这句日常用语其实就是出自先农坛，指的就是皇帝亲自耕作的一块面积为一亩三分的试验田。皇帝的龙椅要想坐得稳，首先要考虑的是重视农耕，农耕搞好了，百姓就能吃上饭了，百姓吃上饭了，基本上就不造反了。那么，怎样才能搞好农耕工作呢？提高劳动效率，改进劳动工具，降低农业税赋，发展生产资料、生产力？这些都是官僚系统和基层小吏的工作，根本不需要皇上操心。皇上要做的其实很简单，就是摆摆样子，表明姿态，为表重视，演一场

《雍正帝祭先农坛图》局部

戏，传诵天下，皆大欢喜。这出戏一般有两折：第一折就是皇上到先农坛、社稷坛等地举行隆重的祭祀典礼，希望众神给面子，让朕的子民都吃上饭，朕保佑那些吃饱了饭的人民；第二折就是在先农坛表演种地，这是明清两代皇帝每年一次的固定节目。

在先农坛的“一亩三分地”里，雍正特别重视藉田礼，一直宣称“国以民为本，民以食为天”，甚至定下制度，不但皇上和三公九卿要作秀，连顺天府尹、各省督抚及所属府、州、县衙，都要备立农坛耕田，只是不得僭越，不得与先农坛同等规格处置。这固然与他本身的性格、态度和施政方针有关，同时也表明，他在韬光养晦参与夺嫡的过程中表现出来的以农事耕田自娱、无心夺取大位的姿态，并非空穴来风，至少他真的认为这很重要。

《钦定大清会典》（卷二十八）中记载：“耕藉，于每岁春三月吉亥，祭先农坛之日举行，皇帝或亲耕或遣官恭代，于前一月具题请旨，其耕藉仪注，于前三日具奏。躬耕丝鞭耒耜饰以黄，服耜黄犊，稻种青箱。从耕，三王麦谷种，九卿菽黍种。箱及鞭耒耜均饰以朱，服耜黝牛。”常以农事自我标榜的雍正皇帝是不需要派个人来代替自己的，在自己擅长的领域满怀信心地表演，顺便教导一下文武百官要向皇上学习，推而广之，让天下人都知道皇上会种地，这么好的机会怎么可能错过。不但要记在书里，更要画在图上；不但要在北京搞事情，更要在盛京搞事情，于是盛京也就有了先农坛。

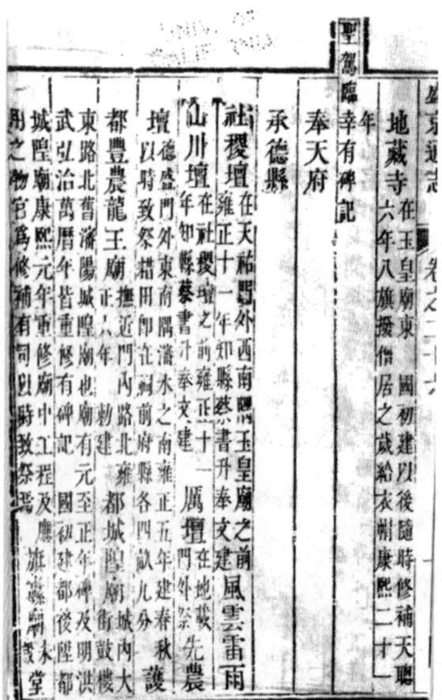
盛京通志 卷之二十六
地藏寺 在玉皇廟東 國初建以後隨時修補天聰六年八旗撥佃居之歲給衣糈康熙二十年
聖駕臨幸有碑記
奉天府
承德縣
社稷壇 在天祐門外西南隅玉皇廟之前雍正十一年知縣蔡書升奉文建 風雲雷雨山川壇 在社稷壇之前雍正十一年知縣蔡書升奉文建 厲壇 在地載門外 先農壇 德盛門外東南隅瀋水之南雍正五年建春秋以時致祭耤田即在祠前府縣各四畝九分 護
都豐農龍王廟 撫近門內路北雍正八年勅建 都城隍廟 城內大街鼓樓東路北舊瀋陽城隍廟也廟有元至正年碑及明洪武弘治萬曆年皆重修有碑記 國初建都後陞都城隍廟 康熙元年重修廟中工程及應用之物官為修補有司以時致祭焉 旗纛廟 木堂

《钦定盛京通志》局部

《钦定盛京通志》记得很清楚，盛京的先农坛是：“德盛门外东南隅沈水之南，雍正五年建，春秋以时致祭藉田，即在祠前，府县各四亩九分。”先农坛建于雍正五年（1727年），社稷坛和风雨雷电山川坛都是建于雍正十一年（1733年）。先农坛除了在建造时间上略早之外，在祭祀规格上也略高，前者是雍正帝敕令，后者是地方知县施行，其重视程度显然有巨大差距，而且盛京先农坛试验田几乎有4个北京先农坛试验田那么大，可能是因为盛京地广人稀的关系。

万柳塘路

老沈阳有著名的盛京八景，其中第五景叫作“柳塘避暑”，位置在沈阳市沈河区东南部的万柳塘，百年以前，因为此处柳树种类数量众多而得名，最繁盛时总面积达到31万平方米。清代诗人张祥河曾以“夹道浓荫直到城”的诗句来赞美清幽爽人的万柳塘风光。1953年沈阳市政府对南运河进行清理，并把挖出来的泥沙在这里堆成了假山，形成万柳塘公园的雏形，1984年再次对南运河改造，扩大了万柳塘的水域面积，设立了大门，建起了围栅，形成柳塘十景，并正式命名“万柳塘公园”。

由此，万柳塘公园东侧的马路也被命名为万柳塘路。它始建于1957年，向东北连接滂江街，向西连接文化路，它承载了南北通行的巨大车流量，是沈阳市一环路东南部的重要组成部分。沈阳一环路的雏形是1932年《奉天都邑计划》中的中环路，在新中国成立之后的城市总体规划中依旧延续。1962年初步形成。1985年全线贯通，称为中环路。1989年规范街路名称时，一环上所有街路的路牌上都标有“中环”二字，1995年三环路建成之后，开始称为“一环路”。

万柳塘路和文化路交接的地方，可以称之为“冰与火之歌”，那里有一个三岔路口，路口中间有一座四通八达的过街天桥，天桥的南侧和东北侧分别是南塔鞋城和辽宁省图书馆，一处极其喧嚣，另一处极其静谧，呈现出“冰火两重天”之势。不过，现在万柳塘路111号已经不是辽宁省图书馆了。2015年夏天，辽宁省图书馆已经整体搬迁到了浑南区智慧二街168号，新馆的建筑面积是10.3万平方米，有

7000个阅览座席，是旧馆的近6倍，硬件升级后的新馆是目前国内单体面积最大的省级公共图书馆。

辽宁省图书馆是在中国共产党领导下建立的第一所大型公共图书馆，它的前身是东北图书馆，1947年筹建，家底是伪满时期哈尔滨市图书馆的图书，以及冯玉祥的夫人李德全女士捐出的一套《大英百科全书》和哈尔滨开明绅士孙丹阶捐献的2万余册的家藏古籍和碑帖拓片。1948年8月15日东北图书馆于哈尔滨开馆，当年11月沈阳解放，东北图书馆的工作人员迅速赶到沈阳接管了“原国立沈阳博物院筹备委员会图书馆”和“辽宁省立图书馆”，共接收图书30余万册，包括沈阳故宫文溯阁的《四库全书》以及明清档案230余万件，由哈尔滨搬迁至沈阳的东北图书馆馆址就设在当时的“沈阳博物院图书馆”，也就是现在的大帅府。20世纪50年代初，蒲松龄的后人蒲文珊把世上仅存的《聊斋志异》半部手稿捐献给了辽东省文化处，辽东省文化处又转交东北文化部，手稿经沈阳故宫博物院周福成老师傅重新装裱后，又转交东北图书馆，成为镇馆之宝。1955年东北图书馆改名辽宁省图书馆。1989年辽宁省图书馆开始在万柳塘路111号兴建新馆，建筑面积3.2万平方米。1994年10月新馆试开馆，图书馆腾出，大帅府开始搬迁。新馆所有建筑在1997年底竣工，1998年8月15日正式对读者开放。这座新馆，相对于2015年的新馆，当然算老的了，但是在20世纪90年代，它不但光彩熠熠，还有秘密武器。当年辽宁省政府专门拨出340万元专款为辽宁省图书馆修建地库，因为辽图收藏有56万册的古籍文献，其中就有包括《聊斋志异》半部手稿和宋刻本《抱朴子内篇》在内的善本古籍12万多册、普通古籍34万册及未整理古籍近10万册，建专用地库就是为了保存它们。2001年7月，建筑面积近千平方米，具有防盗、防潮、防晒、防火、防震多功能的现代化地下书库竣工，资金总投入达千余万。该地库于2002年10月投入使用，其中500平方米的地下善本库房是为《四库全书》专留，而《四库全书》却在遥远的甘肃驻足，没法回来。

《四库全书》全称《钦定四库全书》，它是在清朝乾隆皇帝的主持下，由纪昀等360多位高官、学者编撰，3800多人抄写，耗时十年编成的丛书，分经、史、子、集四部，故名“四库”。《四库全书》共有35003种书，79337卷，3.6万册，约8亿字，基本上囊括了乾隆以前绝大部分图书，故称“全书”。虽说乾隆通过这项工程达到了自己遴选删节和控制言论的目的，但也为大量书籍的完整保存、传承后世做出了巨大的贡献。当年，乾隆皇帝命人手抄了7部《四库全书》，按时间顺序分别藏于北京紫禁城文渊阁、沈阳文溯阁、北京圆明园文源阁、承德文津阁、扬州文汇阁、镇江文宗阁和杭州文澜阁。沈阳故宫的文溯阁于清乾隆四十六年，即公元1781年动工，第二年建成。乾隆在其亲笔书写的《文溯阁记》中谈到过“四阁”的立意：“四阁之名，皆冠以文，而若渊、若源、若津、若溯，皆从水以立意。”位于清朝龙兴之地的“文溯阁”有“溯涧求本”之义，“而予不忘祖宗创业之艰，示子孙守文之模，意在斯乎！意在斯乎！”而在帝制最后的辉煌——乾隆年间过去之后，7部《四库全书》开启了各自多舛的命运之途。1853年，文宗阁和文汇阁连同藏本在太平军攻克扬州、镇江时被烧毁；1860年10月，英法联军抢劫并烧毁圆明园，文源阁及其藏本一并化为灰烬；1861年12月，太平军进攻杭州，文澜阁藏本散失过半；1915年，文津阁藏本运抵北京，先藏于古物保护所，后交由北京图书馆收藏；文渊阁藏本在日寇侵占热河后，于1933年运到上海，后又迁徙至重庆，1948年被运到台湾收藏。截至1949年，七阁之书，只有文溯阁藏本还算完整，算是“书阁一体”。

1914年袁世凯在北京称帝，奉天省督军段芝贵将文溯阁《四库全书》运到北京作称帝献礼。袁世凯死后，《四库全书》被冷落10年有余，其间清室曾以经济困难为由，欲将文溯阁《四库全书》盗售给日本人，价格议定为120万元。此消息为北京大学教授沈兼士先生获得，并致函教育部，竭力反对此事，由此引发一片声讨，此事才算作罢。1925年，沈阳欲筹办图书馆，在张氏父子支持下，杨宇霆致电当时的教育总长章士钊先生，称文溯阁藏本为“奉省旧物，仍归奉省保存”，并言辞恳切地说：“务请诸公秉公持论，允赐发还，将来东省文化日兴，皆出诸公之所赐也，无任感盼之至！”章士钊在多方争取之后，终使文溯阁《四库全书》在当年8月返回沈阳，其间又耽搁于文

文溯阁

溯阁整修。直到1927年初，《四库全书》才重新回到文溯阁中，结束了13年的“书阁分离”。当时奉天省教育会专门撰文《文溯阁四库全书运复记》以告诫后人，不要使此书再遭“亡佚转置”之苦，使之永久存贮文溯阁，“垂千古，传万世”。但实际上，这次的分离仅仅是个开始。1931年九一八事变后沈阳沦陷，沈阳故宫文溯阁《四库全书》的管理体制也发生了变化。1932年5月，伪“国立奉天图书馆”在张作霖大帅府成立后，伪奉天省长臧式毅任命金毓黻为副馆长，并下令：为便于保管，将文溯阁《四库全书》划归图书馆，但书依然存在故宫。1935年日军派人清点文溯阁《四库全书》后，以文溯阁年久失修为由，在文溯阁前西南处新建了一座钢筋水泥结构的2层书库，里面是钢制的组合书架，1937年，将文溯阁《四库全书》与《钦定古今图书集成》全部移入。此后，文溯阁《四库全书》就一直“书阁分离”，或者叫作近在咫尺的“书阁一体”，所有权与管理权也改由图书馆沿袭控制。这就是在1945年沈阳光复、1948年沈阳解放后，新建的东北图书馆能够接管《四库全书》的原因，也是后来的辽宁省图书馆对于《四库全书》保管与转移的由来。

1949年之后，《四库全书》并没有回到文溯阁的家中，却变本加厉地被不停地“离家出走”。1950年朝鲜战争开始后，为保护国家珍贵文物免受战争损害，《四库全书》被运往黑龙江省讷河县保管，1952年因讷河水患又被转移到北安县存放，直到1954年朝鲜战争结束后才被运回沈阳，依然安放在钢筋水泥的新库里。1965年，基于中苏关系、国际形势等原因，辽宁省图书馆请示辽宁省文化厅能否将

《四库全书》调离辽宁，省文化厅又请示中共辽宁省委，省委批示同意后，文化厅呈文给文化部，文化部办公厅于1966年3月7日，以“（1966）文厅图字24号文件”的形式，给辽宁省文化厅下文，做出“基于备战需要，将辽宁省图书馆收藏的文溯阁《四库全书》一部拨交甘肃省图书馆收藏”的决定。同年10月，文溯阁《四库全书》坐着火车远赴甘肃。甘肃省图书馆接手《四库全书》后，先后将其存放于距兰州170多公里的连城鲁土司衙门；1971年迁至距兰州60多公里的榆中县甘草店专库。2005年，投资5000万元的文溯阁《四库全书》藏书楼在兰州北山九州台落成，文溯阁《四库全书》自此一入兰州深似海。

其实辽宁各界一直在为文溯阁《四库全书》回来而努力，早在1986年，辽宁省政府就向国务院提交了《关于将〈四库全书〉归回沈阳故宫保藏的请示》（辽政发［1986］173号），请求将原调拨给甘肃省图书馆的《四库全书》归回沈阳故宫保藏。由此开始，全国、省、市三级人大、政协会议期间，相关话题的议案、提案不断。“归”与“留”，双方各持己见。2000年4月，文化部专家组经调研考察后，向国务院报送了《文化部关于文溯阁〈四库全书〉有关情况和处理意见的请示》，提出了如下意见：一是根据“文物物归原主”的原则，文溯阁《四库全书》运回沈阳，仍由辽宁省图书馆保存；二是考虑30多年来甘肃省为保管好这部《四库全书》所投入的人力、物力和财力，辽宁应给予甘肃一定的经济补偿，具体事宜由辽宁和甘肃共同协商处理。2000年5月6日，时任国务院副总理李岚清在文化部请示文件上作出批示：“同意所提意见，关键是辽宁要解决好有效而科学的保管条件。”但由于种种原因，辽宁、甘肃两省至今仍然维持现状。

上文提到，20世纪末，辽宁省图书馆花钱修建了专门的地库等待《四库全书》回来；21世纪初，甘肃省图书馆花了更多的钱直接修建了一个长得特别像沈阳故宫文溯阁的藏书楼。对于归属问题，双方都做出了各自的努力。辽宁人当然希望《四库全书》能够回到它原来的地方，回到沈阳故宫文溯阁那115个楠木书架上，而不是留在甘肃新制作的香樟木书箱里。

《四库全书》

书阁分离的现状，是历史上的复杂因素所致，目前来看没有什么更合理有效的解决方法，纠缠于“归属问题”并没有太大的实际意义。

应该承认，不论是辽宁还是甘肃，都有一个共识，那就是：不管《四库全书》放在什么地方，一定得保护和利用好中华民族这一丰厚的文化遗产。

大西路

沈阳大西路得名于大西门，是从大西门出来向西直通青年大街的一条路。说起大西门，在盛京城的八门八关里是最有讲究的。当年皇太极在明朝沈阳城基础上扩建城池，将原有四门改为八门，即南、北偏东的城门分别为德盛门，俗称大南门；福胜门，即大北门；偏西为天佑门，即小南门；地载门，即小北门；东、西偏南为抚近门，即大东门；怀远门、即大西门；偏北为内治门、即小东门；外攘门，即小西门。天佑地载德胜福胜是天地眷佑、国运绵长之意；内治外攘抚近怀远，是努尔哈赤和皇太极的治国愿景。据说当年大西门外是处斩囚犯的法场，凡处决死囚必出此门，因而人们称大西门为“鬼门”或“鬼门关”。可巧，大西门城门上有6个小眼，其他七门都没有，遂有

“鬼门六眼”之说。当时附近民妇有句很解恨的话：“出大西门的。”

不过，现在已经没有谁在意当年大西门外的故事了。只是经过大西路直通大西门也就是怀远门的时候愿意抬头看看。需要说明的是，怀远门和对面的抚近门都是近年复建的，其余六门只剩下了地名和街路名。

大西门有其独一无二的特殊性，导致它在沈阳八门八关延伸出来的街路中成为最具有个性的存在：其他街路都是直的，只有它是斜的。

据说，这条道路规划是有意为之，主要是考虑到“风水”方面的原因，而沈阳城因为同样的原因，在整体规划上力求气象万千、风生水起。缪润绂《陪京杂述》记载：“中心庙为太极，钟鼓楼为两仪，四塔像四象，八门像八卦，郭圆像天，城方像地，角楼、敌楼各3层，共三十六像天罡，内池七十二地煞，角楼、敌楼共十二像四季，城门、瓮城各三，像二十四气。”按缪翰林的说法，沈阳城的中心庙、钟鼓楼、东西南北四塔全都含义深刻，甚至连角楼和城内的72个水泡子都不白给。也许最开始皇太极的想法并没有这么复杂，可能只是简单地要祈福治病或者要扩大地盘。若说是遵照易经暗合八卦，可能只是后人的一厢情愿。皇太极信奉的是藏传佛教，有一种说法就说盛京城是按照“曼陀罗”建造的。

大西门瓮城城门旧影

怀远门

“曼陀罗”是梵语 Mandala 的音译，也叫“曼荼罗”，以轮圆具足或“聚集”为本意，可以翻译为“坛”或“坛城”。按佛经记载，“曼陀罗”是佛之集会所在，是为了佛在修行密法的时候防止邪魔入侵而建造的，形状大多以圆形居多。

沈阳城的格局分为宫城、皇城、罗城三道城垣，内有两方，外有一圆。城里的井字街道如同轮毂，从皇城至罗城圆廓间呈放射状的大西路等8条路好似轮辐，环形的罗城圆廓可以看作轮辋。单从图形来看，沈阳城非常符合曼陀罗的构图思路，因此传说皇太极是按照喇嘛们的指示把城池修成了曼陀罗，要以宗教力量护佑盛京击败明朝定鼎中原。从城市细节上看，沈阳城更像是吸纳了汉、蒙、藏等各族文化的结果。不少学者认为，皇太极在规划、改造沈阳城时参考了《周礼·考工记》确定的都邑营建制度。《周礼·考工记》中记载了王城规划制度：“匠人营国，方九里，旁三门。国中九经九轨。左祖右社，面朝后市，市朝一夫。”这是关于中国古代都城制度最早、最完整的记载，影响极其深远。囿于城市规模的缘故，虽然沈阳城不是每边开3个城门的“九经九轨”之国，但是“左祖右社，面朝后市”这个规制是完全符合周礼的。“左祖右社”就是面南背北的王宫在城市中央，左（东）面是祖庙（乾隆挪来的），右（西）面是社稷坛（雍正修建的）；“面朝后市”：王宫的前（南）面为朝廷，后（北）面为市场（以前的四平街，现在的中街）。从城市改造时间表可以看出，沈阳城跟罗马城一样，也不是一天建成的，它的建造过程就是民族融合文化融合的过程，也是清朝汉化的过程。这样一座承载历史变迁的城市，镌刻了太多时间的痕迹，单说某一个民族某一种文化，都是不合适不完整的。大到城市，小到街道。大西路不仅仅是以“斜”见长，怀远门城门楼上的“怀远”二字意义非凡，它的世俗展现能够让人回味深长。

现在沈阳的怀远门，是沈阳故宫以及周边景区和商业区域的西大门，也是地铁1号线上的一站，尽管它是大西路的地点，但现在没有多少人会提起大西门，还是让更多的人记住怀远门的“怀远”吧。

同善里

沈阳市沈河区中山路389号，沈阳市红十字会医院所处的位置，曾经叫作同善里。它的得名来自当年盛京最大的慈善机构——同善堂。同善堂的创建者，是清末著名的爱国将领左宝贵。

左宝贵（1837–1894年），字冠廷，山东费县人，回族。1875年驻军奉天，直至出兵朝鲜抵抗日寇。左宝贵在奉天的20年间，“性慈善，尚节义”“指不胜屈”。1885年鉴于太子河、浑河泛滥成灾，贫民百姓流离失所，传染病流行，左宝贵等人倡捐“创设牛痘局、惜字局、义学馆、栖流所、育婴堂等六部”。其中，牛痘局每年免费为贫民引种牛痘，预防天花，“每年引种约计两千五百余人”。栖流所创办于光绪十二年，即公元1886年，

左宝贵

所内设粥厂两处，向贫民施舍粥饭，冬春两季每日以500人为限，夏秋两季每日以100人为限。所内还收养老弱病残无家可归的贫民，为他们提供食宿。

光绪十四年，即公元1888年秋，奉天遭遇水灾，“被水之广、灾难之骤、办赈之不易，实为历来所罕有”，当地文武官员协同赈灾，“尤以奉军统领记名提督左宝贵最为出众”。他不仅“督率弁兵昼夜河干”，而且“亲往各村屯履勘查核灾民，散放钱米、饼饵、衣絮”，整个赈灾过程中“无滥无遗”“拯救全活生灵无算”。后来，他又为灾民“筹久远之际”“劝募绅商集资十二万千，远近设立粥厂十处”，一直施粥到第二年“七月中旬始止”“全活不下数十万人”。次年春天，左宝贵“派弁购运”粮食，“亲自遍历穷乡僻壤，一一散给”，赢得“远近灾民齐声歌颂”。

1894年7月，中日甲午战争爆发，左宝贵奉命率兵入朝，中弹牺牲，以身殉国。左宝贵出征离开盛京前，还把自己的房子捐出来供栖流所等处使用。他创办的这些机构虽然“各自为计，不相统辖”，但已经有了“同善堂之雏形”。左宝贵牺牲两年后，当时的盛京将军依克唐阿，将左宝贵创办的各项慈善事业汇总，在外攘门外高台庙胡同

同善堂旧影

取“万善同归”之意设立了“同善堂”，咨部立案，划归奉天督军公署管辖。堂下设贫民部、孤苦部、医务部和工艺部四部，救助孤苦贫民，接纳从良妇女，甚至设置了带电铃开关的弃婴岛。依靠初期的官方投入，同善堂慢慢利用自有土地房屋、商号庙产、地租及军界财团资助、群众捐助，不断地扩充发展，为很多急需救助的人解了燃眉之急。

1957年，同善堂的主要部分由沈阳市卫生局接管，改为医院（1980年正式改名为沈阳市红十字会医院）。1957年，附近的第五小学胡同、仁发祥胡同的一部分等被合并到了一起，叫作“同善里”。

如今这个名字渐渐地消失了，这里的故事不知有多少人还记得，但“同善”两个字，或已化作了红十字会医院的院训，“敬老、济贫、博爱、奉献、友善、仁术、严谨、创新”。

西顺城街

华夏历史，悠久绵长，有不少现代城市都是在以前的古城上建立起来的，其中有好几座古城都有同样名字的街路，比如顺城街、顺城路，简而言之就是顺着城墙建的街路。当年盛京城里的顺城街指的就是墙根，而城外的顺城街则通称为“门脸”，比如西顺城街就叫西门脸。20世纪上半叶，东西南北四个门脸相当繁华。东顺城街东门脸几乎都是露天菜市；北顺城路北门脸的东半边是低级妓馆和商贩的矮屋，西半边是木行；南顺城路南门脸是以古玩铺、旧书商和小器作坊为主的商业市场；而西顺城街西门脸最露脸，这里每天人头攒动，熙熙攘攘，曾经盛极一时。现在虽然已经成了橱柜一条街，但依然掩不住当年的那股热闹劲。

当年，小西门和大西门中间，也就是外攘门和怀远门中间，这段长约一里、宽有百米的地段，才是最具含金量的西门脸，人称“江湖杂巴地”。东侧矮檐栉比，以估衣铺、麻袋庄、鞋铺为主；西侧牛肉飘香，

早年小西门附近的城墙

挤满了各色回民饭馆，中间还夹着著名的评书清茶馆——德泰轩；中间则是江湖上八大生意的集聚场地。这里上演了无数人生百态、市井喧嚣的戏码，直到今天，说起这段往事的时候，那些鼎沸的人声仿佛依旧回响在耳边。

近百年间，沈阳城墙的痕迹基本上已经被后人抹平了，现在能看到的只有抚近门、怀远门和西北角楼。抚近门和怀远门，也就是大东门和大西门，都是后建的，修补而成的大东门与原门截然不同，自有特色。以前的大东门没有城楼，只有几个垛口，完全复建的大西门有些比例失调，与原物不大一样，可谓各有千秋。而与大西门同在西顺城街上的西北角楼，作为西顺城街的北端、西城墙与北城墙的交接处，虽然在日俄战争奉天会战的时候被炸掉不少，但是相较于其他城墙而言，它幸运地保存了一部分基础。西北角楼是2000年按照历史资料复建的。2001年6月1日，西北角楼土木工程主体完工。复原后的西北角楼，占地面积717平方米，角楼高3层，是单檐歇山式建筑。

角楼自古以来就是城池中不可或缺的一部分，它不光是标志性建筑，也是一种用于城市防御的特殊建筑，肩负着警戒、瞭望的作用。它分布在城墙四隅，可供防御者登临瞭望敌情。在中国古代，几乎所有城市的城墙四角都建造有角楼，沈阳、西安、南京等大城有，平遥等小城也有。如果是皇城，它的规格就更高了，它与城垣、城门楼及护城河共同组成了皇宫的基础城防系统，最具有代表性的就是北京紫禁城的角楼。

现在沈阳西顺城街上的西北角楼虽然是复建的，但它也是唯一的，至少底下还有一段残墙做基础。原角楼的建造时间比北京外城角楼要晚，但是规格比北京外城角楼要高，北京的是2层，沈阳的是3层，北京的外城角楼里有内城防御，沈阳的角楼里直接就是皇城，外边虽然有一圈防御，上边有8个关口，却都是土夯的。所以，复建西北角楼意义非凡，如此有特色而又幸运地部分保存至今的一段历史理应让更多人了解。1985年，这段残墙被列为沈阳市文物保护单位。2001年，西北角楼复建完工以后，此地再无动静。

太清宫街

沈阳市沈河区有一条太清宫街，它在沈阳老城西城墙西顺城街的西侧，由太清宫的西南角开始向南延伸，穿过小西路、大西路，一直延伸到沈州路。这条路的命名显而易见，就是由太清宫来的，而由于太清宫的名头太响，这条并不宽阔的长街在人们的印象中仿佛是常来常往似的。

太清宫，是道教全真派在东北地区具有代表性的一处宫观，也是东北地区道教活动的中心，1963年被列为省级文物保护单位，现在是辽宁省以及沈阳市的道教协会所在地。它始建于清康熙二年（1663年）。据《奉天府承德县祠祀志》记载，它是由镇守辽东等处将军乌库理专为关东道士郭守真而创建的。在官方记载之外的说法就比较玄了：传说当时盛京久旱无雨，禾苗干枯，官府许诺对能求得大雨者赏银三千两。正在本溪铁刹山修炼的道士郭守真听说此事后，下山来揭了告示，在盛京城西北角搭了高台，施展法术，果真求来一场大雨。当盛京将军乌库里向他赠银时，他却坚决不受，只求官府为他在求雨的地

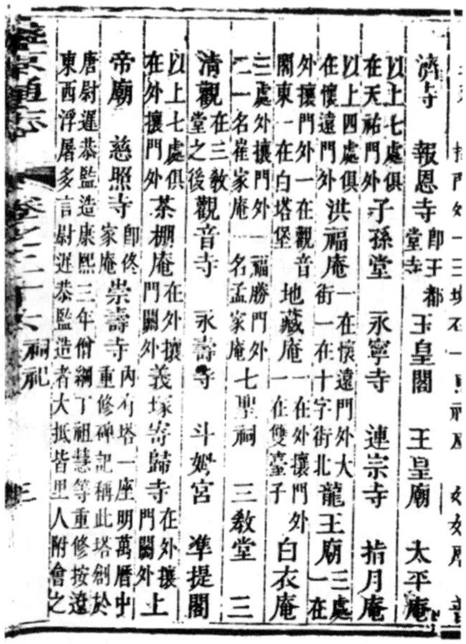
濟寺 報恩寺即王都堂寺 玉皇閣 王皇廟 太平庵
以上七處俱在天祐門外 子孫堂 永寧寺 連宗寺 指月庵
以上四處俱在懷遠門外 洪福庵一在懷遠門外大街一在十字街北 龍王廟三處一在
外攘門外一在觀音閣東一在白塔堡 地藏庵一在外攘門外一在雙臺子 白衣庵
三處外攘門外一名崔家庵一名孟家庵 福勝門外 七聖祠 三教堂 三
清觀在三教堂之後 觀音寺 永壽寺 斗姆宮 準提閣
以上七處俱在外攘門外 茶棚庵在外攘門外 義塚 寄歸寺在外攘門外 上
帝廟 慈照寺即佟家庵 崇壽寺內有塔一座明萬曆中重修碑記稱此塔創於
唐尉遲恭監造康熙三年僧綱丁祖慧等重修按遼
東西浮屠多言尉遲恭監造者大抵皆里人附會之

《盛京通志》中有关三教堂的记载

方建起一座宫观作为修行之所，当时叫作“三教堂”，乾隆三十二年（1768 年）改称“太清宫”至今。

西顺城街的最北端和太清宫街的最北端中间夹着的一块地方，就是东北著名道教圣地——太清宫，它的门牌号码是沈阳市沈河区西顺城街16号，与西北角楼隔街对望。如果城墙不拆毁的话，它依然是站在西北城墙脚下的一道亮丽风景，就像曾经的300年间一样。不过这300年里头的前100年，这里还不是太清宫，而是三教堂。

三教堂始建于清康熙二年，即公元1663年。据《太清宫丛林历史志略》和《太清宫特建世系承志碑》记载：当年为干旱已久的盛京求雨成功的郭守真，向官府申请建立宫观作为修行之所以后，顺利地“择省垣砖城西北角楼外水泡一段，撤水填平，特建道庙一区，本慈恩寺名三教堂”，当时建有大殿三楹及玉皇阁、关帝殿、客堂、耳房数处。康熙八年，即公元1669年御赐《道藏》一部，藏于阁内；康熙四十七年，即公元1708年发生火灾，建筑倾圮；雍正九年，即公元1731年重建；乾隆三十年，即公元1765年，三教堂被水淹没，殿宇倾圮，道士赵一尘竭力募化翻修；乾隆三十二年，即公元1767年，道士马阳震借盛京将军、刑部侍郎等各界之力大力扩充、增修外院群房等，直至乾隆四十四年，即公元1779年完竣，遂改名为“太清宫”。

嘉庆十三年，即公元1808年太清宫又扩建，共有房舍102间，面貌已臻完善；光绪三十四年，即公元1908年，监院葛月潭（奉天画坛三杰之一）动工重修玉皇阁、大殿、善功祠等宫观；民国初年，太清宫成为中国道教会关东总分会所在地；新中国成立以后的1954年与1959年，各进行一次大型维修，修建了老人堂、玉皇楼，并同时进行了全院的彩画工程。1966年，宫内神像、碑塔、钟鼎等全部被红卫兵拆除砸碎，古籍、书画、碑帖等文物均被焚毁或因之而散佚，相关文史资料、档案资料也都被焚毁。1979年8月，辽宁省道教协会正式恢复工作，同年11月成立沈阳市道教协会，同年12月省、市道协进驻太清宫。1983年，经国务院批准，太清宫成为国家重点文物保护单位之一。

葛月潭

从太清宫开山祖师弘阳子郭守真开坛开始，这里一直都以道教为主，那开头的100年为什么叫三教堂呢？其实直到现在，我国依然有很多地方存有三教堂，里面供奉的是佛、道、儒三教创始人像，因其集佛、道、儒三教为一体，故名三教堂。

沈阳的三教堂，也就是后来的太清宫，在当时并不太得宠的环境中能够保存发展下来，本身就是一件不小的成就。那时候三教堂后面有个三清观，还有观音寺和永寿寺，以及现在只剩下斗姆宫派出所和斗姆宫东巷两个名字的斗姆宫，葛月潭就是

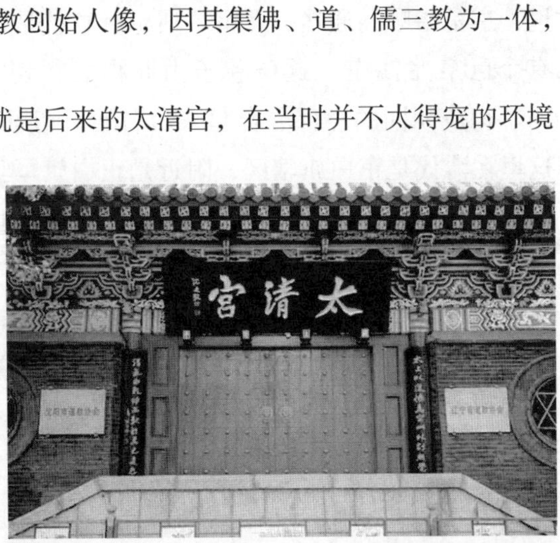

太清宫

从小被寄养于此。斗姆，又称斗姥，其实就是北斗众星之母。《太上玄灵斗姆大圣元君本命延生心经》称斗姆尊号曰："九灵杰妙白玉龟台夜光金精祖母元精。"她的法力是："斗母降以大药垂医治之功，燮理五行升降二炁，解滞去窒，破暗除邪，愆期者应期，失度者得度。安全胎育，治疗病疴，职重大医。生诸无众月之明，为北斗星之母。斗为之魄，水为之精，主生。"按照书中记载，这是一个治病祛邪的圣母。不过斗姆宫并没有太清宫幸运，它的原址现在早就盖成恒隆商业广场，所以还是珍惜好不容易保留到现在的太清宫吧。

广宜街

位于沈阳市沈河区东北部的广宜街，南起北顺城路，北与小北关街相连，是沟通南北交通的主要干道，也是划分沈河与大东的分界线。它始建于清代，早期分别叫广生胡同、宜昌胡同，直到1955年拓宽改建，两个胡同合在一起，又把名字合并，就成了现在的广宜街。广宜街向西下辖的几条巷子，名为从周里、巨亨里、切思里，十分好听。从周里，得名于服从周礼之意，是向礼乐教化致敬；巨亨里，亨是指顺利通达、万事亨通，巨亨就是一切顺利。民国年间这里有个巨亨兆钱庄，这条巷子由此得名；切思里是1957年把切思胡同、德茂胡同的一部分合起来命名的，切思，就是特别思念的意思。这里在清代是正白旗辖区，附近是正白旗军驻地。由于许多年轻人加入了正白旗军，做父母的日夜思念，这里就叫作切思胡同，后来改叫切思里。

虽然广宜街上几度变迁，但这条从盛京老城北城墙根延伸出来的老街，隔了几代，依然存在，继续默默承载着南来北往的人们熙熙攘攘的历史，只有有心人，才会发现它的沧桑。

沈河区和大东区的分界很有意思，由西顺城街向北延伸的广宜街和北顺城路组成了一个直角三角形的两条直角边，东部地区归大东，西部地区归沈河；而北顺城路作为边界并没有直接向东延伸，而是顺着东顺城街拐了弯，这就导致沈阳古城的东、北和东北方向全归大东，而西、南、西南、西北、东南全归沈河。这是现在的分法，其实每个时代都有一套分配的体系，这也是广宜街附近包括切思里属于正白旗驻地的原因。

“八门八关”的沈阳城，从城墙到关墙之间的地带叫作“关厢”，当时住在关厢里的大多是所谓“伊彻满洲”，即新满洲，新加入的汉军八旗不在少数。当时明确划分了八旗的居住界限，据《沈阳县志》记载，抚近门内及大东关为镶红旗界，内治门内及小东关为正红旗界，德盛门内及大南关为镶黄旗界，天佑门内及小南关为镶蓝旗界，怀远门内及大西关为镶白旗界，外攘门内及小西关为正黄旗界，福胜门内及大北关为正蓝旗界，地载门内及小北关为正白旗界。

令八旗军分区域驻防，自努尔哈赤时已有定例，在旧都赫图阿拉之时如此，迁都辽阳后亦如此，这就是清太宗皇太极后来所谓的“太祖时，守边驻防，原有定界”。从《满文老档》天命七年四月所载的八旗收管边界之档册中可以看到，以辽阳为中心，八旗“守边驻防”分布的大致情况是：正黄旗位于东部费阿拉（今辽宁省新宾县）、抚顺、奉集堡一带；镶黄旗位于北部铁岭范河、懿路一带；正红旗位于东南部清河、碱厂一带；镶红旗位于西北部沈阳、蒲河一带；镶蓝旗位于南部临海的旅顺口、金州一带；正蓝旗位于南部偏东的岫岩、凤城一带；正白旗位于复州、盖州一带；镶白旗位于辽阳以南的海城、鞍山一带。

目前，广宜街一带不再是正白旗的驻守区域。没有任何一朝能够千秋万代，可是只要有人，切思里父母亲的思念就不会断绝。

令闻街

《孟子·告子上》：“言饱乎仁义也，所以不愿人之膏粱之味也；令闻广誉施于身，所以不愿人之文绣也。”意思是说，有了仁义就已经很满足了，所以不羡慕别人的美食；有了美誉加之于己，所以不羡慕别人的华服。令是美、善；闻是名声。令闻就是美好的名声，沈阳市沈河区北部的令闻街就得名于此。而这条清末民初始建的令闻街，名字不止这一个。清末以来，这条街还叫过“西下洼子胡同”，来源是此地地势低洼；还叫过“望北楼西胡同”，来源是此地位于明建望北楼西面；还叫过“义友胡同”，来源是表达邻里友好之意；还叫过“山东堡二条胡同”，来源是山东人在这里落户，建房时，从东向西形成九条小路，这是第二条。不过，在1989年重新定名字的时候，这里还是选择了“令闻街”这个美好的名字。

令闻，除了在《孟子》里有“令闻广誉施于身”之外，在其他典籍中也多有应用。比《孟子》早一点儿的《诗经》就有“亹亹文王，令闻不已”，它与“周虽旧邦，其命维新”都出自于《诗经 · 大雅 · 文王》。《诗经 · 大雅 · 卷阿》里写：“颙颙昂昂，如圭如璋，令闻令望，岂弟君子，四方为纲。”还有《尚书 · 周书 · 微子之命》：“尔惟践修厥猷，旧有令闻，恪慎克孝，肃恭神人。”跟《孟子》差不多同时代的有《国语 · 周语上》：“故为车服、旗章以旌之，为贽币、瑞节以镇之，为班爵、贵贱以列之，为令闻嘉誉以声之。”它出自“祭公谏穆王征犬戎”，与“道路以目”的“邵公谏厉王弭谤”并列；《孟子》之后用的人就多了，不胜枚举。不论是哪个时代哪位作者，用到“令闻”二字的时候，设置的都是赞颂的语境，赞颂的都是美好的名声。

令闻街南端25–27号之间有个天德巷，清代叫作天德店胡同，因为巷子里以前有个天德店；令闻街37–39号之间有个德源昌西巷，附近还有德源昌东巷和德源昌巷，清代叫德源昌胡同，因为此地以前有个德源昌粮栈；令闻街65–67号之间有个贤孝牌巷，附近有贤孝牌南巷、贤孝牌北巷，清代叫贤孝牌胡同，它的来头不小。清同治年间，这里住了李氏母女二人，母亲早年丧偶，并未再嫁，而是全力抚育女儿使其成人；女儿长大之后为报母恩，竟然终身未嫁，全身心侍奉慈母，直至母亲作古。此事上报朝廷以后，同治皇帝对其点名表扬，下圣旨敕建“贤孝牌”（即表彰节妇孝女的牌坊）以资鼓励，一时间传为佳话。这种现代人听起来不可思议的事情，在当时就是作为最高的社会道德标准被广泛推广，作为榜样，号召所有女人向她们母女学习。其实，这明明是男权社会对女性的禁锢和苛求，这就是所谓“吃人的礼教”违背人性的地方。

贤孝牌坊示意图

令闻街85-87号之间有个永霓巷，清末叫“永霓胡同”；令闻街123-125号之间有个慎德西巷，附近还有慎德南巷、慎德北巷，除了慎德北巷是根据当地以前有个美焕鞭炮铺叫“美焕胡同”之外，那两个都是由此地以前的慎德商号命名的慎德胡同改变而来；令闻街158号-160号之间还有个狮子庙西巷，1946年以前叫“永康胡同”，附近还有因为万兴盛商号得名的“万兴盛胡同”，后来改作“狮子庙南巷”，还有因为俗称狮子庙的慈照寺而得名的“狮子庙胡同”改作的“狮子庙巷”；除此之外，令闻街还有因为鲁家菜园子得名的“鲁家园子巷”，因为望北楼而得名的“望北楼巷”等。

虽然没有充分的证据证明，这里积聚了不少带“德”字的商号（以前“德”字确实是商号常用字），以及有“德”之人，各种美好的名声交汇于此，所以才有了清代的令闻胡同，继而才有了现在的令闻街，但是不可否认的是，作为沈阳市最好听的街路名称之一，这里以前确实树立过当时的社会楷模，这条街能保留下来这个名字，也是大有深意。

其实，沈阳市尤其是沈河区，一点儿也不缺乏这种古意盎然、含义深远抑或清新雅致的街路里巷名称，不少街路下辖的里巷甚至写满了诗情画意，比如听雨里、笙诗里、月窗巷、陶然巷，只不过它们在漫长的历史沿革当中，有的化作了居民区，有的当作了商业地，不少都湮没在了火柴盒一般的水泥堆里，只希望未来的人们不要让它们彻底消失，不要让它们只存在于地图或者文字里。

友好街

沈阳北站正对着的那条街叫“友好街”，穿过惠工广场、天后宫路、令闻街，一直通到广宜街。这条街在民国初年最开始被叫作“炮兵营胡同”，因为在胡同南端设有民国时炮兵27团营房驻地。1923年7月，惠工工业区开始建立，1924年建成惠工广场，四周铺筑成辐射状六条街路，各以序数命名，分别叫作六马路大街和三马路大街。后来这条街又改名叫德茂胡同。“德茂”一词本出自司马相如的文章，意思是道德美盛、德行高尚，这个词并不是特意选的，而是因为民国时这条路上有一个著名的德茂笔庄，现存附近的德茂里也是由此而来。1957年，正白旗胡同、德茂胡同、令闻胡同的一部分组合成了德茂里。受此影响的还有这里的德茂居民委员会，1949年到1978年，居委会改了6次名，始终未改掉“德茂”二字，居委会现驻地令闻街正白旗巷14-1号。1987年始建沈阳铁路北站时，友好街向北延伸至北站广场，形成现在的格局。1957年命名的友好街，与和它相交的团结路是一组关联性地名，意思是“团结友好”。

如果单独把友好街在地图上画出来，它像一只向左上方伸出的触角，撑起了沈河区北端凸出的不规则四边形。它向西北与北站路垂直，直接面对沈阳北站身后的皇姑区，向东南穿过惠工广场越来越平，等到与广宜街交叉抵达大东区和白塔路相连的时候，已经近乎东西走向，但它依然按南北走向定义为“街”。

现在的友好街，连同交织在一起的团结路和惠工街，共同撑起了惠工地区的核心。很多人印象中认为它们首要的服务对象是沈阳北站，或者是辽宁省快速汽车客运站，最多再加上金融中心地铁站附近的商场和银行。事实并非如此，惠工广场的历史要悠久得多。现在的沈阳北站是1986年开始建造，1990年末才建成；辽宁省快速汽车客运站开始于1998年。而团结路和惠工街与惠工广场同样始建于1924年，取的是惠赐工业之意；友好街由于从古城方向延伸过来，更古老一些。它们最初都是要服务于张作霖时代的惠工工业区。

张作霖在1918年成为东三省巡阅使以后，东北地区成了默认的“自治地区”。1919年，奉天省长公署按照张作霖的意思成立了政务厅第四科掌管省城街道、桥梁和土木建筑，同年，在奉天城东规划建设了大东工业区，这也是近代东北第一个民族工业园区。1923年，奉天市政公所成立，同年年底规划、立项了奉天城西北方的西北工业区，也就是后来的惠工工业区。该工业区1924年正式开工，到1927年，共建设37条马路，整个工业区的干、支路全部完成。其实奉天城外的这一圈边墙都是在20世纪20年代被奉天市政公所拆毁的，不仅仅只是惠工工业区，原边墙位置被改作环城电车道，跑起了有轨电车。惠工工业区与众不同的是仿照西方古典城市规划模式，在道路交汇处建立了转盘式的惠工广场，并辐射出6条干道，其中穿过广场中心暗通款曲的两条就是友好街。

大东工业区以“东三省兵工厂”（今大东区东塔街6号）、“奉天大亨铁工厂”（今大东区大东路178号）和“奉天陆军被服厂”（今大东区津桥路68号）等军工企业为主，而与之不同的是，民用企业在惠工工业区占据主流，如中国第一家机制窑业公司“肇新窑业”公司的办公楼就在这里，也就是现在惠工广场西南方的沈阳市沈河区惠工街92号。现在从地铁2号线“金融中心站”一出来就能看见一座典

奉天肇新窑业公司办公楼

型的中西合璧式建筑，这座建筑坐北朝南，正面3层、两翼2层，“洋式门脸”在外，“中式后庭”在内。它本来是在道路的北侧，后来由于扩建被嵌在了马路中间，而后边的大院子也被占用变成了马路。这座楼曾经被用作厂房，被振动器厂用作仓库，还做过临时的商店，曾经因为年久失修险些坍塌，后来被用作台商会馆。

这栋楼当时被称作“杜公馆”，因为公司创始人杜重远不但在这里办公，也在这里居住。杜重远是一位著名的实业家，早年考取官费留学日本，就读于东京高等工业学校（即后来的东京工业大学）陶瓷制造专业。1923年创立肇新窑业；1929年当选为奉天省总商会副会长；九一八事变后以记者身份在关内宣传抗日救亡，1932年与李公朴、胡愈之等发起筹办《生活日报》；1933年创办《新生》周刊，后因言获罪，以“侮辱友邦元首”“散布文字共同诽谤罪”被判处一年零两个月徒刑；1939年赴新疆创办新疆学院并任院长；1943年被盛世才杀害。肇新窑业在他的经营管理之下，由最初的两座旧式青砖马蹄窑，到1924年新设18座红砖轮窑、5座日本式瓦窑；再到1925年，肇新窑业已生产砖1000万块，瓦70万片；1927年又增设了瓷窑，产品品种不断增加，大量占据市场。肇新窑业的厂房其实并不在惠工工业区，而是在二台子，几十亩的工厂范围内曾经一片繁忙景象，生产出的砖瓦产品不但为正在扩建的东北大学土建工程所包销，而且也为惠工工业区和沈海工业区等提供了大量工民用建筑材料，建筑业有了从传统青砖大瓦向红砖水泥瓦的转变，打破了砖瓦市场被日资独霸天下的局面并慢慢将日资挤出东北市场。另外，肇新窑业的青花瓷碗碟不仅成为关内外畅销的日用瓷器，还抢回了日资把持的瓷业利权，其中一款“提倡国货”的青花瓷盘被后人称之为“爱国瓷”。当时大连的日资大华瓷厂不得不停业转产，瓦房店、奉天的一些日资瓷厂甚至转产开始做耐火砖。

另外，“奉天迫击炮厂”也是惠工工业区里有名的企业。“奉天迫击炮厂”在1929年5月被张学良改为“辽宁迫击炮厂”，并附设民用品工业制造处，同年该厂开始研制汽车。厂长李宜春聘请美籍技师麦尔斯为总工程师，聘请国内外大学和专科毕业的技术人员担任工厂的重要职务，进行研发工作。当时工厂共有职工207人，其中职员30人，工人177人。1931年5月31日，以美国瑞雷号载货汽车为蓝本仿制组装的国产第一辆汽车——民生牌75型载货汽车终于问世。除发动机、后轴、电气装置、轮胎等用原车零件外，工厂对其他零件均进行了重新设计制造。当时有人做了统计：在全车666种零件中，有464种是自制的，202种是进口的（主要是发动机、电器件、精密齿轮、轴承等技术含量高的），“国产化”率高达70%，在国内机械工业水平极低的条件下，能够达到这一水平，已经非常不易了。1931年9月12日，民生牌汽车在全国道路协会主办的上海市展览会上引起了巨大反响。展览会展厅中央摆放了一辆棕色的民生汽车，前保险杠上用中英两种文字写着：“载重后行驶粗劣之路能力极强，驶平坦之途速率增大。”同时附带主要零部件的挂图，以及自制与外购零部件一览表。蒋介石派张群作为代表参加展览会，时任外交部部长王正延、实业部部长孔祥熙等也都亲自到会祝贺。6天之后，九一八事变爆发，沈阳沦陷，工厂被日军侵占，即将完成的首批汽车及零件被日军全部拖走，后来被改造成了丰田31C型卡车，向美国订购并已运到牛庄的46台汽油机，只得转运天津。刚刚萌芽的

辽宁迫击炮厂（沈阳五三工厂前身）

第一辆国产汽车——民生牌75型载货汽车

中国民族汽车制造工业就这样被扼杀了。现在，曾经的辽宁迫击炮厂，也就是后来的五三工厂，早已湮没在惠工地区的群楼之间。

清真路

在沈阳市沈河区市府大路和小西路之间有一条始建于清代的清真路，东起万寿寺街，西至辽宁大剧院。以前它是两条胡同，各自独立，分别叫作因长发园饭馆命名的“长发园胡同”，和因水泡子旁边马姓人家而命名的“马泡沿胡同”；直到1988年，才由路南的清真寺而得名为“清真路”。而附近的进士胡同、唱和胡同、地藏庵胡同和圈神庙胡同等也由此合并派生成了北清真路和南清真路。这里的清真寺是东北地区最大最有名望的伊斯兰教礼拜寺，也叫“沈阳南清真寺”或者“南寺”。它始建于明后金天命十年（1625年），比回回营扩大以后修建的北清真寺和东清真寺都要早。著名回族将军铁魁在1622年广宁之战中为努尔哈赤立下战功后，率回族同胞建造了这座清真寺。后来皇太极为了奖励有功的回族将领和士兵，把盛京城西外攘关的西关地区赐给了穆斯林，由此形成围寺而居的回回营聚居区。这片地区现在依然有回民小区、清真美食街和西关回民市场。而南清真寺经过康熙、乾隆、嘉庆年间的几次修缮，一直到现在都保存完好。在前后三进的四合院落里，30米高的望月楼顶端高悬铜鎏金新月，建于乾隆二十年的南北讲经堂室内铺的都是大理石。这座清真寺现在依然是沈阳地区的穆斯林活动中心，有阿訇主持教务。每逢古尔邦节、尔代节等伊斯兰教节日，寺内便热闹非凡。

清真路和其北侧的北清真路、南侧的南清真路排列在一起，连接了附近的回民社区、东寺小区、南寺回民小区和清真南寺、西关回民市场等。来来往往的人们可以很清楚地看到，这里依然保持着当年西关回回营的生活范围，保留着当年西关回回营的生活方式，即便小西门、小西边门早已不复存在，西关还是西关。400年来，这里是沈阳地区最重要的回族聚居区。

不过，要是说起沈阳地区最早的回族移民群体，就得追溯到元末明初，也就是14世纪五六十年代，距今至少已经有六七百年的历史。元代，沈阳城还叫沈阳路的时候，城里有一座城隍庙，在现在大概中街路北侧的位置。元至正十二年，即公元1352年，城隍庙进行了重修，并刻下了“沈阳路城隍庙碑”。这座石碑现在就露天站在沈阳故宫的红墙根底下。石碑碑首四龙交盘，碑座赑屃伏卧，碑阳刻有“城隍庙碑记”，碑阴刻有“城隍庙功德官员题名志”和城隍庙的具体位置。碑阴上清楚地写道：“本庙营造到正殿三间虚廊全，子孙堂一所，碑楼一座，东西斋厨口间，西南栖众瓦屋二间，院地东至回回五哥院墙，南至孙百户界墙西北，北至城隅，城西常新寨刘进卿施刘种伯地口十垧寨后五十垧，东南北并至道，西至冯社长地寨西五十垧，东西二至道南北二至冯社地。”其中提到的“回回五哥”，就是一户回族人家，当时他们住在城隍庙的东墙外，这也证明早在公元1352年沈阳城就有回族先民居住。

明代永乐年间，时任兵部尚书的回族人铁铉的族人为避朱棣而出走山海关，数代之后，铁姓成为沈阳地区回族的望族。明代嘉靖年间，关内不少回族人因灾荒而来到沈阳地区谋生，黑、洪、刘、沙、穆、白、马、戴、回、常，是较早来沈定居的回族十大姓氏，之后冯、赵、杨、于、傅、张、李、王、吴、雷等姓氏的回族也相继迁入。到了明末清初，《沈阳县志》上记载的清真南寺写道：“南寺清初教民铁率吾建”，回民围寺而居，形成了“回回营”回民聚居点，当时就已经“户口两千余册”，随后回族移民越来越多。清顺治、康熙年间，清政府向东北移民了7次，回族的尹姓就是顺治八年移民到沈阳的。清乾隆、嘉庆年间，东、北两座清真寺相继建成。至此，回回营的大致范围彻底形成。

清朝末年，沈阳地区有两位回族将领声名赫赫，在甲午战争中名垂青史：一位是战死平壤的左宝贵将军，另一位就是协同聂士成大战摩天岭、收复连山关的耿凤鸣。

作为“二品顶戴花翎提督”的“统领”，耿凤鸣除了在战场上与聂士成等抗击日军之外，在闻听有共同信仰且是至交好友的左宝贵战死疆场后，率队冒死回到战场，从敌军阵地上抢回了左宝贵的遗体、遗物，令人感动不已。现在的清真南寺院里，矗立着一甬《重修沈阳清真东寺楼殿碑记》石碑。碑中刻有耿凤鸣为清真东寺捐款的记录："沈阳外攘关有清真东寺焉。自前清嘉庆八年，经乡前辈马君成远、刘君太元、赵君廷功、沙君震山建立楼殿，经堂事系初创未免简陋，历经岁修为苟完之计。洎乎年久，风雨摧残，丹青剥落甚非，所以尊宗教而壮观瞻也。迨光绪十六年复业，耿军门凤鸣、马县宰承恩见寺宇之颓败，实触目以惊心，故劝募及自施巨款，重修楼殿三进、南北讲堂六间、沐浴室三间、井亭一座、山门三间，形成规模，顿改前观。"该石碑落款时间为1938年7月，由"奉天清真东寺敬立"。

回族抗日将领不仅出现在中日甲午战争的战场上，1931年开始的14年抗日战争中，也有回族将领的身影，而他们都与沈阳有着很大的渊源，比如名震华北的回民支队支队长马本斋。1921年，马本斋离开老家河北沧州，来到东北，加入奉军。1922年他被送入东北讲武堂学习，接受了专业的军事训练，掌握了系统的军事知识，也为他后来带领回民支队抗击日军奠定了坚实的基础。据记载，在奉天时，他最爱去的地方是小西门外的回回营，那里有清真寺，有回族同胞，还有他喜欢喝的羊汤，喜欢吃的烧卖、开口馅饼。

马本斋

抗日战争期间，还有一桩涉及回族京剧大师马连良的公案，也发生在沈阳，该案就是传遍千里的马连良因"汉奸罪"入狱事件。说起这件案子，要先提一下辽宁省本溪市火连寨镇营子村人张子文。自明代正德年间开始，有回族商人因为焦炸等生意来到火连寨定居。万历年间由回民集资修建了火连寨清真寺，周围形成了一个"回回营子"。生于此地的张子文16岁考中秀才，后进关投于海思福、刘玉堂、马玉麟等诸大阿訇门下，精通阿拉伯、波斯、德、俄4种外国语。1900年穿衣挂幛后，在保定、北京等地担任阿訇，讲授阿拉伯语，后出任教长，发行杂志，创办学校。1922年赴任本溪清真寺，收丁溪野、丁武洋等为弟子。后至沈阳清真北寺任职，参与创建清真女寺和沈阳清真小学扩建工程。1924年12月赴日本参观学校、工厂等，翌年1月应镰田荣吉之邀在东京交询会宣讲伊斯兰文化。1926年主持创办的沈阳文化清真寺第一期工程开工，1931年5月完成文化清真寺二期工程建设。1936年在该寺创办“奉天私立回教文化学院”，校址设在位于和平大街上的文化清真寺的前楼上，也就是后来的马路湾东宇书店南侧电信楼址。随着学生数量的增加，原来的教室已经不够用了，张子文打算另觅新址，看好了距离不远的一所日本人办的锅山女子专业学园，位置就是现在的光荣街回民中学，那里的校舍、设备都比较好，加上那所学园的锅山校长一家已回日本，把学校交给了他的委托人，张子文决定筹款购买锅山女子专业学园的校舍，谈妥的价格是42万元伪币。由于他在北京西单清真寺任教长时，与京剧大师马连良的父亲马西园是好朋友，所以他找到马连良帮忙筹款。

马连良生于1901年，字温如，回族，北京人。8岁入喜连成科班，先学武小生，后学老生。17岁，学艺10年期满出科。1930年，马连良组建扶风社，1931年在天津与“麒麟童”周信芳同台演出，因技艺精湛，各具风采，并称“南麒北马”，后被称为“四大须生”之一。1948年，马连良去香港演出因病滞留；1951年，马连良由香港返京，建立“马连良京剧团”；1966年遭受迫害，于12月26日逝世，享年66岁。张子文向马连良请求义演筹款的时候是1942年，当时正是马连良艺术上的巅峰时期，同时也是抗日战争中东北沦陷的“伪满洲国”时期，此时如果出山海关演出，面临的不仅是需要办理所谓“出国证”“入国证”的麻烦，更敏感的其实是态度问题，梅兰芳都蓄须明志了，马连良要是不仅继续演出，还专门去东北演出，且专门赶上“伪满洲国”十周年去演出，这很难向社会公众交代。不过尽管困难重重，马连良终究还是去了。

2009年11月28日国家邮政局发行的《马连良舞台艺术》特种邮票

关于那次演出，现在的记载常常是混乱的，一会儿说马连良是“被日伪胁迫”，说他根本不知道是为“伪满十周年”唱戏，一会儿又说马连良是“欣然前往”，甚至把因此而被捕入狱说成是“遭人陷害”等。据张子文的后人张巨龄《马连良东北之行和所谓“回族学院”创立的真实历史》一文中的记载，马连良的东北之行，历时两个多月，做的是互不相干、泾渭分明的两件事：一是庆祝所谓“伪满建国十周年”，即从1942年9月6日到沈阳，尔后到长春、哈尔滨，为所谓“公演庆祝节目”；二是为回族教育事业做贡献，即从10月29日再返沈阳，至11月中旬返回北平，其间为“回教文化学院”扩建助款义演十天。前者是错事，是非义务的，获得了报酬；后者是好事，是义演，是一种贡献。他的说法在相关媒体报道和书籍中得到佐证，比如1942年11月6日的《回教周报》中写道：“奉天拟设回民大学，特邀马连良演义务戏十天，拟筹款二十万圆。‘奉天通讯’庆祝满洲国十周年纪念演艺使节团，团长马连良率全体演员，一行四十人，于九月六日安抵奉天，颇受官民之拥戴，公演庆祝节目，博得好评，并到哈尔滨、新京等地，到处备受热烈欢迎。该团于十月廿九日仍返奉天，因奉天回教协会，为普及回民教育，筹设回教大学。现已购妥奉天日本锅山学校旧址，价为四十六万元，业已筹划半数。兹特约回教剧艺家马连良先生为回教兴学演唱义务戏十天。义务戏现已开幕，上座颇佳。演毕约于十一月中旬全团即可载誉返京云。”

张子文的后人张巨龄的看法是：鉴于当时东北和华北均在日本铁蹄的践踏之中，作为以艺术为生命、为生活来源的京剧表演艺术家，马连良先生手无寸铁，在中国军队完全撤离的情况下，他个人岂有抗争之力？因此，抗战胜利后，先生虽因前者而一度被国民政府投入囹圄，后在白崇禧（也是回族）将军等的斡旋下，终于在入狱一年多之后以理解而恢复自由。新中国成立后，党和政府不仅给予马先生的艺术成就以很高的评价，而且，对于其“伪满十周年”去沈阳、长春和哈尔滨等地的“庆祝”演出，周恩来也讲了谅解的话，不予追究，这表明了党和政府对于艺术大家的珍重和宽阔胸怀。

关于这件事的记载是，当时马连良一行住在南市场的鹿鸣春饭店，随后在南市场的东北大戏院和北市场的中央大戏院先后演出了《龙凤呈祥》《群英会》《十老安刘》等剧目，演了10天，一共10场，场场爆满，每天的票房收入是几万元伪满币。马连良最后把义演所得共计25万，全部捐给了张子文的“奉天私立回教文化学院”。他结束义演活动回到北平以后，得知购买校舍资金缺口仍然很大，于是又另外寄来10万元资助金。马连良总计支援了张子文共计35万，而当时的35万，在北京可以买好几座超豪华的四合院。1943年，张子文以40万元伪满币买下了锅山女子专业学园校舍，并于同年8月迁至新校址。此后，又将“奉天私立回教文化学院”改名为“奉天市伊光中学”，再后来改成“沈阳市回民中学”。

回族同胞在沈阳历史上留下了许多故事，而清真路附近，作为承载回族文化和保存回族风俗习惯的重要地区，足以满足对回族文化感兴趣的人们。

药王庙路

西起青年大街、东到杏林路的药王庙路始建于清代。但“药王庙路”这个名字于1988年才定下来。这条路的北侧原本有个药王庙，里面供奉着药王孙思邈。人们祈求药王能够保佑身体健康、百病不生，所以药王庙香火一直很旺，尤其是每年四月二十八，药王诞辰那几天的药王庙会更是热闹非凡。药行商家、药王庙共同参与，把木雕药王像从药王庙里“请”出来，金瓜钺斧，仪仗队簇拥，上街游行，并把日常用药、民间验方沿途散发给百姓。《沈阳百咏》记载：“银红帖子折千张，圣会同来赴药王。百样葫芦依样剪，分明佳节近端阳。”不过，这座药王庙现已不存，只有药王庙路的名字用以留作纪念。在改名之前，这条路分3段，有3个名字。东段叫“桂牛录胡同”，1601年努尔哈赤规定300人为一“牛录”作为军事单位，首领叫“牛录”，汉语叫“佐领”，这里原来有一个姓桂的牛录的营房驻地，所以也叫“营房胡同”；中段叫“基督南胡同”，因为这里位于原来的基督教堂南部；民国年间，西段叫“陶然一巷”，陶渊明有“陶然自乐”，白居易有“共君一醉一陶然”，都有闲适欢乐的意思。

实际上，老沈阳当年共有两个药王庙，大南门外的大南街上也有一座，那座庙始建于清顺治年间，香火比大西门外这座还要旺，它的庙会也远近闻名。《陪都纪略》记载：“药王盛会，庙属大南，买卖人多，节帐相连。”《奉天通志》记载：“药王庙在德盛关街西，乾隆十五年（1790年）重修。”虽然现在两座药王庙都没有了，而《沈阳百咏》里提到的“百样葫芦依样剪”，现在依然盛行，就是端午节前后街面上到处都有卖的剪纸葫芦。时逢药王庙会，许多专门卖剪纸葫芦的小贩积聚于此，赶庙会的人一般都会买个剪纸葫芦图个吉利。而紧接着庙会之后的农历五月常被认为是“恶月”或“毒月”，人间毒虫横行、瘟病四起，所以在端午节期间，人们都在大门上或挂或贴剪纸葫芦，以图袪病除灾，延续至今，成了现在的民俗。

唐寅画的铁拐李

尽管沈阳的药王庙都没了，但全国各地保存下来的药王庙依然不可胜数。当初大西门外的这座药王庙并没有得到足够的重视，它是在灰飞烟灭后才受到重视，并且以之命名所在地区的道路。而这条药王庙路实际上非常特别，从大西门出来的大西路与其他七门的七条正南正北正东正西的街路不一样，它是斜的，而且非常斜。但是，在大西路向西没多远与万寿寺街交汇之后，从交叉路口突然伸出了一条正东正西的马路，向西一直通到青年大街，这就是药王庙路。这个分叉的地方，就是药王庙路的东端，以前是桂牛录胡同。这“桂牛录”三字，可以说是字字千金，记录着清代的历史。

牛录制本来就是女真族氏族制时期的狩猎组织形式，努尔哈赤在统一邻近诸部、不断发展壮大的过程中，对这种组织形式进行了改造，才形成了后来的满族八旗制度。

明万历二十九年，即公元1601年，清太祖努尔哈赤鉴于各部族人数多寡不一，素质也高低不同，因此对牛录制度进行了第一次整编，他把每牛录扩充到300人，牛录下又设两个副手，满语称“代子”，同时每牛录分为四个达旦，每达旦由一个“章京”（书记官）和一个“拨什库”（领催）管理。旗丁中按照身份地位，分为阿哈、披甲人和旗丁三种。阿哈就是奴隶，多是汉人、朝鲜人；披甲人是降人，民族不一，地位高于阿哈；旗丁是女真人。这次改编，为满洲社会和军事系统的形成和发展初步奠定了基础。到了万历四十三年，即公元1615年，也就是李成梁病死那年，努尔哈赤以牛录为基本单位正式建立八旗（八固山）制度，以300人为一牛录；五牛录为一甲喇；设一甲喇额真，五甲喇为一固山，即一旗，设一固山额真；八个固山额真分别率领正黄、正白、正红、正蓝、镶黄、镶白、镶红、镶蓝八旗，总人数达到60000人。至此，满洲军队的编制彻底成形。八旗制度建成的第二年，努尔哈赤建立了后金，改元天命，是为后金天命元年，明万历四十四年，即公元1616年。

再说一下“桂”姓。桂姓虽然不是大姓，但是源流很复杂，至少涉及汉、回、满、朝鲜等民族，而在明亡之后的几百年里，满族的桂姓是一直很受重视的。在满族里，桂姓属于汉化改姓为氏，据史籍《清朝通典·氏族略·满洲八旗姓》记载，它的第一个来源就是满族章佳氏，亦称张佳氏、张家氏、斋佳氏，以地为氏，清朝中叶以后所冠汉姓多为桂氏、张氏、尹氏、章氏、杭氏、车氏、英氏、宁氏等。

该支满族桂氏始祖为章佳·阿桂，满洲正白旗人，章佳·阿克敦之子，初为正蓝旗，后以平回部驻伊犁治事有功，改隶正白旗，率军定金川、定台湾、定廓尔喀，功勋卓著，累官至武英殿大学士，职掌清朝吏部，兼正红旗满洲都统，封授一等诚谋英勇公、大学士兼军机大臣，其后世代受清廷恩遇无人与比。因此，他的后代在清朝中叶以后即有以先祖名字为汉化姓氏者，称“桂氏”，相传至今；第二个来源是满族贵岳哩氏，后有部分人改汉字单姓为桂氏；第三个来源是满族赫舍里氏，亦称何舍里氏，源出唐朝末期女真“通用三十姓”之一的纥石列部，在金国时期称纥石烈部，以部为氏，满语为Heseri Hala，是满族最古老的姓氏之一，后多冠汉姓为何氏、高氏、康氏、赫氏、张氏、芦氏、贺氏、索氏、英氏、郝氏、黑氏、佟氏、普氏、桂氏；第四个来源是满族贵车特氏，为满族脱谱姓氏之一，所冠汉姓为桂氏、贵氏；第五个来源是满族叶赫那拉氏，慈禧的弟弟叶赫那拉·桂祥的后人们移居安徽潜山天柱山境内，使得天柱山一带成为中国除东三省外唯一的满族后裔群居住地，民国后因躲避灾难改为桂姓。当年留守盛京的这位桂牛录究竟何许人也，已经很难查到，只知道桂牛录的营房在大西门外的驻地属于镶白旗的驻地，而大西门外因为由他而来的桂牛录胡同，有了和大西路截然不同的不那么斜的正路，后人也因为“桂牛录”三字而穿越回400年前。

杏林街

老沈阳有两处药王庙：一处在大南门外街西、慈恩寺北，药王庙会就设在此处；另一处在大西门外路北，又称杏林书院，为中草药业行会聚会之地。大西门外这个药王庙旧址，位于现在的药王庙路北侧、杏林街东边，附近的两条街路因为它由此得名。杏林街在清代就有，最初叫“利升庆胡同”，因为这里有个很有名气的利升庆粮店。“杏林街”的名字于1988年确定。杏林书院的“杏林”二字非常有讲究。据《神仙传》记载，三国时期有一位修道的医生名叫董奉，他常年为人治病不收报酬。重病之人痊愈后种五棵杏树即可；病情不重的人种一棵树即可。这样十几年以后，杏树达到十多万棵。待到杏子成熟，他对人们说，谁要买杏子，不必告诉我，只要装一盆米倒入我的米仓，便可以装一盆杏子。董奉用杏子换来的米，救济贫苦之人。后来人们在董奉隐居处修建了杏坛来纪念董奉。杏林也就成了中医学界的代称。人们在称赞有高尚医德、精湛医术的医生时，往往用“杏林春暖”“誉满杏林”“杏林高手”等词句来形容。

西邻青年大街的杏林街，北起中山路，与斗姆宫东巷隔街相望，南至大西路，穿过大西路和沈州路的交叉路口，也就是房地产大厦那块三角地的西角，再向南叫“南杏林街”，一直通到广昌路上。杏林街以前叫“利升庆胡同”是因为利升庆粮店；而南杏林街以前叫“高茶馆胡同”，因为此地以前有个大茶馆，茶馆的老板姓高，这里曾有振兴民族工业的大企业——惠临火柴公司。

惠临火柴公司是由张惠霖于1921年在奉天集资创立的，公司全称是“惠临火柴股份有限公司”，它是辽宁地区成立最早的民族企业之一。

惠临火柴公司制造的麒麟火柴

火柴是西方人发明的。清同治四年，即公元1865年，火柴开始正式作为商品输入中国市场，这一年的天津海关报告，是今天所能见到的火柴进口的最早的官方记录。20世纪初，瑞典出产的“凤凰火柴”和日本出产的“猴牌火柴”占据了中国大部分市场，而在东北，火柴工业全部被日本所垄断。据《满洲地方志》记载，清光绪三十四年，即公元1908年，奉天省单从日本进口的火柴就达5万箱，按每箱240包算，总计120万包，这种状况一直延续到20世纪20年代初。

惠临火柴公司制造的双鹤火柴盒

瑞典瑞中洋行销售的凤凰火柴盒

1921年，张惠霖联合7个人集资奉票18万元在奉天皇寺后身创办了惠临火柴公司，他出任总董事，开始生产麒麟牌红头火柴和双鹤牌黑头安全火柴，年产2.5万箱，按每箱124包，每包10盒算，每年可以生产3100万盒。惠临火柴公司控制生产成本，降低了火柴的价格，再加上国人响应“请用国货”的号召，使得麒麟火柴和双鹤火柴销路极畅，甚至挤垮了一家日本企业“奉天磷寸株式会社”。1924年7月，张惠霖以日金18万元收购了奉天磷寸株式会社的全部财产，随后把总厂设在了现在的南杏林街与广昌路交界处，扩大生产规模，逐年提高产量，年产量达到3万余箱，使奉天省的进口火柴由1921年的4万余箱锐减到1925年的不足千箱，终于把日本火柴挤出奉天市场。

前脚日本刚被挤走，后脚瑞典就打算挤进来。当时被称为“火柴大王”的瑞典瑞中洋行正在以成本的半额向中国倾销火柴，销售量从1925年开始的3年时间里增加了7倍，迅速占领了厦门、上海、大连、营口等地的火柴市场，并直接向东北地区投资。1925年到1926年间，它首先收购了日商在吉林、大连等地经营的火柴厂的大部分股金，后来又在吉林建起专门生产火柴杆、火柴盒的木材加工厂，一切就绪后，便着手在沈阳商埠地内兴建厂房，企图开办瑞典火柴工厂，与势头正盛的惠临公司一较高下。好在当时张学良通过行政手段干预经济运行，他让辽宁省政府驳回瑞中洋行在沈阳建厂的要求，并于1930年8月令东北政务委员会发布《东北火柴专卖条例》，在税收上对民族企业实行优待，成功进行地方保护。

不仅是张学良对张惠霖的企业大力支持，张作霖对张惠霖也是关爱有加，惠临火柴公司从筹建开始就被张作霖一路绿灯给予各种方便，甚至还入了股，这种亲密关系实际上源自他们俩多年的情谊。说起来，张惠霖算是张作霖的贵人之一。

张惠霖，原名张志良，1878年5月出生于现在的沈阳市沈北新区虎石台镇大古城子村。他幼年读过私塾，写得一手好字，后来进入沈阳县衙担任文书。1908年，张作霖以清军奉天巡防营前路统领之职，被东三省总督徐世昌调往吉林省郑家屯、洮南一带追剿蒙匪陶克陶胡叛匪。1909年，又奉总督锡良之命追缴牙什、白音大赉等蒙匪，随后因功晋升为洮南镇守使。在此期间他聘任了比他小3岁的张惠霖作为驻奉办事处处长，以便于了解奉天最新局势。1911年辛亥革命爆发，奉天革命活动风起云涌，时任总督赵尔巽急召驻双辽的奉天巡防营后路统领吴俊升入奉保驾，张惠霖探得消息后，以最快的速度把这个消息密报给张作霖，使张作霖能够立刻带领部队星夜赶至奉天向赵尔巽表忠心，继而兼任中路统领，在成功镇压革命党之后被清廷赏顶戴花翎，升为“关外练兵大臣”。可以说，张作霖生命中这次最重要的发迹，张惠霖功不可没。因此，张惠霖也得到了张作霖长期的信任。民国以后，1916年，张作霖被袁世凯任命为奉天督军兼省长时，张惠霖是督军署监印官。1922年张惠霖又担任了奉天储蓄会会长兼任东三省官银号稽查。凭借着这分信任，张惠霖官运亨通，财运更通，一边做官，一边做生意，两不耽误。除了1921年建立了惠临火柴公司之外，1924年他还与人合伙投资了奉天八王寺啤酒、汽水、酱油股份有限公司，依然出任总董事，“金铎”商标就是他创立的。除了兴办工厂外，他还独资经营四先海外贸易公司、宝兴估衣庄和四恒当铺等。创办我国第一个机器制陶工厂——肇新窑业公司的杜重远和创建辽宁地区首家机械染布工厂——东兴色染纺织公司的陈荫棠是同窗好友，一起去日本留学，他们俩的年纪比张惠霖小了二十多岁，在企业创办初期，他们得到了张惠霖的极大帮助，由此张惠霖也被称为“奉天现代民族工业的奠基人”。1924年他被推选为奉天总商会会长；同年6月15日，由他倡导的东三省商会联合会成立，他又被推选为联合会会长。1926年奉天总商会改选，他再度当选，连任会长。1927年，张惠霖出任沈海铁路公司总办、东三省盐运使等官职，便卸任会长职务脱离商会。九一八事变以后，张惠霖抱病解职隐居，在大连黑石礁建了一处“张松叟花园”，养花卖花，直到1945年抗战胜利后才返回沈阳养老，两年后的1947年3月病故，终年69岁。

尽管现在南杏林街和广昌路交会处原来的惠临火柴公司一点儿影子都没留下，看起来就是个普通的居民小区，但是后人不应该忘记这里曾经发生过的历史，它代表着沈阳地区民族工业真正的开始。

顺通路

沈阳市沈河区顺通路的顺通北里、顺通南里附近原本是康熙年间建设的西南部边城，在盛京八门八关的小南关和大西关之间，城内城外互不相通，有御敌于边城之外的作用。到了1932年，这里早已年久失修，城墙塌缺，人们为了行走方便，把没人管的城墙缺口越扒越大，形成通道，在那一年正式建了一条路，1946年定名顺通街，1988年确定为顺通路。

清末民初，顺通路东南角在边城之外，是一片荒地和沼泽地，后来有一户姓吴的人家在这里搭建窝棚烧窑烧制砖瓦。渐渐地，人越聚越多，形成了吴家窑，就是后来的纯洁里、胜光里、精明里等。时至如今，边城城墙早已不见踪影，顺通路的两侧也排满了居民楼，成为远近闻名的顺通食街，依然散发着浓郁的百姓生活气息。

顺通路位于沈阳古城西南，比南杏林街、广昌路还要偏南，从青年大街热闹路路口向东走不远就会看见顺通路的路口。沿路而行，一直走到风雨坛街、奉天街和南关路的交叉路口，这条仅有几百米的斜路呈西北—东南走向。虽然这里没有什么悠久的建筑或著名的店铺，但由于它基本上和盛京边城城墙的西南段重合，本身又是由边城城墙西南段开拓而来，它的纪念意义就显得独一无二。而且，它之所以没有悠久的建筑或著名的店铺恰恰是因为边墙的缘故，导致民国以前此地不是墙根儿，就是野地，再就是砖窑和贫苦人家的简易房屋。

边墙的存在，实际上代表了我国城市建设的典范，即中国人耳熟能详的城郭制。《吴越春秋》里说："筑城以卫君，造郭以守民。"实际上就是"内之为城，外之为郭"的城市建设制度。君主住城里，有城墙护着；百姓住郭里，也就是城外，护着城里的君主。

相比之下，清康熙年间修建的盛京城郭，也就是盛京城的边墙就大多了。据史料记载，边墙"高七尺五寸，周围三十二里四十八步"，周长是16.08公里，面积有11.9平方公里，这么大的区域，相当于把原来的城区面积扩大了6倍，可容纳的人口数也呈现出了几何量级的增长。不过，边墙并不如城墙那么坚固，因为其是夯土筑造，七尺五寸的高度只有一人来高，想防住千军万马那是痴人说梦。边墙的主要作用就是扩大城区面积，吸纳城区居民，为城市留出缓冲空间。在边墙这个大圆环上设有8个"边门"，边门的构造十分简单，用砖砌两个门柱，上面横置一个横枋，横枋上面起脊灰瓦。各个边门都跟盛京方城的八门相对，并按照八门的俗称命名，即与抚近门、内治门、德盛门、天佑门、怀远门、外攘门、福胜门、地载门相对应的大东边门、小东边门、大南边门、小南边门、大西边门、小西边门、大北边门、小北边门。在这方城八门之外与8个边门之内的区域，被叫作"关厢区域"，如"怀远关（大西关）"和"外攘关（小西关）"等。

如果按照现在面目全非的城市格局来描绘当年的边墙路径的话，大概是这样的：市府广场西南角，是为"小西边门"原址；由此向东北方向延伸，沿惠工街到惠工广场，由惠工广场沿联合路，到联合路与小北关街十字路口，是为"小北边门"；沿"奉海铁路"至大北关街与北边城路铁路道口，是为“大北边门”；再沿“奉海铁路”折向东南，至东边城街与小东路十字路口（老龙口酒厂门前），是为“小东边门”；沿东边城街南行，至大东路十字路口，是为“大东边门”；沿堂子街东侧向南，穿过万泉公园“水栅”（俗称“墙豁”），再沿先农坛路向南，经过万柳塘公园向西，过勒石巷到大南街，是为“大南边门”；沿南关路西行，到南关路与小南街十字路口（西南侧），是为“小南边门”；从“小南边门”斜向西北，沿顺通路西北行，至青年大街，是为“大西边门”；沿青年大街北上，直至回到市府广场西南角“小西边门”为止。以上是当年的“边墙”沿线，此间顺通路即为边墙缩影。

盛京城郭的修建，客观上是因为盛京地区不断增长的常住人口需求，主观上是因为康熙皇帝的高度重视。康熙一生共3次东巡，3次来到盛京。康熙十年，即公元1671年，康熙刚满18岁，第一次东巡来到盛京时，对于祖宗开疆拓土充满敬仰，对于其父年幼生长的故地，其曾祖、祖父建功立业的福地充满感情，因此给了盛京不少政策。其实，早在康熙五年，即公元1666年，他还没来过盛京的时候就特批设立了奉天府学，免去了盛京学生长途跋涉山海关寄籍永平府求学之苦，这也启动了东北地区清代儒学的正规教育。康熙东巡回北

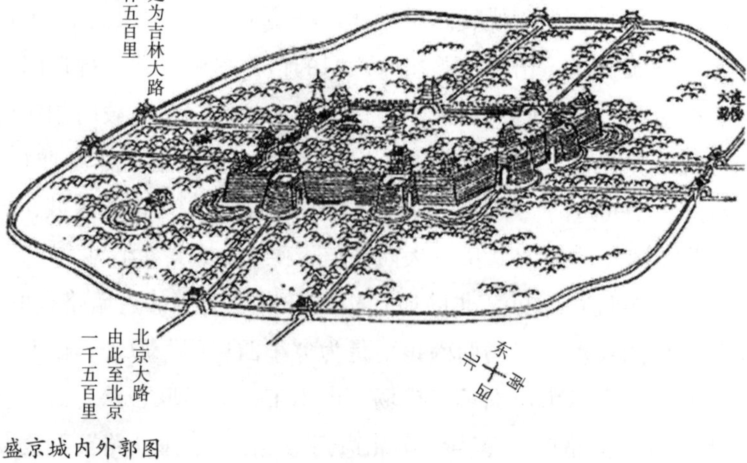

盛京城内外郭图

京之后两年，康熙十二年，即公元1673年春，康熙做出撤藩决定，开启了“三藩之乱”八年的战端。到康熙十九年，即公元1680年，“三藩之乱”已成强弩之末，战事大局已定，康熙于是在盛京城大搞城建开发，修筑了边墙，开了8个边门，使得盛京城“陪都”之名终于名副其实。紧接着第二年，“三藩之乱”彻底平息。康熙二十一年，即公元1682年，他高高兴兴地第二次东巡，到盛京和兴京去祭祖。康熙第三次东巡是在康熙三十七年，即公元1698年，在御驾亲征平定漠西蒙古噶尔丹叛乱后，他异常兴奋，再次东巡祭祖，顺路巡视塞北，督察军务。可以说，盛京的城建工作得益于康熙东巡，也得益于已经被汉化了的康熙向列祖列宗报喜的习俗，这种对于天造地设、文治武功的自豪感一直延续到了康熙的孙子乾隆。在乾隆看来，盛京是名副其实的天府之国，奉乾隆之命编撰的《钦定满洲源流考》对于盛京有这样的描述：“盛京山川浑厚，土壤沃衍。盖扶舆旁薄，郁积之气所钟，洵乎天府之国，而佑我国家亿万年灵长之王业也。”

风雨坛街

在清代，盛京作为陪都的规格一直都很高，天坛、地坛、社稷坛一个都不能少。皇太极在位时，天坛建在德盛门外南五里，地坛建在内治门外东三里；雍正五年在德盛门外建先农坛，在地载门外建地坛；雍正十一年在天佑门外建社稷坛，在社稷坛前又建了风云雷雨山川坛。这个风云雷雨山川坛就是老百姓说的风雨坛。正常的风云雷雨山川坛一般在春秋两季都会迎来大人物，皇上带着文武官员全体出动，祭拜风云、雷雨、山川、城隍之神，以求风调雨顺、国泰民安。所谓云行雨施，天下平也；天降时雨，山川出云。风伯雷神云师雨师，皆应得祀。可惜沈阳的风雨坛自打建成，从未有皇上来祭拜。建坛的知县蔡玉升，还有继任的其他地方官员，只能在赶上旱涝之时，亲自上坛求雨济旱、驱灾解涝。之后的200年，风雨坛作为普通百姓祈愿风调雨顺的载体，一直香火不断，直到1952年，风雨坛遭到了彻底的破坏，到现在已经一点痕迹都没有了。所幸早在1948年，这条街已经被命名为“风雨坛街”，算是给子孙后代保存了这段历史。

在风雨坛街和热闹路交叉路口的西南角有几条小巷，分别是雨坛北巷、雨坛西巷和雨坛巷。雨坛北巷以前叫“风雨坛胡同”，雨坛西巷以前叫“中法中学胡同”，雨坛巷以前叫“风雨坛东胡同”。它们仨围起来的区域就是以前风雨坛的所在地，现在那里到处都是卖美容美发用品和化妆品的商店以及库房。社稷坛以前的位置在风雨坛正南方，风雨坛街上有一条小巷叫“社稷坛巷”，东起风雨坛街，南至顺通路。社稷坛就在社稷坛巷的东端，也就是现在五爱小区的东南角。关于风雨坛和社稷坛以及《盛京通志》对它们的描述，前文中涉及先农坛路处已有记录，此处不再赘述，这回咱们要讲的，是曾经在风雨坛侧“呼风唤雨”的陆军第二十八师师长冯德麟。

1916年，对于当时的奉天来说，张作霖并不是绝对的掌权者，尽管奉天的军务和民政归他一人统领，可还是有一个人能够与他分庭抗礼，此人就是冯德麟。当年5月20日，驻地为北镇的冯德麟突然率领步、马、炮5个营声势浩大地开进了奉天，就在大南门新建帅府的西南方不足一公里的风雨坛旁边设立了第二十八师驻沈办事处，几乎等于面对面与张作霖唱对台戏。按理说，卧榻之侧，张作霖岂能容他人鼾睡？可当时张作霖真就容了，专门为冯德麟设宴接风洗尘。冯德麟不给面子不来赴宴，张作霖又把宴席搬到风雨坛的办事处来，冯德麟依然不满意。这里的关窍其实很简单，冯德麟一直是张作霖的大哥，大哥不服小弟，自然就得来这么一出。

冯德麟原名冯麟阁，清同治七年，即公元1868年生于海城，少年时即以强悍闻名乡里。有人说他考中过秀才，有人说他曾经做过衙役。魏福祥在《沈阳文史资料》里的《冯德麟其人其事》一文中说，冯德麟17岁就投身绿林做了“胡子”。经过10年闯荡，冯德麟以“公正侠勇”闻名于辽西辽南各地，因其出道早、团伙大、占地广、讲义气，被百姓称之为“团总”。当时只有十几岁的张作霖正在海城县图河堡镇的一个大车店里当杂役，对于大车店的常客冯德麟十分崇敬。

冯德麟

冯德麟看张作霖机灵，就经常给他讲些“胡子”的故事，虽然当时张作霖并没有入伙，但是在他投效宋庆的毅军参加中日甲午战争之后，他到底还是受不了娶个老婆、当个兽医的普通日子。1896年，在冯德麟的引介下，张作霖在当时的广宁也就是现在的北镇加入了董大虎匪部。不久，张作霖在赵家庙拉起了一支“保险队”，收取保护费，维护地区治安。相对于冯德麟的“大团”，张作霖的队伍一开始只能算是小打小闹，遇到棘手问题时甚至不得不打出冯德麟的旗号，但冯德麟没有太计较，在张作霖认错以后，直接收了张作霖做小弟，这也是张作霖管冯德麟叫大哥的由来。与张作霖发家时先效力于俄、后效力于日不同的是，冯德麟一直与沙俄为敌。1900年“庚子国难”沙俄侵略东北的时候，冯德麟就已经开始率队抗俄。1901年，冯德麟被俄军擒获流放库页岛，在逃回故乡后依然继续抗俄，加入日本人发起的“东亚义勇军”，带领数千人的队伍不断袭击俄国军队，参加了包括辽阳首山战役在内的大小战役32起，发挥了极其重要的作用，冯德麟也因此获得了日本人的嘉奖，并由日本人推荐给时任盛京将军赵尔巽以图未来利用之便。1905年8月，赵尔巽将冯德麟收编，委任其为“新安军”统领，同时命其改旧名冯麟阁为冯德麟，以防俄国人以此寻衅。而此时距张作霖在新民府耍心眼儿被收编已经有3年之久，小弟凭其狡黠与大哥之间的差距正在一步一步缩短。等到1907年徐世昌做东三省总督的时候，张作霖的官职是奉天巡防营前路统领，冯德麟的官职是奉天巡防营左路统领，他们开始平起平坐。辛亥革命以后，奉天巡防营被改编为二十七师和二十八师。张作霖被委任为二十七师师长，驻防奉天；冯德麟被委任为二十八师师长，驻防北镇。因驻地不同，张作霖的兵力和地位都要比冯德麟略高。二人此时虽然已经是拜把子的兄弟，关系好到把儿子的字定为“汉卿”，冯庸的乳名是“小五子”，张学良的乳名是“小六子”，但是冯德麟心里的不痛快却与日俱增。

真正的冲突源于二人合谋“驱段”。1916年4月，为了赶走袁世凯的心腹——时任奉天督军段芝贵，张作霖和冯德麟合演了一出戏：由冯德麟唱黑脸，声言“誓杀复辟逆贼”，张作霖唱红脸，以保护段芝贵的名义劝他离开东北。这出戏演得很成功，段芝贵不但被吓得犹如丧家之犬不敢停留，自己搜刮的钱财也被洗劫一空。回到北京之后，段芝贵在袁世凯面前极力保举张作霖，并大骂冯德麟，于是就有了前文提到的张作霖被委以重任，冯德麟只能屈居帮办的职务安排。愤愤不平的冯德麟以不接受任命为筹码向张作霖提出就职条件：军务帮办要在奉天单独成立一个公署，其编制同将军公署相同。张作霖把球踢给了袁世凯，袁世凯以“于体制不符”为由，回绝了冯德麟的要求，同时特派张冯二人原来的老上级张锡銮来奉调解，冯德麟依然不给面子。张作霖只得派出五十四旅旅长孙烈臣，携带大宗礼品和30万元巨款到北镇慰问二十八师，请冯德麟到省城就职。5月20日，冯德麟率军突然进入奉天城在风雨坛设立了办事处，在向张作霖提出买飞机、加兵力等要求未果后，第二天冯德麟就回了北镇。张作霖无奈之下只能继续妥协，一边派人在风雨坛为冯德麟继续修建二十八师驻省办事处，一边派将军署参谋长杨宇霆专程到北镇迎接冯德麟回奉天赴任。6月6日，冯德麟再次回到奉天后，有恃无恐地提出3个条件：1.要求帮办权力与将军平等；2.用人行政相互咨询；3.拨20万元为二十八师购买飞机。可是条件虽然提了，人却不露面。当天下午，张作霖专程去风雨坛二十八师办事处拜会冯德麟。冯德麟竟然躲而不见，张作霖对此忍无可忍，只好电请北京决断，并以辞职相要挟。巧合的是，那天袁世凯正好病死了，北京政府各部门官员忙着争权夺利，无人理会此事，但冯德麟依然没有罢手。袁世凯死后，冯德麟代表二十八师全体将士向段祺瑞内阁辞职做进一步要挟，段祺瑞派赵尔巽来奉天调节也没有起到任何作用。此后不久，因王永江而引发“军警之争”后，冯德麟联系了心怀不忿的五十三旅旅长汤玉麟企图倒张，却被张作霖联合国务总理段祺瑞以雷霆万钧的手段压制住，导致冯德麟军务帮办职务被免，成立不足一年的风雨坛二十八师办事处也被撤掉。不过，蛰伏于北镇的冯德麟并没有就此沉默，他在寻找机会东山再起，只不过令他没想到的是他寻找到的机会是个致命的错误。

1917年6月，“府院之争”掀起高潮，进京调停的张勋邀请张作霖和冯德麟二人密谋复辟大事，结果张作霖并没有出面，只是同意冯德麟以“奉天全权代表”的身份进京活动。张作霖此举进可攻退可守，成则不失“拥戴之功”，败也不至于惹上污名，而一门心思欲取张作霖而代之的冯德麟就没有那么理智。进京之后，面对张勋的拉拢，他竟然计划调二十八师进京“赞襄复辟，保卫皇室”，溥仪因此赏赐他“穿黄马褂，紫禁城内骑马，御前侍卫大臣头衔”。结果这场复辟闹剧从7月1日开始仅仅维持了12天。7月12日，张勋的辫子兵在天坛之战中全面溃败。而冯德麟事先已经感到事情不妙，于7月10日着便装乘火车准备回奉天，没想到刚到天津就被扣了，又被押回了北京。于是，沦为阶下囚的冯德麟把二十八师师长、陆军中将等一切官职和勋位都丢了，二十八师就此落入张作霖手中。完全掌控奉天大局的张作霖此时非常大度，他致电段祺瑞为冯德麟说情，二十七师、二十八师辖下旅长、团长、营长百余人在其授意下也联名为冯德麟请命，连辽西十六县的乡绅也被动员起来上书北京政府请求宽恕。张作霖积极地斡旋很快就起了作用，10月15日，法院判决冯德麟“参加复辟证据不足，因吸鸦片罪罚八百元”，随即释放。而此时的冯德麟再也没有了与张作霖一较短长的心气，他也知道自己再也没有领兵的机会了。1918年9月，在张作霖的运作下，段祺瑞任命冯德麟做了个“总统府高等顾问”的闲职。1920年，张作霖与徐世昌大总统协商后，任命冯德麟为“三陵承办盛京副都统兼金州副都统”，这是一个对张作霖没有威胁，颜面上有光彩，兜里还会有很多油水的差事。这个差事是“逊清小朝廷”的钦命，专管东陵、北陵、永陵的守护及所属土地，土地租税收入颇多，冯德麟由此开始在张作霖的照拂下经商。他在北镇不但成立了工厂，还创办了医院，后来他儿子冯庸建立冯庸大学的资金也是由此而来。冯德麟的夫人赵懿仁后来回忆说：“他脾气暴躁，性格刚烈，在野的八年中（1918–1926）给张作霖不少气受。张小个子绝无怨言……后来他也常念叨，小个子这人还是有良心的，是真心想弥补这辈子对我的亏欠！”1924年，冯德麟退职回北镇养老。1926年8月11日，他突发心脏病而死，时年58岁。张作霖安排人给他办了一场风风光光的丧事。4年之后的1928年，出生于1875年，比他小7岁的张作霖在“皇姑屯事件”中丧命，时年53岁。

展颜消宿怨，一笑泯恩仇。记载这段故事的档案资料依然还在，张作霖当初住的房子还在，大帅府还在，可是冯德麟那年在大帅府眉睫之内的办事处早已不在了，风雨坛也早已不在了。

五爱街

全国著名的五爱街位于沈阳市沈河区南部，西邻建院街，东邻小南街，北起文艺路，穿过文化路、文萃路，可达沈水路浑河北岸，也可经过五爱隧道直通浑河南岸。五爱街建于1955年，1957年确定现在的名字，与三好街、青年大街是一组关联地名，意为“祖国青年三好五爱”。

当年五爱街每天的车流量十分惊人，不仅仅因为它是南北通衢。五爱街北端赶上了青年公园的一小部分，南端紧靠着总占地面积242公顷的科普公园，中间和文化路交叉路口还有沈阳军区总医院和沈阳二中，每天都是熙熙攘攘车水马龙。沈阳二中是1949年，在张学良于1925年创立的同泽男中原址的基础上，合并多所省立、市立高中成立的，它是新中国第一批省立重点高中。

说到五爱街，不能不提的就是大名鼎鼎的五爱市场。它始建于1983年6月，因为原市场曾地处五爱街而得名。最开始马路市场只有二十几个商户，1989年在现址修建了新市场。再到后来，越来越多的高楼平地而起，市场也成立了集团，客流量、货流量、纳税额屡创新高，在2009年还成为东北首家“国家AAAA级购物旅游景区”。

五爱街的“五爱”二字来源于《中国人民政治协商会议共同纲领》第四十二条，它指的是当时规定中国全体公民必须共同遵循的“爱祖国、爱人民、爱劳动、爱科学、爱护公共财物”5种基本道德规范。1957年，由风雨坛街向南延伸出来不足两年的新建街路被命名为“五爱街”。其实，“五爱”之中的“爱”后来变过，1982年《中华人民共和国宪法》第二十四条的提法是“爱祖国、爱人民、爱劳动、爱科学、爱社会主义”，“爱”虽然变了，名字却一直没变。迄今为止，五爱街依然是全国唯一以此命名的街路。在20世纪50年代末的街路命名工作中，时代特征特别明显，放眼全国，不但五爱街独步天下，三好街也是举世无双。“三好”来自1954年开始在中国所有大、中、小学校里普遍推行的“三好学生”评选，具体含义是“思想品德好，学习好，身体好”。

五爱市场

青年大街

纵贯沈阳南北、两侧高楼林立的青年大街号称“金廊”，是沈阳市地理、政治、经济、文化上的中轴线。继续向北能跨过北站直通皇太极的昭陵，一直往南能奔向机场直达沈丹高速公路。如此重要的交通枢纽，在最初建设的时候只是一片荒芜。那时候青年大街北部是狭窄弯曲的小胡同和低矮的平房，南部是一片乱坟岗和臭水泡子，1946年被叫作“五里河子”。大西路到西滨河路这一段在1936年才开始有了一条土路，当时叫“永昌西胡同”。西滨河路到文化路这一段是在

1953年南运河建成以后才有的土道。1957年，这里打算建设南北干线，由于两侧附近设计有多所高等院校，青年荟萃，所以同年这里被命名为“青年大街”。后来虽然有不少院校搬迁，但这里依然充满活力。图书馆、展览馆、彩电塔、电视台，再加上青年公园、原来的市委市政府，还有数不清的高级酒店商场，青年大街是名副其实的景观路、示范路，沈阳的城市名片和窗口。

年轻的青年大街是随着时间的推移分段建设而成的，最早的一段只能追溯到1936年的永昌西胡同，也就是现在的青年大街大西路路口到青年大街西滨河路路口区间，恰好是现在沈阳地铁2号线“青年大街”站到“青年公园”站之间一站地的距离。

老沈阳人应该还有印象，位于青年大街市府大路路口西北角的原沈阳市人民政府办公楼，这栋和青年大街差不多年纪的大楼最开始是地上3层地下1层，由于空间不够，1996年在楼上又加盖了2层，变成地上5层地下1层。从1948年11月沈阳解放，一直到2015年11月2日搬迁至浑南区为止，这里被沈阳人叫了67年的“市政府”。此前的1945年到1948年间，这里也被国民党当作市政府，当时还搞过誓师大会。再往前的1937年12月，日本人把奉天公园东部的一块区域改建为伪满奉天市政公署大楼，也就是这栋楼的由来。它的建筑面积

伪满时期明信片上的奉天市政公署

足有15500平方米，天井形结构，褐色外墙砖罩面，是1937年冬到1945年夏伪满奉天的管理机关。它名为“奉天市政公署”，貌似日本人的手笔，实际上，它的前身可以追溯到张作霖一手建立的“奉天市政公所”。1929年4月2日，“奉天市”改称“沈阳市”，“奉天市政公所”改作“沈阳市政公所”。1931年9月20日，“沈阳市”又被改回了“奉天市”，日本关东军总司令本庄繁任命关东军参谋大佐兼奉天特务机关长土肥原贤二为奉天市伪市长，“沈阳市政公所”被更名为“奉天市政公署”。

曲晓范在其《近代东北城市的历史变迁》一书第五章“东北地方当局的城市近代化运动与区域城市变迁——以沈阳为中心”第三节“市政公所的建立及其市政近代化活动”中写道：“1923年5月3日，奉天市政公所筹备处成立。8月4日，正式成立奉天市政公所，市长（总办）由奉天电灯厂厂长曾有翼兼任，主要帮办职员由张作霖委任的5名‘苦心向学’的归国留学生担任。这一机构是近代东北城市建立的第一个市政领导机关，它的成立标志着区域城市化运动已进入到第三个层次（市政管理体制近代化）。”可惜沈阳的自主近代化历程没走出去多远就被日军的侵略给腰斩了。家园故土沦陷，沈阳又改回了奉天，大好河山沦为掠夺者枪口下予取予求的殖民地，一晃就是14年。

如果将脱胎自“沈阳市政公所”的“奉天市政公署”看作是张作霖时代时间上的延续，那么改建于“奉天公园”的“奉天市政公署大楼”就可以看作是徐世昌时代空间上的留存。对沈阳市区建设影响深远的徐世昌，给后人留下了很多遗产，包括设商埠、兴实业、办警政，规划北市场和南市场，在东塔设立农事试验场，开设林业公所、

从小西边门眺望奉天市政公署

机器造砖厂和发电厂，开办官银号，进行商业街规划，开始石铺马路，开办各类学堂以及新式学校，建立奉天图书馆，出版多种报刊等。这些“新政”之中有的开创了历史先河如今还健在，有的曾经风光一时现在却无影无踪，奉天公园就是“无影无踪派”的。清光绪三十三年，即公元1907年，清政府授徐世昌钦差大臣、东三省总督兼将军事务。同年，徐世昌开启了沈阳的官方公共园林建设，奉天公园由此诞生。虽然诞生于1906年的万泉公园是沈阳的第一座公园，但它是由民间士绅沈氏出资，在小河沿一带疏通河道，平整道路，种植花木，修筑水亭、茶榭和酒肆之后成为公园的，跟官方投入不同。1927年的《奉天省城市街全图》中写道：“在小西门外，面积3547方丈，东西长方形，四周围以短墙，在四个入口开建小亭一座。春夏之交，红衫短袖，联手摩肩，络绎不绝。雪亭在东，上覆芦草；西为鹿园，呦呦有声；南有小池，蓄鱼数百，池上有亭，曰澄心，可供游客小憩；其北翼然峙立据一园之胜者，揽辔亭也。”民国初年，金梁在他的《奉天古迹考》中新总结了“奉天八景”：凤楼晓日、星阁晴霞、北陵红叶、天柱神松、四平灯市、万泉莲舟、西园晚眺、东塔春耕。其中，“西园晚眺”的“西园”指的就是古城西侧小西边门外的这座奉天公园；“晚眺”说的是在傍晚的奉天公园看到的景色。当时没有青年大街，没有市府广场，公园周围一马平川，放眼远眺的确是美不胜收。这座园子其实不大，它长的那条边长度连500米都不到，可它面积虽小，气魄却不小，除了园中东南西北各有千秋之外，“揽辔亭”里的对联也非同一般。这副白底绿字的对联是徐世昌亲自撰写的：上联是“亭外山川如绘，问当代贤豪，几人经过”；下联是“地当欧亚之冲，揽岩疆形胜，注我怀来”。

当时的奉天公园大门两侧各写有4个大字，右边写着“奉天公园”，左边写着“随便游览”。也就是说，当时的奉天公园是免门票的。这座公园在维持了30年之后，在1937年被日本人改变了功能，东半部变成了奉天市政公署大楼，西半部继续作为公园，对游人开放，剩下来的这半边又存活了35年，于1972年被改建为沈阳宾馆。从此，这座奉天公园不复存在。而沈阳宾馆在2005年挪到了北陵东门，原来的这片区域变成了商业建筑，一点儿公园的影子都看不到了。

奉天公园旧影

当年奉天公园中奉天市政公署大楼在沈阳市政府2015年搬迁之后又变成了市民服务中心，在青年大街这条“金廊”上，这座历史悠久的建筑比任何一座金碧辉煌的所谓地标都更有意义。青年大街到处都流动着耀眼的光影，但唯有这个为全沈阳市民服务的地方，才配得上最亮的灯。

山东庙巷

沈阳市沈河区十三纬路上有一条巷子叫“山东庙巷”。在山东庙巷里，最初设立的却不是山东庙，而是山东会馆。晚清时期，山东人是闯关东大军的先锋队，当年盛京的丝房几乎都是山东人开的。在形成了一定的规模以后，他们组建了山东帮，设立了山东会馆，给那些初来乍到的山东人提供一些基本的生活帮助。这些山东人大多是渡海而来，由于在渡海过程中担心船只出现危险，于是和绝大多数沿海居民一样，他们信仰妈祖。久而久之，山东会馆旁边就建起了一座小庙，里面供奉着保佑山东人平安渡海的妈祖，因为这庙是山东人建的，所以人们就把它命名为“山东庙”。

可惜，这里现在只剩下一条山东庙巷，提醒人们曾经记录过那段闯关东的传奇，而山东庙早已湮没在了历史的尘埃中。

沈河区与和平区的分界线并不是部分人印象中的青年大街的一条

直线，实际上只有文艺路以南直到浑河北岸区间，青年大街才将二区泾渭分明地隔开，而文艺路以北一直到总站路区间，二区的分界线是南三经街和北三经街。在文艺路路北，青年大街与南三经街之间有一个下辖7个社区的街道叫“山东庙街道”；在历史沿革中该街道下曾有一个社区叫作“山东庙社区”；在十三纬路路南，南二经街与南一经街之间有一条小巷子叫“山东庙巷”：它们的名字都来自曾经立足于山东庙巷与十四纬路二经三小学之间的山东庙。

据说人们以前曾在二经三小学附近发现过属于山东庙的一座“记事碑”，上面记载了清咸丰二年，即公元1852年，盛京的“刑部”“礼部”查处的一桩僧人违法乱纪案件，这座碑大概可以确定山东庙的地理位置。当年的山东庙面积不小，前后有两层大殿，前殿供的是观音菩萨，后殿供的是天后娘娘，也就是海神娘娘，也叫妈祖。山门后面建有戏楼，东院有二十多间正房、厢房，用作山东会馆，为闯关东闯到奉天的山东同乡提供食宿帮助。按照当时的划分，山东庙的产权归山东会馆所有。那时在山东会馆正房房门的两侧，曾有蓬莱人赵晖吉题写的一副楹联：“山镇青齐奄有大东，会我同人于此假馆。”此联对仗工整，藏头露尾嵌有“山东会馆”四字，令人们印象深刻，传诵一时。

在中国近代史上有3次移民潮，分别是闯关东、走西口和下南洋，其中尤以闯关东规模巨大、人数众多、影响深远。章有义在《中国近代农业史资料》中称之为“可以算得是人类有史以来最大的人口移动之一”。

清入关得了天下以后，把关东融合各族而成的100万“满人”之中的90%迁入关内，包括编入汉军旗的汉人等，这一迁就把关东给迁空了，导致关东沃野千里，有土无人。于是，顺治年间清廷颁布了《辽东招民开垦例》，鼓励关内民众到东北垦荒种地。《盛京通志》记载，对于招民的头目，“招民开垦至百名者，文授知县武授守备”，百名以下者也授予相应官职；对招徕的移民按月给口粮、籽种和牲畜。不过这项“移民实边”的政策并没有实施多久就在康熙年间被叫停了，理由是怕进入清朝“龙兴之地”的关内汉人太多，损害旗人利益，破坏习俗秩序。当时不仅废止了招垦令，还推行了封禁政策，从局部封禁到全部封禁，从验关封海到驱逐流民，禁令一天比一天严。但再严格的禁令也禁不住关内百姓出关求生的欲望，大量晋冀鲁豫的穷苦百姓为了能跑到关外的白山黑水间垦荒种地活命，不惜冒着生命危险私越长城，穿过边墙，泛海偷渡。面对关内连年不断的自然灾害导致饿殍遍地，闯关东或许还有一线希望，关内没地没粮容易饿死，关东遍地沃野，只要勤劳肯定饿不死。据葛剑雄《简明中国移民史》的数据，仅康熙末年，山东到关外垦地者已多至十数万人。到乾隆四十一年，即公元1776年，大约有180万关内移民（包括后裔）来到辽河及吉林、黑龙江一带谋生。咸丰五年，即公元1855年黄河改道，殃及鲁、豫、直省，灾民逾700万人；从该年到1912年清朝覆灭的56年中，山东省仅因黄河决口成灾的就有52年，共决口263次；咸丰四年，即公元1854年直隶省连续5年遭受蝗灾；光绪元年，即公元1876年华北遭受连续四年的特大旱灾，受灾难民达2000万人以上，饿殍达1000万人以上。清亡之后的1912–1949年，闯关东的人数继续大幅度增加。其中自然灾害依然没有停歇，与此同时，华北等地沉重的赋税兵差，政治经济状况不断恶化，加之关内军阀混战，关外军阀提供优惠政策，导致越来越多的破产农民和灾民、难民不得不到政治经济状况相对较好的东北去逃荒、避难。据陈翰生在《难民的东北流亡》中统计的数据，1921年关内向东北移民仅为20.9万人，1926年增为56.7万人，以后移民数量猛增，1927年达到105万人、1928年为108.9万人、1929年为104.6万人、1930年为67.3万人。即从1921年至1930年的10年间共有近618万余人到东北谋生。这10年是奉系军阀的黄金10年，也是关内向东北移民的最高峰。在这些移民当中，山东人占比最高，河北人、河南人也不少，大体都是华北地区的农民。后来，重灾区河南省依靠发展起来的铁路，有相当数量的农民逃亡到东北。张善余在《中国人口地理》中记录，新中国成立前夕东北地区总人口约4000万人。而全国解放后，统计出通过闯关东留在东北的山东人达到700多万，约占当时东北总人口的17%。

从地理角度来看，沈阳供妈祖的山东庙为啥香火鼎盛？山东是一个沿海大省，有着沿太平洋3000多千米的海岸线。自古以来，山东人就习惯于航海。《史记 · 秦始皇本纪》记载："齐人徐福等上书，言海中有三神山，名曰蓬莱、方丈、瀛洲。"胶东半岛与辽东半岛之间的海上直线距离只有100多公里，所以胶东一带的农民闯关东大多是浮海北上，而从山东内陆地区走陆路到辽东半岛的百姓就需要经过山海关、辽西走廊，大约1000多公里的路程才能到达关东，鲁西、鲁南、鲁北的难民大多选择这样的出行方式，河北、河南更是如此，他们不可能绕路海上逃往辽东。相比而言，陆路交通比浮海北上要艰辛得多。

清中期以来，来到沈阳做生意的山东人最成气候的就是"黄县帮"，黄县的位置在蓬莱的西南侧。这个在《史记 · 秦始皇本纪》就叫"黄县"的地方现在叫"龙口"，与此地建于1914年的龙口港同名，与山东半岛最北端的蓬莱同属于烟台辖下的县级市。以黄县的地理位置来看，黄县人民要想闯关东，坐船是最合理的选择。当时从胶东的各个港口出发，最先到达的都是辽南地区，包括旅顺、金州、庄河、丹东等。直到现在，辽南地区的口音和胶东地区的口音依然相差无几，与北方的东北官话迥然不同。而沈阳自清代以来变得地位尊贵，身为陪都盛京，本身就有大量满人。在闯关东的大潮中，来到沈阳的关内百姓来源复杂，南腔北调，山东人即便占比很高，口音也只能被慢慢同化。但渡海而来继续北上来到沈阳的山东人，在信仰上并没有彻底同化，所以他们建造了山东庙，供起了妈祖：一来不忘来路艰辛，二来保佑亲族同乡往来平安。在闯关东的历史上，渡海而来的山东移民遭遇的海难不计其数，还有不少人因为风向的改变被吹到了朝鲜半岛和日本岛上。有的人运气好，睡一觉就到大连了，有的人晃来晃去两天才能抵达辽南，有的人漂了三五天终于上了岸发现对方说话根本听不懂，还有的人一直漂在海上再也没上过岸。

这种状况直到20世纪初才得到缓解，随着交通工具的迅速发展，京奉铁路的逐段建成，关内移民去往关东的陆路开始变得轻松起来，能买得起车票的移民可以坐火车走陆路由京奉铁路出关，再坐南满铁路等铁路线分散于东北各地。当时东北境内已有多条铁路支线实现联运，确保了这种移民线路的迅速与便捷，尽管那时候火车时速很慢，但还是大大提升了移民东北人群的速度和数量。据资料显示，1930年东北铁路总计6010公里，长度几乎占当时全国铁路总长的一半，居于全国前沿的东北铁路不仅服务于东北的政治经济和军事，也为百姓生活提供了便利，其中就包括闯关东的人们。

天坛二街

人们都知道北京有巍峨夺目的天坛和地坛，却很少有人知道沈阳也曾有天坛和地坛。公元1634年，皇太极征服漠南蒙古，大破察哈尔部，林丹汗败走青海途中病死，林丹汗福晋苏泰太后及其子额哲归降时献出元顺帝所持的玉玺，上面刻有“制诰之宝”四个汉字。皇太极欢喜异常，迫不及待地要祭祀天地，昭告天下自己才是当代最高统治者。次年在盛京建成了天坛和地坛，并在1636年改元崇德，改女真为“满洲”，在沈阳称帝，建国号“清”。

天坛位于当时的德胜门也就是大南门外5里，在现在的天坛二街上，形状与北京天坛相仿，只是没有北京天坛那么巍峨壮观。只有皇太极和顺治在这里完成了祭天的仪式。清入关以后，盛京的天坛已经失去了实际功能，虽有清兵把守，却渐渐荒芜，尽管在乾隆年间为了保持陪都建制曾经修葺过，却远远赶不上它荒芜的速度。直到20世纪初清灭亡，天坛彻底失去使用价值，附近百姓将天坛周围开发成了菜地。到新中国成立时，天坛旧址只剩下一个土堆。到现在，连影子都没有了。只有繁华的天坛一街、安静的天坛二街，默默地给人们留下了念想。

天坛二街所在位置现在划归了沈河区。在以前很长的一段时间里，万柳塘路南端以南区域，包括文化东路、富民街、大半文萃路在内，都属于东陵区，天坛二街也包含在内。也就是说，以前的天坛和南塔所在位置都属于东陵。当然，东陵的地盘不只于此，广袤的浑河南岸地区以及努尔哈赤的福陵周边大片土地都属于东陵。2014年，东陵区改成浑南区，很多政治区划都有了最新的调整，但仅仅是名字和所属变化了。

原来在天坛二街上沈阳的天坛早已消失不见。

天坛是皇太极从关内学来的，皇太极给他父亲努尔哈赤修的坟也是从关内学来的，其子孙后代继续学习，不断增补。努尔哈赤的那座坟就成了现在的东陵。东陵的大名叫“福陵”，是清太祖努尔哈赤和孝慈高皇后叶赫那拉氏的陵墓，位于沈阳市区东北部丘陵地带，距市区约18公里。福陵不是努尔哈赤死去的当年修的，它始建于后金天聪三年，即公元1629年，陵墓刚刚建成，皇太极就命人从辽阳把自己的母亲孝慈高皇后叶赫纳拉氏迁来与太祖合葬，同时迁继妃富察氏柩祔葬。初建的陵墓十分简陋，但皇太极给努尔哈赤安排的葬礼却是高标准、严要求，“以奉安太祖高皇帝梓宫，上率诸贝勒大臣，诣太祖梓宫前，行告祭礼，奠酒、举哀”，“上与诸贝勒亲奉太祖梓宫出殿，诸大臣奉安灵舆，列卤簿，奏乐”。此后，该陵派兵守护，由此成为禁地，不准闲杂人等到此樵采。天聪八年，即公元1634年，又循古代帝王陵墓规制，建寝殿，植松木，置石狮、石马等石像生。崇德元年，即公元1636年皇太极改元称帝后，以祈福意尊太祖山陵为福陵。顺治八年，即公元1651年，福陵陵区工程基本告竣。后经康熙、乾隆多次增建，终于形成完整的陵园建筑体系，面积达500余公

沈阳天坛遗迹

顷。康熙东巡祭祖的时候，他最著名的宠臣高士奇也伴驾而来，专门为东陵写了首诗：“回瞻苍霭合，俯瞰曲流通；地是排云上，天因列柱崇。”

清福陵

对于清朝来说，努尔哈赤是太祖，当初努尔哈赤看好沈阳，是因为它进可攻退可守，地势绝佳，八旗兵丁可以沿浑河从抚顺新宾顺流而下。如果明军来剿，可以迅速退入东部山区，不至于像辽阳那样容易被断了后路分割包围。这个思路在冷兵器时代和航运时代行得通。但是，当火车开进沈阳的时候，思路就得变了。19世纪末20世纪初的东清铁路、安奉铁路，前文已经说过，在原东陵区还有一条小铁路至关重要，那就是位于浑河南岸，将沈阳和抚顺紧密连接的“苏抚支线”。苏抚支线，又称“抚顺支线”，建于日俄战争时期，日本人建这条支线的目的就是为了把抚顺的矿产资源运出来供它使用。时至今日，这条铁路依然在运行之中，与浑河北岸的原奉海铁路齐头并进，交汇于抚顺城。目前，这些历史遗迹已经划进浑南新区。

关于沈阳最近400年的城建史，最重要的无非就是两个连锁反应：一个是努尔哈赤及其子孙的迁都、称帝再迁都；另一个就是庚子国难、日俄战争、铁路建成。东陵区留有不少这两个反应的遗迹，尽管它现在叫作“浑南区”。

日俄战争由于其正式显现出20世纪的政治与战争的数项特点，包括工业革命带来的技术创新，以及战争背后错综复杂的国际关系，而被人们称为“第零次世界大战”。这次战争对中国人民造成的伤害是极其巨大的，这次战争中的奉天会战对于奉天人民的伤害更是难以估量的。奉天会战中，日、俄双方共投入约60万兵力，大炮2300余门。其中，日军25万余人，伤亡近7万；俄军30余万人，伤亡近9万。在东陵区南边的苏家屯区沙河铺乡魏家楼子村，有两个石碑隔山相望：一个是“日俄奉天会战日军战绩碑”，另一个是“日俄奉天会战沙俄纪念碑”。

日俄奉天会战日军战绩碑

日俄奉天会战沙俄纪念碑

和平区

十一纬路

东接大西路、西连中华路的十一纬路，是横贯沈阳市和平区与沈河区的重要道路，地铁一号线也由此从地下通过。而现在车水马龙的十一纬路，原来只是奉天古城通往西郊的一条没有名字的便道。直到1911年，这里才开始现代化建设。据《奉天马路总图》记载，按照奉天商埠规划，打算扩建这条路斜着直通奉天城大西门，而当时的国际马路（和平大街），还架着铁丝网互不联通。由于商埠地和日本满铁株式会社各搞各的规划，导致后来和平大街拆铁丝网的时候，现在的十一纬路和中华路根本衔接不上，马路到这儿得拐个大弯，就成了现在的马路湾。原奉天商埠地道路，以东西为纬、南北为经命名，这条街本来叫“九纬路”，后来重新排序，这条路就被叫作“十一纬路”。

这条路上曾经各国商贾云集，留存至今的有两个重要建筑：一个是位于十一纬路10号的美国花旗银行奉天支行旧址，现在被用作饭馆；另一个是位于十一纬路100号的英国汇丰银行奉天支行旧址，现在仍是银行。

除了那两个留存至今的银行之外，十一纬路上还曾矗立过奉天商埠警察局，后被伪满改为朝日区警察局，现在是和平区政府；有过伪满时期的日本神社，现在是中共和平区委；还有地铁一号线南市场站A口对面，以前是伪满时期私人益发银行，现在是一家证券公司；它斜对面的绿地以前是吾真真照相馆、第一浴池、南市理发店等；花旗银行奉天支行东侧还有穆继多三姨太的宅子，现在是兴业银行；它对面是沈阳航空处，现在是辽宁出版集团；现在的鹿鸣春饭店还大概在原来的位置，但早已不是当年的鹿鸣春了。以上涵盖方方面面城市功能的建筑只是现在有据可查的，其余没有留下明确记载的更是数不胜数。据说当时在这条路上能看到各式各样具有异国情调的洋房别墅，有欧洲古典主义风格的，也有巴洛克风格的，造型美观，再加上路灯电线，整条路都弥漫着浓郁的现代化色彩，与中国古典建筑风格差异巨大，让人眼前一亮。甚至有人说不亚于上海黄浦江畔的十里洋场。《奉天通志》记载："近者省会开辟商埠，建筑宏丽，悉法欧西，于是广厦连云，高甍丽日，绵亘达数十里，栉比鳞次，顿易旧观。"十一纬路之所以如此繁华，实在是拜奉天商埠地所赐。

沈阳城区最初的形状是一个不太规整的圆形，里边是方形的城墙，外圈是夯土的边墙，再往外就是郊区。这种格局在19世纪末20世纪初被贪得无厌的沙俄打破，沙俄在城外修建了铁路，开发了附属地。直到1905年日俄战争沙俄战败，按照《朴茨茅斯和约》的约定，沙俄的权益被日本继承，铁路及其附属地落入日本人之手。贪欲与沙俄不相伯仲的日本继续通过胁迫、霸占、兼并、商租等手段扩大附属地面积，渐渐使其沦为完全排斥中国主权的带有殖民地性质的特殊地域。从此，铁路车站附近形成了一块规划严密、条理清晰的新城区，与东侧的老城区分庭抗礼。

西边初步建成的满铁附属地形同一块饼干，东边圆形的老城区倒像是一张没摊好的油饼，原则上"饼干"和"油饼"井水不犯河水，泾渭分明。但是二者之间存在着不可避免的交通问题，导致"饼干"还是那块"饼干"，"油饼"却不是那块"油饼"了。把二者之间的两条交通要道画上以后，"油饼"似乎变成了一个"鸟头"，两条路变成了"长喙"，一幅"鸟叼饼干图"就诞生了。这只"鸟"的"上喙"叫一纬路，后来被改名叫市府大路，它的东端就是小西边门外徐世昌建的"奉天公园"，奉天公园稍微偏西一点的位置就是后来的北市场；"下喙"叫十一纬路，东端与大西路相连，它的中间就是后来的"南市场"，西端与原千代田通，也就是后来的中华路相连，连接处被人们叫作"马路湾"。这两条路的南北两侧以及它们俩之间的中间区域大致组成了改变沈阳城市建设进程的奉天商埠地。

商埠地建成以后，“鸟头”与“饼干”合二为一，构成了现今沈河区与和平区的主体，随后才有了铁西区、大东区、皇姑区等。而对于和平区来说，它的主体其实就是“满铁附属地”和“奉天商埠地”。简单说就是以和平大街为分界，一块儿是被人抢了去为所欲为、无力染指的地方，另一块儿是为了抵御外侵主动开放面向英法美德日俄等多国的国际市场。被侵占的“满铁附属地”很长一段时间里是侵略者在经营，所耗人力、物力、矿产资源也都是由本地供给，此处不再赘述。而主动改革、开放市场的“奉天商埠地”遭遇到各种困难，对于沈阳城市建设和居民生活造成了巨大的影响。

“奉天商埠地”的历史要追溯到清末《辛丑条约》的余波。清光绪二十九年八月十八日，即公元1903年10月8日，美国在签订的《续议通商行船条约》中规定“奉天府、安东县二处地方由中国自行开埠通商”，同日，日本在签订的《续定通商行船条约》中规定“奉天及大东沟两处由中国人自行开埠通商”。不过，奉天开埠一事尚未来得及操作就因为日俄战争爆发而暂时搁置。日俄战争结束后，日本与沙俄签订了《朴茨茅斯和约》，随后又与清政府签订了《中日会议东三省事宜条约》，其中规定了包括凤凰城、辽阳、新民屯、铁岭、哈尔滨、齐齐哈尔、海拉尔、瑷珲、满洲里等在内的东北16处地方“自行开埠通商”。1906年6月1日，盛京将军赵尔巽宣布奉天正式对外开放，同月，安东、大东沟也相继开埠。试运行几个月后，东北其他各处也依照条约纷纷开放。虽然“奉天商埠地”与条约有不可割裂的联系，但不可否认的是，它属于自开口岸，它的主观意愿和主权与之前上海、广州那种约开口岸有着本质上的区别。第一，约开口岸是强制的，不容置疑，其间一切权力归列强所有，而“奉天商埠地”的面积、位置，税收的额度、优惠等全由清政府自己决定，主权也归清政府所有，这是在签约过程中不断谈判争取到的权益，列强无权干涉；第二，约开口岸被让渡的是“永租权”，只要列强不开口，清朝永远要不回，而“奉天商埠地”的出租地块一般都是收年租，租金还可以调整，清朝掌握调整权，虽然也有永租制，但大多以40年为期，期满后再斟酌办理。

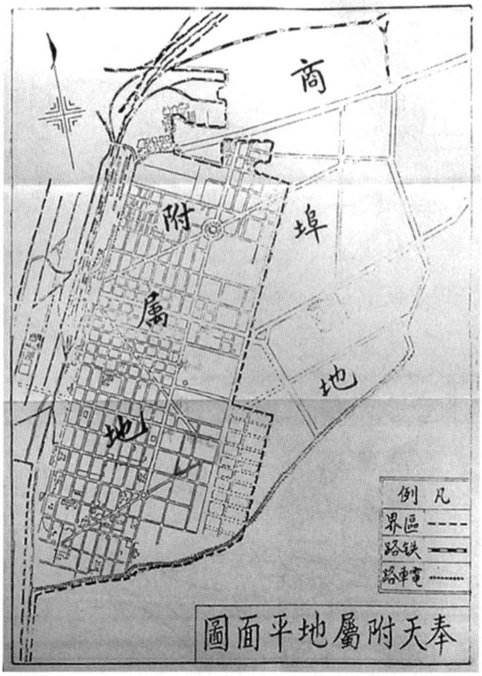

“满铁附属地”与“奉天商埠地”示意图

“奉天商埠地”的边界非常明显，起止各段都有标志，分为正界、副界、预备界。正界区域“在省城西郭外东至边墙，西至南满铁道附属地及铁道，南至大道，北至黄寺大道，面积约二十一方里三分之一”。其中“南至大道”的“大道”就是十一纬路。南方的副界区域由十一纬路向南，在今南市场一带。预备界区域由南市场再向南移，直至今砂山地区一带。北方的副界和预备界亦向北拓展。3种地界皆绘制成图，并附上说明书，首先照会日本和美国领事，再通知英、法、德、俄等国驻奉领事，分别得到上述国家领事的一一确认。一切谈妥以后，东三省总督徐世昌指示财政垫支，花五万两白银把商埠地内的民宅、土地全买了，后来按照商埠地内每年土地租金收入的六成逐年扣回。徐世昌拟定了《奉天各埠租地简章十六条》，用以简化租地手续，留出充足空间便宜从事，在短时间内使得“奉天商埠地”的硬件和软件都得以完善，各国领馆纷纷入驻。栽下梧桐树，引来金凤凰。本来就有心来赚钱的外商当然愿意到商埠地来做生意，以前在老城的一些外商也转战商埠地了。有一份统计说商埠地里一度有外国商店、洋行141户，日本人的占了三分之二，有103户，包括有畲公司、北合洋行、英美烟草公司、德士古洋行、亚细亚大油公司、松茂洋行、慎昌洋行、德茂洋行、协丰洋行、大安烟公司、三井洋行等，都是当时著名的外资企业。有洋行，就得有银行，除了日本的几大银行在“满铁附属地”以外，英、法、美等国的银行都建在了

"奉天商埠地"。以现存建筑为例，现在的市府大路165号是1917年建的法国汇理银行奉天支行旧址，它是建在上文提到那只鸟的"上喙"上，而英美的两大银行都是建在那只鸟的"下喙"，也就是现在的十一纬路上。

美国花旗银行奉天支行

英国汇丰银行奉天支行

设立于1928年的美国花旗银行奉天支行，是一座欧式风格的砖混结构建筑。除了服务于欧美洋行和商社外，主要开展与奉系军阀的军火贸易和军工器材购买款项的结算业务。九一八事变以后，该行受日本金融垄断势力排挤，经营状况越来越差，直到1935年6月倒闭。沈阳解放后，这里曾经被沈阳市木材公司用作办公、营业场所，2004年被沈阳市文物局列为沈阳市第一批70处不可移动文物之一。

英国汇丰银行早在1917年就在奉天开设了支行，当时是在大西路，也就是后来的十一纬路路南。1931年，英国人在路北设计建造了我们现在能看到的这座钢筋混凝土的建筑，当时附近百姓把它叫作"七节大楼"。它外有自动大门，内有发电机，是当时奉天最现代化的建筑之一，也是奉天最早使用电梯的建筑。日伪统治时期，该行除了一楼的营业厅外，其他空间都被日本的三井物产株式会社、商行和洋行所租用。1948年沈阳解放后，该建筑曾为辽宁警备司令部和市政府机关所在地，1987年以后由沈阳市外汇资金管理局和交通银行沈阳分行使用，2003年被列为省级文物保护单位。

光荣街

据1928年出版的《奉天省城市鱼鳞图》刊载，现在的沈阳市和平区光荣街当时定名为“南段七经路”，基本上荒芜一片，图上没有标注任何建筑物。

伪满时期，日本人将七经路改名为扬武街，据说是要在中国的土地上发扬其所谓的“武士道”精神的意思。1945年“八一五”光复，日本投降。1946年7月，当时的国民政府决定把日本侵略者定的街路名字都给改过来，以洗刷国耻。当时沈阳市第八警察分局马路湾警察派出所所长关晓光、十三纬路警察派出所所长周延荣参加了这项工作，在更改扬武街街名时，大家讨论了许久，最后他们商定把二人名字最后一个字连起来叫“光荣街”。他们认为打败日本，祖国光复就是光荣。从此以后，“扬武街”改名为“光荣街”，沿用至今。

始建于1928年的光荣街北起十一纬路、中华路与和平南大街交汇处，南至南五马路，全长1000余米，在1928年到1946年近二十年的时间里，这条街一直被叫作南七经路。自南向北走过光荣街后会发现，这条街上没有一座1928年以前的建筑。原因很简单，1928年以前光荣街附近还是一片荒地。其实，当时整个十一纬路以南基本都是未开发的城乡接合部，人烟稀少，何况建筑。比如说光荣街南端方型广场旁边的中国建筑东北设计研究院，看起来虽然古色古香，但它的建造时间是1952年；沿光荣街向北有历史悠久声名赫赫的回民中学，实际上该校是1942年马连良来奉天演出筹款之后才搬迁至此；再向北能看到的有一定年代感的建筑是在光荣街北端的中国人民解放军第202医院。不过，这座医院虽然1942年组建于安徽定远，却在1956年才从阜新搬迁到现址。真正能够与光荣街历史匹配，甚至比它还要早一点的地方，其实是202医院对面的光荣街10号——辽宁人民广播电台，也就是“奉天广播无线电台”旧址。

奉天放送局旧影

其实现存的这座日式建筑是1938年日伪建造的。它原来的位置是1927年底建成的一座九开间的平房，也就是张作霖时期的奉天广播无线电台。九一八事变后，日本关东军占领了奉天广播无线电台，随后将电台交给了日本奉天河登洋行经营，以“奉天放送局”的名义进行广播。1932年，“伪满洲国”成立。1933年，日伪在长春成立“满洲电话电信株式会社”，也就是当时人们常说的“满洲电电”，它是控制伪满洲国全境和关东州电话电讯、广播网络，经营电气通信业务的特殊会社，具有军事和政治功用。1938年，“满洲电电”将“奉天放送局”升格为“奉天中央放送局”，并于当年10月对“奉天中央放送局”进行了扩建。于是，之前奉系军阀建造的那座大平房被扒掉，原址建起了我们现在看到的这座建筑。

1948年沈阳解放，不论政局如何变迁，这座建筑一直被用于发挥广播电台的功用。直到2009年，前身是东北人民广播电台的辽宁人民广播电台依然在这里向全辽宁省播送节目，发送消息。2009年之后，辽宁人民广播电台整体搬入了旁边新建的高楼，随后又与辽宁电视台和辽宁教育电视台合并成为辽宁广播电视台。“辽宁人民广播电台”成为历史，这座建筑作为电台播出机构也退出了历史舞台。2013年，该建筑被列入沈阳市第四批文物保护单位；2014年10月成为辽宁省第九批省级文物保护单位。后来，它被辽宁省新闻出版局改造成了辽宁省广播电影电视博物馆。时至今日，曾经在这里工作过的辽宁电台老播音员、主持人们对这座他们称之为“播音馆”的建筑经历的风霜，极其有限的采光，直播间、录音间的闭塞，依然记忆犹新。它的外观虽然采用了琉璃屋顶、椽子、斗拱、塔楼等中国传统建筑元素，但它的构造其实是当时比较先进也比较少见的钢筋混凝土结构；它的建筑面积虽然有1000多平方米，但它的内部空间随着时代的发展呈现出越来越不够用的态势，尤其是电台的电视节目部崛起之后，电视节目对于演播室的空间诉求大增，当年的老记者、编导和摄像们当时最大的愿望就是能有足够的空间供他们大展拳脚。直到1999年文化路上的辽宁电视大厦建成，辽宁电视台迁出，这里的空间压力才有所缓解。

光荣街10号的这座建筑在几十年间几度易手，不断地经历改名、换姓、独立、吞并，从来不会停止的只有“变化”，正是这些“变化”推动了漫长的历史岁月。不过严格来说，在过去的这段近百年的岁月中，最值得人们思考的其实并不是侵略者留下的这栋一层带塔楼的建筑，而是他们曾经扒掉的那趟九开间的平房，那才是光荣街10号最值得记住的历史。

20世纪20年代是世界各地广播起步阶段的黄金时代，中国人自己操办的4家官办电台分别是哈尔滨广播无线电台、天津广播无线电台、北京广播无线电台和奉天广播无线电台，它们全都是以张作霖为首的奉系军阀组织建立并负责运作的。

1920年直皖战争爆发，张作霖进京调停坐收渔翁之利，他不但收走了段祺瑞的飞机，还把马可尼无线电公司卖给陆军部的200部无线电话机抢走大半。随后，张作霖在沈阳故宫东路的礼乐亭架设了第一台马可尼式无线收发电报机，建立了奉天无线电总台，后来又在沈阳故宫大政殿安设了可直接接收欧美各国电报的新收发机，并改名为世界电信处，使之成为当时国内第一个能够收发国际电报的地方。东北之所以能够领先全国建立24座军用无线电台和发达的东北无线电通讯网皆是由此而来，4座电台的大部分物质基础也是由此而来。4座电台的相关专业技术人才几乎都是北洋政府的“交通传习所”和奉系军阀自己的“东三省无线电专门学校”培养的，只有他们才有能力把野战电话机改装成广播发射机，自己装上话筒进行无线广播试验。

1922年华盛顿会议决议案公布以后，奉系军阀适逢其会，按照会议精神迅速接管了苏联在哈尔滨设立的军用无线电台。朱庆澜的爱将刘瀚将其改造为哈尔滨广播无线电台，1926年10月1日开始正式广播，功率100瓦，每天播音2小时；1927年5月15日，天津无线广播电台开始正式广播，功率500瓦，每天播音7小时；1927年9月1日，北京无线广播电台开始正式广播，功率20瓦，后增至100瓦。

奉天无线广播电台虽然在4座电台之中成立最晚，却是设备最全、影响最大的电台。1928年1月1日，奉天无线广播电台正式开始播音，呼号COMK，功率2000瓦，设备都是从法国订购的无线电广播发射机等最新式的装置器材，能够覆盖的收听范围得到了前所未有的扩大，2000瓦这么大的发射功率大概占到了当时全国电台总功率的一半。当时日本“关东州递信局”在大连开设的以文化侵略为目的的殖民广播功率也仅仅只有500瓦。甚至直到1928年7月，国民党在南京开办的国民党官办第一座广播电台“中国国民党中央执行委员会广播无线电台”，也就是后来的“中央广播电台”的发射功率也只有500瓦，播出时间为上午、下午各1小时，内容主要是演讲和新闻。而奉天无线广播电台每天间歇播音5小时，播送内容包括报告时刻、天气预报、商情、新闻、中外唱片、音乐、戏曲以及名人演讲等。在曹恩敷的主持策划之下，奉天无线广播电台进行了中国广播史和新闻史上的多次前所未有的尝试。1928年底，张学良就是通过奉天无线广播电台发表通电宣布了“东北易帜”。1929年曹恩敷邀请戈公振到奉天无线广播电台发表唤醒民众民族意识的演说的同时，还联络了全国其他多家电台进行同步转播。“中东路事件”以后，曹恩敷又组织了长达

1928年的奉天广播无线电台

一周的《中俄交涉消息》连续报道。此番报道不仅采取了全国各地互通消息进行“联播”的方式，更是别出心裁地使用了中、日、俄、英、法5种语言进行广播，播送次数多，覆盖范围大，创造了当时全国最高收听人数的记录，使全国人民在第一时间了解到了中苏之间签订《伯力协定》方方面面的进程和细节，成功进行了中国新闻史上十分重要的创造性探索。

东北的广播事业和新闻事业，在光荣街10号这个小小的院子里经历了短暂的辉煌之后迅速沦入敌手。1931年以后，东北所有的大好事业，包括军事设施、民用设施在内的一切，都被日本侵略者直接夺走，并加以利用。武器被他们拿起来进行军事侵略，电台被他们夺过去进行文化侵略，直到1945年“二战”结束为止。

八卦街

1919年，奉天商埠局工程科长何毅夫奉命在沈阳南市场设计了八卦街。据说，一是为了辟邪，寓意否极泰来；二是为了御敌，让人有进难出。八卦街以现在的云集广场为中心，一元生两仪，两仪生四象，四象生八卦，分出乾元路、艮永路、巽从路、坤后路、坎生路、震东路、离明路、兑金路8条路，又以温、良、恭、俭、让、刚、健、笃、实、辉、生、廉为系统分出十二里巷。别看地方不大，名字却十分复杂，而且让人有进难出。当年，这里不但是聚集着200家大小店铺、30家各国洋行的繁华商业区，而且还是妓院、烟馆鳞次栉比的黄赌毒聚集区，仅二等妓馆就有28家，其中以“花铃书馆”“潇湘书馆”“长乐书馆”等8家书馆最负盛名。这里的红人大多会被官僚拿钱赎身买去做妾，比如桂花书馆的红人王玉凤被时任奉天省长王永江的儿子花三千块买走，桃源书馆的红人崇金子被张学良手下李师长的儿子买走等。如今，书馆、红人早已不复存在，这里也发生了翻天覆地的变化。不过，八卦街的格局至今保存完好，虽然名字改成了云集西巷、云集东巷、云集南一巷等，但这里依然十分热闹，饭店、酒馆、旅社依然火爆。

南市场的八卦街在奉天商埠地开埠以前只是一片荒地，在政府强制迁入老城区里的妓院和烟馆之后，这里才变成纸醉金迷、声色犬马的城市中心。主持建设八卦街的奉天商埠局工程科长何毅夫曾在日本留学，所学专业是工程设计与建设等方向，但他只是按照上峰的意思执行具体工作。他要对他的上级奉天商埠局局长赵景琪负责，赵景琪要服从负责督建的奉天省长王永江指挥，还要吸取汤玉麟、吴俊升等长官的意见，最后还得等张作霖拍板。所谓“辟邪”就是讨个赚钱的口彩，期待这里的娱乐产业财源茂盛、日进斗金；所谓“御敌”就是男女征伐，希望男人们来这里多花钱多走动多停留。

八卦街八卦阵在八卦的方法论里设计得合情合理。八卦街的“生、休、开”三门全都在北侧的十一纬路上，十一纬路比八卦街东、西、南三个方向的街路要繁华得多，熙熙攘攘的客流几乎从北方而来，其中又以西北角的乾元路为甚。乾元路路口所在的位置是“开”门，路口有一座砖石砌成的高大牌楼，牌楼上方高悬“南市场”三个铸铁大字，位置就是现在的南市场地铁站A口西侧。这里一度人声鼎沸，让不少人沉

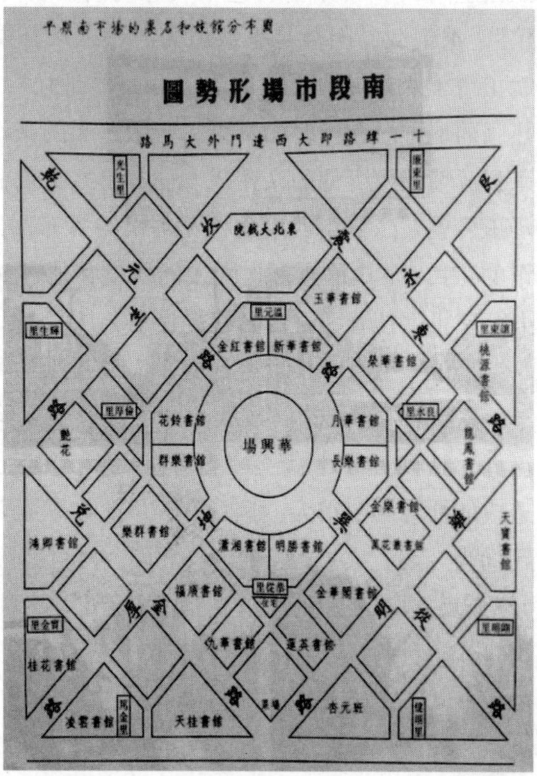

八卦街示意图

迷其中，挥金如土，个中佼佼者就是围着八卦街中心“华兴场”的“圈楼”。

“圈楼”是个俗称，其实就是用青砖灰瓦建成的弧形2层楼房，这些弧形本来可以组成一个圈，却被乾元路、艮永路、巽从路、坤后路从四个方向插入，把圈分成了4段，每一段弧里都有两座书馆。北侧是“金红书馆”和“新华书馆”，东侧是“月华书馆”和“长乐书馆”，西侧是“花铃书馆”和“群乐书馆”，南侧是“潇湘书馆”和“明胜书馆”。所谓书馆，其实就是级别较高的妓馆，据说是因为唐代著名青楼女子薛涛才比“校书郎”，江湖人送外号“薛校书”，李白还专门写过《赠薛校书》，王建也专门为她写下了《寄蜀中薛涛校书》，而青楼里的歌妓普遍比没有受过专业艺术训练的普通良家妇女更有才情和风情，吟诗作对、吹拉弹唱、巧笑嫣然，应付男人不在话下，所以后世有不少自诩富有艺术气息的高消费有偿陪侍场所都称为“书馆”。据记载，圈楼是李蓬山的产业，八卦街在刚开发的时候李蓬山就拍得了八卦街中心的这个“第20号地块”，把它运作成八卦街里最热闹的地方。在当时的奉天，一手遮天的张作霖固然不必到这种地方来释放情感，可他的亲密战友们却是八卦街僻静处的优质客户。比如汤玉麟就是八卦街西南角桂花书馆的常客；吴俊升则是东北角桃源书馆的VIP，尤其是他喜欢女人的程度和他喜欢马的程度难分高下，连办公室里都挂着“自古名将爱良马，从来美女属英雄”的条幅。

据说《盛京时报》曾经向上海的报纸学习先进经验，还在奉天搞过一次“花国大选”。报纸上印着选票引人购买，列出名单、照片和简介，让读者分才、色、情、艺投票，最后选出“三甲”。这次评选造成的社会影响很大，摘得“一甲头名状元”桂冠的车姓妓女得到的判词为“举止大方，姿态明秀，歌声悠扬，应酬不染俗气”。同时有4名妓女入围“三甲”的“青莲书馆”因此而门庭若市。才科、色科、情科、艺科各科“状元”各自都有奖品，每个人不仅有吹吹打打送来的上书“不读半部红楼梦，爱看一册玉梨魂”的奖牌，还有茶具、餐具以及丝绸、布料等奖品。关注比赛者人头攒动，成为当时奉天一大谈资。

南市场八卦街里的“书馆”是奉天城数一数二的销金窟，北市场里虽然也有高等级的“书馆”，但更多的是低等级的“娼寮”。以前北市场西侧的胡同两头各有一座牌楼，东头的牌楼上写着“秦楼楚馆”，西头的牌楼上写着“越女燕姬”，但一走进胡同就会看到那里面都是紧挨着的一栋栋大约6平方米的小房间。站在门口招揽生意的妓女年纪稍大、姿色平平，室内也仅有一张木床、一个茶几而已，往来的嫖客大多都是小经营者、手艺人、店员等。再低级的就是散布在南市场和北市场周边的各种“窑子”“暗娼”“游娼”“半掩门”和“租大炕”等，嫖客几乎都是三轮车夫、力工、矿工等体力劳动者。

娼寮旧影

据1949年的统计数据，当时沈阳共有在册的妓馆144家，妓女660人，3年之后的1952年，妓馆骤降到12家，但地下妓馆的数量猛增。据当时北市公安派出所统计，仅北市西区就有“租大炕”的炕头110余家。1952年10月12日，沈阳市人民政府宣布正式封闭妓馆。当晚，公安、妇联、民政各部门联动带着执法队来到南市场、北市场等地，封闭了永顺堂、吉乐堂、桂英堂等12家妓馆，逮捕业主30人，收容妓女57人、游娼48人，沈阳市从此进入了禁止卖淫嫖娼的新时代。而南市场的八卦街，自打建成以后格局从未改变，名字也从未改变。即便在1931年东北沦陷之后日本把这里改作“三番地”“五番地”，老百姓也从来不那么叫，大家依然称呼这里为“八卦街”。

现在的八卦街早已旧貌换新颜了，因为十一纬路和十二纬路之间这块7.7公顷的土地进行了改造，八卦街街区内融入民国元素，华兴场改成的云集广场也被改成了大罗盘，云集东一巷、云集北一巷等名称也改回了乾元路、坎生路等老名字，八卦街东北角的彩蝶园也建起了一座“八卦街福门”，正是在八卦的生门上。

三好街

三好街始建于1953年，最初没有名字。1954年，因为紧邻高校东北工学院、沈阳音乐学院和鲁迅美术学院文化区，鼓励奋发，所以这里被命名为“三好街”。

1988年，邓小平提出“科学技术是第一生产力”。受国家大气候的影响，由北京中关村首先带动发展起来一个趋向，“由科技向现实转化”，在科研院所、大学相对集中，同时还没开发的地方建立高新产业街。经过一段时间的筛选后，最终沈阳高新产业街落户三好街。当时三好街还是条很窄的街道，也就10米左右，两侧都是杂草，根本没有高科技的影子。三好街就是由此开始步入科技时代。同年，南湖科技开发区建设，1990年在住宅的基础上建立门市。按照当时国家给予的优惠政策，吸引企业到三好街发展。后来，三好街又在全国首先实施封闭式自行管理，减免企业费用，其硬件设施在全国名列前茅。

20多年过去，三好街已经高楼林立，人潮汹涌，成为辽沈乃至东北地区的电脑IT产品经销集散地。

三好街仿佛一直跟“三”结缘，西滨河路到南二环路区间近2500米的距离是三好街，它的南端是三好桥，北端是南三经街和北三经街。十一纬路以北的北三经街始建于1920年，原名三经路；十一纬路以南的南三经街始建于1924年，原名为南三经路。1957年二者合并为三经街，1989年又再度分开至今。它们是和平区与沈河区之间的分界线，南三经街以南的分界线则拐到了青年大街上。完全属于和平区的三好街最引人注目的“三”是3所著名的高校：东北大学、鲁迅美术学院和沈阳音乐学院。

这里的东北大学在三好街诞生的时候叫“东北工学院”，跟民国时期的综合性高等学府“东北大学”不是一回事儿。“东北大学”成立于1923年，地址在北陵的南边，现在的北陵大街45号，也就是辽宁省政府所在地。在1931年九一八事变之前，这所大学被投以重金的张氏父子搞成了全国著名的一流大学，优厚的薪金待遇、优越的办学条件、主政者的鼎力支持以及远离关内军阀混战的相对安稳的社会环境，使得东北大学一度名师荟萃。梁启超专门写信给儿子梁思成说“东北为势最顺”，安排他与林徽因来到沈阳任教，才有了梁林二人与其宾夕法尼亚大学校友共同创立中国第一个建筑学系的故事。鼎盛时期的东北大学有理、工、文、法、农、教育6个学院共24个系、8个专修科，有300名教授和3000名学生，章士钊、梁漱溟、张伯苓、罗文干、萧公权、黄侃、吴贯因、冯祖荀、刘仙洲、刘半农、于右任等著名学者都曾经受聘于东北大学，英、法、美等国的专家学者也纷纷进驻东北大学进行讲学和交流。除学术成就之外，东北大学还创造了体育界的多项第一，培养了刘长春等优秀运动员。九一八事变后，东北大学师生被迫流亡关内，在北平、开封、西安、四川三台等地辗转。二战结束以后，东北大学被陆续拆分，东北大学的医学院并入了中国医科大学；东北大学的农学院改建成了后来的沈阳农业大学；东北大学的文、理、商学院搬去长春，组建了东北师范大学；东北大学的建筑系、土木系西迁西安，组建了现在的西安建筑科技大学；而东北大学的工学院和部分理学院留在沈阳，组建了沈阳工学院，地址在原奉天工业大学旧址，也就是后来沈阳工业大学北院和沈阳第一制药厂的位置。1950年，沈阳工学院又与抚顺矿专、鞍山工专在当时还叫长沼湖的南湖附近合并而成为东北工业大学，又很快更名为东北工学院。直到1993年，复名为“东北大学”。在此期间“东北工学院”存在了43年之久。东北工学院之所以选址“南湖”有三个原因：一是因为东北工学院成分复杂，并非东北大学本身，想回到北陵附近20世纪20年代的老校园并没有法理上充分的支持，况且东北大学经历

东北大学旧影

了关内多年的辗转流徙，老校址早已被挪作他用，想要把东北工学院迁回东大原址已经是一个不可能完成的任务；二是铁西的原奉天工业大学旧址被夹在一众工厂之间，实在没有发展的空间；三是时任院长靳树梁和副院长汪之力目光长远，选中了南湖旁边这块距离市区很近的菜地和荒地。当时这里只有王家庄、郎家岗子、广兴寺3个村子，总面积大约有近200万平方米，对于当时的办学理念来说这个面积有点大，但正是由于这里有充足的面积，才使得1950年的规划一直用到现在依然不过时。东北工学院于1950年10月破土动工，1952年9月建筑学馆、冶金学馆、机电学馆和采矿学馆，以及学生寝室、教工宿舍等建筑基本竣工。也就是说，当东北工学院已经在一片荒地上从无到有，建设得有规模时，三好街还没出现呢。

另外两所高校比东北工学院要稍晚些，都是1953年跟三好街一起兴建的。这两所高校系出同门，都是延安的鲁迅艺术学院分枝散叶的结果。鲁迅艺术学院成立于1938年，1940年后更名为“鲁迅艺术文学院”。1946年“鲁艺”迁到了佳木斯，1948年鲁艺在沈阳复校。1953年，鲁艺的戏剧部被取消，美术部另起炉灶建立东北美术专科学校，音乐部则改为东北音乐专科学校。两所学校一个在北，一个在南，连通了三好街的文脉。1958年，东北美术专科学校吞并了沈阳师范学院的艺术部分后改名为鲁迅美术学院。同年，东北音乐专科学校更名为沈阳音乐学院。不少人对于沈阳音乐学院的了解仅限于它的毕业生们近年来在各大唱歌选秀类节目中大放异彩，其实沈阳音乐学院一直是音乐家的摇篮。东北音专建校时的校长李劫夫是著名的作曲家，中国现代第一位专业声乐教育家、第一位合唱女指挥家、第一位女作曲家周淑安以及古筝演奏家赵玉斋、古琴演奏家顾梅羹等各位名家纷纷受邀来到东北音专任教。东北音专时期的学生中有作曲家谷建芬，她在沈阳读书的时候正是三好街兴建之时，她应该算是三好街以及沈阳音乐学院一路走来的见证人。

鲁迅美术学院除了培养出了大量的画家外，还培养了毕业于鲁美摄影系的著名纪录片导演——王兵。他在鲁美读书的时候，鲁美北部靠近南运河的那个艺术家出入的地方还不是房地产开发商的目标，三好街北端靠近河边的这片区域还充满着具有想象力的艺术气息。

不论是沈阳音乐学院音乐厅里的音乐之美，还是鲁迅美术学院美术馆里的美术之美，抑或是去东软、买电脑，都值得更多的人来到三好街去欣赏去体会。

十纬路

原奉天商埠地的道路按数字排列为规律，东西为纬，南北为经，“十纬路”的名字由此得来。商埠地里不缺商号，同样不缺的就是公馆。而十纬路上能保存到今天的最大牌的公馆就是十纬路26号的汤玉麟公馆，而斜对面三经街上那个新中国成立后换过主人、当过法院、后来被弄成饭店的汤公馆，在规模上要逊色许多。这两处公馆都因为九一八事变被迫停工，都是由日伪接续而成。十纬路部分成了他们的博物馆，三经街部分成了关东军独立守备队司令部，所以汤玉麟并没有在这儿住过。只有十纬路26号汤玉麟公馆东侧俗称小姐楼的两座小楼被使用过，据说是汤玉麟的女儿居住，实际上是汤玉麟在沈阳的常住地。其实按照当时奉系将领建宅的一般规律，他们的公馆一般都建在奉天砖城外、土城内的关厢地带，并且当时大多是传统的四合院。而汤玉麟的公馆却建在商埠地内十纬路上，这位没有受过任何西方文化熏陶的军人竟喜欢浓郁的欧式风情。

新中国成立后，这里依然是博物馆，后来博物馆搬到市府广场的新址，2006年9月这里划归沈阳市政协使用。而这座沧桑的建筑和蔽日的植物也使得十纬路这个路口形成繁华闹市中的一丝幽静。

汤玉麟

张作霖的拜把兄弟里能写大字又会打手枪的大有人在。马龙潭、吴俊升、冯德麟、汤玉麟、张景惠、孙烈臣、张作霖、张作相八兄弟中，唯独老四汤玉麟受生计所迫，从小放牛、放羊、赶车、扛活，书从来没有正经读过，但他的书法却颇见功力。他最有名的书法作品就是现在丹东凤凰山上的摩崖石刻。

石头上刻得明白，当时是民国十四年秋月，也就是公元1925年郭松龄起兵反奉之前，汤玉麟在第二次直奉战争之后升任十一师师长，兼任东边道镇守使，驻军热河朝阳、北票一带。但是，早在1921年直皖战争之后他就因为侦查情报有功升任第十一混成旅旅长，兼任东边道镇守使，驻扎在凤凰城。1922年第一次直奉战争以后他又因为对张作霖护驾有功而改任第七混成旅旅长，继续兼任东边道镇守使。

汤玉麟的确背叛过张作霖。1916年军警之争，汤玉麟因为部下不严而与张作霖全力支持的王永江发生冲突，一气之下带兵出走新民，与二十八师师长冯德麟结成联盟。1917年他与冯德麟甚至联合发表反张通电要求张作霖下野，后来又因为与冯德麟一起支持张勋参与复辟而一败涂地。但是他们在啸聚山林时代，汤玉麟两次从金寿山枪底下救过张作霖的命。据汤玉麟的女儿汤若兰回忆，他还救过张学良的生母赵夫人和大姐张首芳的命。不过，张作霖不该在郭松龄兵变平息之

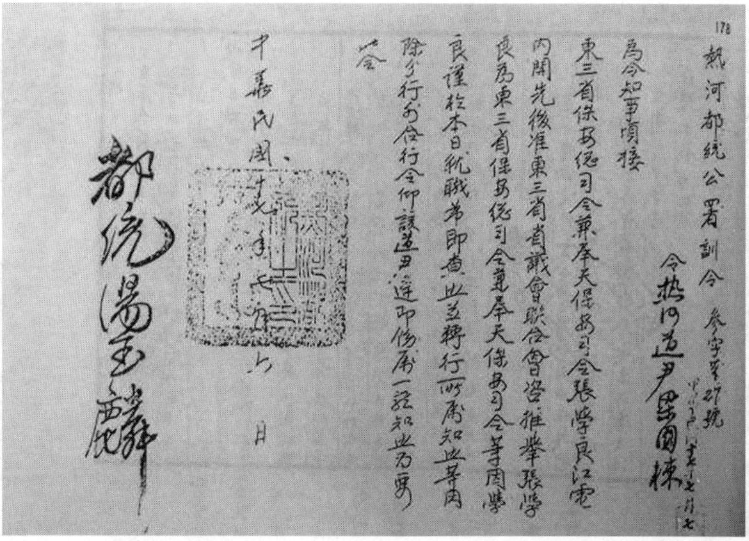

熱河都統公署訓令 叁字第27號

令熱河道尹

為令知事前接

東三省保安總司令兼奉天保安司令張學良江電

內開先後准東三省省議會聯合會咨推舉張學

良為東三省保安總司令兼奉天保安司令等因學

良謹於本日就職等由即希查照並轉行所屬知照等因

除分行外合行令仰該道尹遵即轉飭所屬一體知照此

令

中華民國十七年七月 日

都統湯玉麟

热河都统汤玉麟签名

后的1926年让汤玉麟做了热河都统，从那时起，“热河失守”的祸根就已经埋下了。

1928年6月4日张作霖死后，再也没有能降服得了汤玉麟的人。张作霖死后刚过一个月，7月19日，汤玉麟就干出了率先响应号召通电宣布热河省易帜服从国民政府、奉行三民主义的奇葩事。国民政府任命汤玉麟为热河省保安司令，张学良那边还开会研究到底易不易帜呢，虽说促进祖国统一是分内之事，可是身为下属，这个事办得也太不分内外了。“东北易帜”以后，汤玉麟又被国民政府任命为热河省省长、国民党热河省党部常委兼第三十六师师长，甚至当选为国民政府首都建设委员会委员。张学良只能请汤玉麟出任东北政务委员会副主席。一时间汤玉麟几乎成了热河的土皇帝，在热河横征暴敛、任人唯亲。他在民国十八年即公元1929年，竟然已经开始征收民国三十年即公元1941年的地亩税。当时有人送了一块“天高三尺”的匾额给他，意思是说他把热河的地皮刮掉了三尺。

1934年5月中央军委会礼聘汤玉麟为军委会北平军分会高级顾问。半年后，他在一片反对声中被迫辞职回到天津豪宅做起了“寓公”。关于汤玉麟的晚年，汤若兰在她的回忆录《张学良将军和我父

汤玉麟在热河，前排左起：张学良、宋子文、汤玉麟、孙殿英

亲汤玉麟》中有如此记载：“我父亲一直居住天津，七七事变后日本多次要我父亲出任伪职，他坚决拒绝。东北军政人员未随军南下的大部分都聚集居住天津。张学良的亲弟弟张学铭以及张大帅几位如夫人卢氏、许氏、寿氏、马氏等都是我家的座上客，常在我家打牌和议事。寿夫人开办的寿丰面粉公司多年一直供给我家面粉多到1000多袋。我父亲要付款，寿夫人拒绝不要钱，说大帅和你是兄弟，我这面粉厂的本钱是大帅的，我怎么能收你的钱。1948年12月天津解放，1949年2月我父亲去世，解放后周恩来总理照顾我父亲，特批示给房屋一所。”生于1871年的汤玉麟在天津度过了自己人生最平淡的15年后，离开了这个世界，终年78岁。

辽宁省博物馆珍藏着不少辽代庆陵中的“哀册”。辽代庆陵的哀册是汉白玉的，上有汉字和契丹文字，是后世研究辽代历史的绝世珍宝。这些哀册共有几十吨重。1930年，汤玉麟之子汤佐荣带兵炸开林西县庆陵地宫大门，用滚杠把这些重器从地宫里搬出来后，又大费周章地运到了奉天十纬路的汤公馆。1931年九一八事变之后，汤公馆被征用，改造成了伪“国立博物馆”；1939年又改为伪“国立中央博物馆奉天分馆”；1946年又改为“国立沈阳博物馆”，后改称“古物馆”。

1948年4月，国民党南京政府教育部成立了“东北文物迁运保管委员会”，将“古物馆”所藏大批珍贵文物分批运往北京。由于辽代庆陵众多哀册体量过重，不便运输，于是便被列入“缓迁之列”，侥幸留存于汤公馆。1949年7月7日，由汤公馆改造而来的“东北博物馆”作为新中国第一座博物馆正式开馆，1959年又改为“辽宁省博物馆”，直到2004年搬到市府广场附近，2015年又搬到了浑南，汤公馆划归沈阳市政协使用。辽宁省博物馆在不断搬迁，哀册也跟着辗转，但汤公馆还是保留着以前的样子，看起来仿佛和它1930年初建的时候一样。

伪奉天国立博物馆正门右侧

1935年5月30日，《盛京时报》以“昔军阀淫巢，今文化瑰宝——国立博物馆开幕在即”为题进行了专门报道。1938年满铁出版的《满洲商工年鉴·奉天》中写道：“国立博物馆”位于三经街十纬路，是一座拥有广阔庭院，极尽奢美的白色3层楼，原为号称“热河鸦片王”的东北军猛将汤玉麟的私邸。博物馆主要陈列品为周汉时代的铜器、天下稀有的缂丝刺绣、辽宋金时代的陶瓷器、宋元以来的名家书画、北魏以后的墓志、契丹文字。另外还保存着热河行宫中密藏的世界珍宝3500件。就这样，汤玉麟十纬路的公馆被日本人用作博物馆，三经街的公馆直接被日本关东军用作独立守备队司令部。1945年抗战胜利后，东北局先在张氏帅府办公了28天，后来彭真指示把办公地点搬到三经街汤公馆。从1945年10月16日到1946年2月16日，东北局在此工作了4个月的时间。新中国成立后，时任东北局书记高岗曾在这里生活和工作，后来此处又改成了沈阳市中级人民法院办公楼，一直到2000年市中法院迁走。再后来，三经街汤公馆被改成饭店。当年的院墙和大门已经被拆了，人们现在能看到能摸到，甚至能坐到里面的那栋建筑只是三经街汤公馆的主楼而已。这栋以前专门用来居住的3层楼房和张氏帅府的大青楼在建筑风格和内部构造上有异曲同工之妙，据说当年这里的40多个房间彼此相通，设计十分考究。

三经街以十一纬路为界，南侧是南三经街，北侧是北三经街，北三经街刚越过十一纬路就是其与十纬路交叉的这一片汤玉麟的地盘。汤公馆的南侧是英国汇丰银行，不远处是南市场，北边是张作相的公馆和张寿懿的公馆。

八纬路

沈阳市和平区八纬路是一条并不算长并不热闹，甚至并不显眼的三级马路，但是这里曾经以公馆云集而名震奉天，这里住过的人物，也曾经左右过奉天的命运。八纬路14号张寿懿公馆的主人，就是这样的人物之一。

人称寿夫人的张寿懿是清末黑龙江将军、抗俄将领寿山的女儿，有容貌有文化有风情。1917年，才20岁的她在毕业典礼上发言之时，被台下43岁的奉天督军兼省长张作霖爱上并娶回家里，成为最受宠爱的五夫人。由于其精明干练，颇有胆识，她受到张作霖的高度信任，长期在帅府治理家政。1928年张作霖被炸身亡后，为稳定政局，寿夫人与东北政要们决定“秘不发丧”，在日本总领事太太来到帅府“造访”之时，她盛装招待，泰然自若，毫无悲戚之相，甚至还让副官开了香槟来庆祝大帅逃过大难，成功制造了张作霖没死的假象，避免了日军趁机挑起战端，也为张学良返回奉天主持大局赢得了宝贵时间。这么一位不让须眉的女子，不仅对外胆识过人，对内也宽容大度。依偎在张寿懿公馆旁边的马岳清公馆的主人，就是寿夫人体谅张作霖的心思，以贴身丫鬟名义娶进帅府的，这二位夫人也享受着张作霖仅有的在帅府之外给夫人建造公馆的宠爱。这两座公馆，给八纬路平添了些许脂粉的妩媚之气。

张寿懿

张作霖与学森、学浚

张作霖生命中的最后10年是他的权势处于巅峰的10年，也是与知书达礼的贤内助张寿懿一起共度的10年，也是张寿懿最青春最得宠最得势的10年。她为张作霖生下了8个儿子当中的后4个：张学森、张学浚、张学英、张学铨。她在帅府内宅之中是仅次于张作霖的“二把手”。她外交有道，对内宽厚，无论是张作霖生前还是张作霖死后，世人对她的好评一直没有间断过。如果说之前的好评也许是看张作霖的面子，那么之后的好评则是张寿懿做出来的。1898年出生的张寿懿在张作霖被炸死之时刚满30岁，此后她一直为夫守节，终身没有再嫁。九一八事变后，张寿懿与张家一家老小避难天津。张学良沦为阶下囚之后，以前仰仗张学良给生活费的各房都没有生活来源。她开公司开工厂张罗生计，一直到1948年底，她带着除了学铨之外的三个儿子去了台湾，1966年在台北病逝。

这位聪颖贤惠的寿夫人虽说是五姨太，但是名义上叫的却是五夫人或者寿夫人，这跟张作霖的宠爱不无关系，毕竟，当时这种以娘家姓为准的叫法是较为罕见的，连带着其他的几位夫人也都在张寿懿过门以后改了称呼，变成了卢夫人、戴夫人、许夫人。寿夫人的娘家姓名义上姓寿，实际上她又不姓寿。她虽是寿山的女儿，在家里却没有地位。她的母亲王氏因为在寿山的堂会唱戏而被寿山娶来做了姨太太。她3岁那年寿山战死，她的母亲受不了歧视就带着她从黑龙江回了奉天，所以她后来就改名叫王雅君。她的母亲王氏很不一般，出身于海城中医世家，又在将军府里过惯了锦衣玉食的生活。她带着女儿来到只有三进四合院的大帅府以后，帮着大帅府提升了一个档次，对下人们也加强了管理。她不但在生活品质上驾轻就熟，在突遭巨变之时还临危不乱。据任启寰《张作霖被炸见闻》记述：张作霖去世时，寿夫人当场悲痛得号啕大哭，母亲王氏马上劝止说："这是什么时候，不要因小节，坏大事!"于是寿夫人才止住悲痛，开始准备后事。张寿懿的父亲寿山本名袁寿山，是明末兵部尚书、蓟辽督师袁崇焕的八世孙，张寿懿有一个同父异母的哥哥，叫袁庆恩，是张作霖诸多夫人兄弟之中唯一在军政界有权有势者。除张寿懿之外的其他几位夫人出身都极普通，兄弟也大多为没读过书的草根，而袁庆恩不一样，他在袁世凯时代因为他父亲的福荫袭了"骑都尉兼一云骑尉"的爵位，但官职还是驻地为齐齐哈尔嫩江桥的团长。后来吴俊升做黑龙江督军的时候干脆把张作霖的这位大舅子提拔成了少将旅长。东北保安委员会成立的时候袁庆恩来到了奉天，在17位委员之中他的排位比老上级、时任黑龙江督军万福麟还靠前，但他始终没有因为这层裙带关系而飞扬跋扈，后来也没有因为日军的诱降而投敌。她与袁庆恩在九一八事变以后失去了联系，跟齐齐哈尔的袁氏家族也就没有了什么瓜葛。八纬路的这座公馆也跟她没有了瓜葛。

八纬路14号虽说是张寿懿公馆，但张寿懿基本上没怎么住过，沈阳解放以后这里一直归沈阳市物资局使用，后来叫沈阳市物资集团，2004年被列入沈阳市第一批不可移动文物。旁边的八纬路16号是张作相公馆，跟旁边的张寿懿公馆一样，都是1917年盖的。张作相的另一处公馆在八纬路16号的南侧，顺着北五经街和八纬路的交叉路口向南走，右手边就是，那里的牌子写得很清楚：中国民主同盟辽宁省委员会和辽宁省台湾同胞联谊会所。生于1881年，比张作霖小6岁的张作相，是张作霖跟马龙潭、汤玉麟等人拜把子的八兄弟当中最小的老八，两人是真正的异姓兄弟。张作相自始至终对张作霖忠心耿耿，从1901年慕名到八角台投奔张作霖开始就从未动摇过，哪怕是

1916年汤玉麟要求撤换王永江的时候他支持过汤玉麟，但当他发现汤玉麟要反张作霖的时候立刻调转枪口与张作霖站在一起。这可能也是张作霖信任他，让他把公馆建在张寿懿公馆旁边的原因之一。张作相曾经几次婉拒提拔，在张作霖升任东三省巡阅使之后长期担任二十七师师长、东北讲武堂堂长、奉天警备司令、东三省巡阅使署总参谋长等职务，放弃黑龙江督军以及热河都统等晋升机会。直到1924年孙烈臣病故，他才接任吉林督军，成为封疆大吏。他在吉林待了7年，为吉林人民“保境安民”，深受百姓拥戴。主政期间他积极整顿财政税收，澄清吏治，打击匪患，力行禁烟，不但兴建了吉林第一座自来水厂，修整了吉林到海龙的吉海铁路和吉林的第一条柏油马路，还创办了吉林最早的大学——吉林省立大学，也就是后来吉林大学的前身，开吉林高等教育之先河。1925年，郭松龄反奉失败，张作相力排众议坚决反对将郭军部将全部处死，为奉军保存了大批骨干力量。1928年“皇姑屯事件”后，东三省议会联合会公推张作相为东三省保安总司令，由奉天省议会议长等人将公推书和印信送至张作相公馆，但张作相坚辞不就，并退回公推书和印信，极力推举年仅27岁的张学良子继父业，自己则继续做他的“辅帅”，心甘情愿为张学良保驾护航。热河抗战失败后，张学良下野，张作相也辞职退出了军政两界，寓居天津。西安事变后，他曾经为营救张学良多方奔走。抗日战争期间，他一再拒绝伪满洲国和华北伪政权的诱降，日军恼羞成怒，竟将其父的坟墓炸毁。抗战胜利后，张作相出任东北政务委员会副主任委员。1948年9月锦州解放，张作相在锦州家中被俘，林彪特意派人把他护送回天津家中。张作相回家后，蒋介石派人催他飞去台

张作相

湾，张作相不为所动。1949年3月，张作相因病去世，终年68岁。张作相在张作霖的这些把兄弟当中名声算是最好的，待人谦和，为人宽厚，没有明显不良嗜好，主政一方能够造福百姓，面对利诱还能够保守气节，这都是比较难得的闪光点。

天津、吉林、奉天、锦州，在张作相的几个常驻地当中，奉天的两座公馆虽然不是他居住时间最长的地方，却是他人生中最重要的飞黄腾达之处和甘为人下的让贤之所。其他地方的张作相旧居有的在马路边，有的在宾馆院里，有的直接就撂在杂草之间，它们都更容易被世人所了解，而留在沈阳的这两座建筑，要么陷在深宅大院里受视野所限不易观察，要么身处绿树掩映之中受要求所限不便拍摄，民间摄影爱好者和历史爱好者常常遗憾于无法获得一张全景照片。

张作相次子张廷枢的公馆就在张作相公馆东侧百余米的位置，从八纬路16号附近顺着八纬路东行，第二个路口就是北四经街，北四经街与八纬路交叉路口的东北角就是北四经街7号的126中学。学校院里的图书馆就是被列入沈阳市第三批文物保护单位的张廷枢公馆。

八纬路附近的这一片公馆区住着的几乎都是张氏父子极为重视和信任的人物。以现存建筑的故主为例，张寿懿、张作相就不用赘述了，张廷枢是张学良最亲近的发小之一，也是张学良麾下装备最精良的独立112师中将师长。而张学良最信任的部下于学忠也住在八纬路附近。于学忠公馆的具体位置是北五经街17号，就在八纬路16号的东侧，正好在张作相和张廷枢父子之间。于学忠的父亲于文孚与张作霖、米振标等同为宋庆部下，于学忠从吴佩孚处带兵投奔张作霖时与张学良一见如故。1933年热河抗战之后和1936年西安事变之后，张学良两次把东北军交给于学忠指挥，这可不是一般的信任。抗日战争期间，于学忠先后任第三集团军（后改为第五集团军）总司令、鲁苏战区总司

于学忠

令，率部参加过台儿庄战役和武汉会战，是一位著名的抗战将领。他的公馆建于1928年，新中国成立后归沈阳市司法局使用，现在归一个律师事务所使用。

同泽俱乐部旧影

八纬路附近有这么多公馆，住着这么多位朋友，在七纬路上建一所朋友们欢聚的俱乐部就不足为奇了。于学忠公馆的北侧。张廷枢公馆的西北方，就是20世纪30年代初全沈阳最有名的娱乐场所——同泽俱乐部。同泽俱乐部始建于1929年，第一任俱乐部主任是吕正操，当时有资格出入这里的几乎都是奉军的高级军官以及奉系军阀中的权贵政要及其相关陪同人员。据资料记载，张学良和赵一荻当年经常在这里吃饭跳舞。

二纬路

日俄战争以后，清政府受列强所迫，不得不在奉天开辟商埠地，建立了经纬体系的街路。多年以后，很多街路的名字都已经改变甚至消失了，比如一纬路就已经扩充成了市府大路。按照数字排列，从市府大路往南排的二纬路，现在横跨和平、沈河两区，它西起北市一街，东至青年大街，是商埠地历史的重要见证。属于和平区的这段二纬路是八一公园的北侧边界。八一公园本来是菜园子，后被美英法三国领事馆占用，沈阳解放后被辟为公园，因修建施工时解放军官兵协助共建，因此定名为“八一公园”。这里现在依然非常有名。属于沈河区的这段二纬路上，有一处著名的建筑湮没在北一经小学对面的民宅当中，它就是当年的奉天海关大楼。《沈阳海关志》记载：“宣统元

奉天海关大楼旧影

年6月，奉天税务司在奉天省城小西边门外通商场内北二纬路南胡同以每亩特别银75两的租价，永租上等基地13.3亩，建造红砖平房和砖木结构2层楼各一栋，作为奉天关办公场所和税务司官舍。新中国成立后，该处被地方接收，改作民宅，有一栋房屋已被拆除。”奉天海关初建的时候，商埠地还是一片荒凉，建成以后，列强发现在盛京老城外依然可以大展拳脚，所以紧随其后，纷纷在附近的三纬路、三经街附近设立领馆。可以说，它引领了当时充满殖民色彩的商业贸易。2013年，奉天海关大楼旧址被列为沈阳市文物保护单位。

奉天的这些含有“经”“纬”的街路都带有非常明显的商埠地烙印，这些烙印有的印在脸上，有的印在腿上，二纬路的烙印则直接印在了心上。据徐世昌《东三省政略》中记载，“奉天商埠地”有正界、副界和预备界之分。预备界是为了遏制“满铁附属地”继续扩张而对“满铁附属地”布置下的包围圈，尽管这个包围圈实际上并没围住。南市场属于副界，北市场属于北正界。在商埠地初建之时，以上各处都是不入流的地段，南市场、北市场尚未诞生。而八纬路和十纬路上的大批公馆虽说是在正界之内，但它们的建造时间尚且在两处市场之后，在张作霖得势之前此地尊贵与否可想而知。只有二纬路附近区域，可以称得上是整个“奉天商埠地”寸土寸金的黄金地段。商埠地的核心是正界，正界的核心就是二纬路周边，自日俄战争以后奉天开埠开始，一直到二战结束以后沈阳光复为止。其他地段虽说也充斥着大型外资银行和洋行、公司等，但就是难以与二纬路抗衡，因为除奉天海关大楼之外，当时几乎所有的外国领馆也都在这里，谁又能不看“洋大人”的脸色过活？

日俄战争之后的1906年是奉天城门彻底打开的一年，清政府在奉天省城开办海关，奉天被辟为国际商埠地，外国人可以在沈阳自由经商。这一年也是列强争相在奉天建领事馆的一年，相继有日本、美国、英国、德国、俄国、法国等国先后在奉天省城设立领事馆。

日本驻奉天总领事馆旧影

日本驻奉天总领事馆设立于清光绪三十二年，即公元1906年6月，设立之初馆址为原小西边门里左宝贵将军住宅。1911年现沈河区北三经街9号新址开工，1912年8月竣工，新址占地面积3万余平方米，建筑面积1万余平方米。1928年到1932年林久治郎担任日本驻奉天总领事时居住于此，二战结束以后宋美龄和李宗仁来沈阳时也居住于此。此处后来被改作苏联驻沈阳总领事馆，20世纪60年代又交由沈阳市政府交际处使用，1985年为沈阳迎宾馆并沿用至今。这也是当年的使馆区之中唯一保存完好，现在依然具有使用功能的建筑群，就是二纬路与三经街交叉路口的东南角的一大片区域。

美国驻奉天总领事馆设立于清光绪三十二年，即公元1906年2月，办公地点先后分为两处：一处在徐世昌的奉天公园北侧，原依公祠所在地；另一处就是日本总领事馆的西侧，现二纬路南侧、八一

美国驻奉天总领事馆旧影

法国驻奉天总领事馆旧址

公园东部，两馆在三经街两侧隔街相望。

英国驻奉天总领事馆设立于清光绪三十二年，即公元1906年11月，地址在美国总领事馆西侧，现二纬路南侧、八一公园西部，1958年该馆撤走。

法国驻奉天总领事馆设立于中华民国五年，即公元1916年5月，地址位于英美两国总领事馆的中间，现二纬路南侧、八一公园中南部。该馆与英国总领事馆同一年撤走。人虽然走了，但是法国人的建筑带不走。在八一公园的南侧、三纬路与八经街丁字路口稍微向南一点就是八经街10号，那里以前有一座法国驻奉天总领事馆，2003年该楼被列为沈阳市不可移动文物。

德国驻奉天总领事馆设立于清光绪三十三年，即公元1907年，它的办公地也先后有两处：一处在现在二纬路与三经街交叉路口的西北角，现已不存；另一处在现在的北二经街19号，该处旧址是20世纪20年代德国设计师设计建造的西式建筑，至今保存完好，被列为沈阳市不可移动文物，现为原沈阳军区政治部幼儿园。

德国驻奉天总领事馆旧址

在各国使领馆之中年纪最长的是俄国驻奉天领事馆，它的设立早于日俄战争，更早于苏联成立。庚子事变之后的1901年，俄国就已经在奉天建立了领事馆，地址在现沈阳迎宾馆东侧，有《1901年至1917年期间俄国驻奉天领事馆给俄国外交部的报告》可供查证。

俄国驻奉天领事馆旧影

当年的这些使领馆有的撤有的搬，原来的使馆区腾出来建了“八一公园”，新的使馆区挪到了不远处的十四纬路。

市府大路

1906年12月，在沈阳的几个外国财团要求在城内修建马车铁道路线。1907年，中日合办马车铁道有限公司。在位于老道口的原奉天旧站——小西边门之间铺设铁轨，供双马拉车行驶。1910年奉天驿落成后，全长5公里的马车铁道风靡一时，有马车29辆、马200匹，每天往返160次，日均客运量达7000多人次，这是沈阳最早出现的公共交通工具。随着城市的发展，沈阳又先后出现了有轨电车、公共汽车。1922年签约到期，马车铁道由于弊端日显便逐步停止了运营。到1925年8月，所有轨道均已拆除，路面恢复原状，马车铁道在沈阳消失了。日伪时期，这条路的名字曾经被多次更改。不同的路段分别被称作“十间房大街”“西马道”“电车大道”等。1945年日本投降后，国民党当局把这条路叫作“上海大街”。1957年6月，沈阳市政府正式将这条路定名为“市府大路”。今天现代化的市府大路，早已不见了当年马车铁道的沧桑，但它依然是连通沈河、和平两区的东西主干道。

在奉天商埠地设立之前，奉天老城和满铁附属地之间最早的交通干道是从小西边门向正西方延伸，一直到南满铁路上的谋克敦小站（现老道口南侧）为止的一条土道。奉天商埠地设立之后，这条土路被铺上了块石，中间又铺上了铁轨，它开始被叫作“马车铁道”，也叫作“一纬路”，是最早连通老城与满铁附属地和奉天商埠地之间的东西向干道，承载了城区之间的主要交通功能。而当时十一纬路尚未形成，其他街路更是没影儿的事，后来即便是商埠地交通发展日趋完善，一纬路的区位优势依然十分明显。1910年，谋克敦小站南侧新建的奉天驿落成以后，从老城去满铁附属地的奉天驿坐火车，依然走一纬路最为方便快捷，从东端小西边门到西端铁路大街老道口，一路畅通无阻，到了老道口，顺着铁路走铁路大街，奔西南方向很快就能抵达奉天驿，坐上火车了。随着时间的推移、交通工具的演变，以上街路的名称都改了头换了面，铁路大街改作胜利大街，一纬路也最终改作现在我们熟知的市府大路。

繁忙的交通，必定会带动经济的发展和市场的繁荣，当年的一纬路两侧商馆林立，机构庞杂，现在的市府大路上依然留存了少许当年的痕迹。市府大路165号是法国汇理银行奉天支行旧址，这座始建于1924年的3层砖混法式建筑屹立至今，见证了警务的嬗变与发展。法国汇理银行于1875年在法国注册成立，1917年在奉天设立了支行，1924年搬入现旧址办公。1931年九一八事变后法国汇理银行奉天支行被日军强行关闭，后被征用为伪满警察署，此后该建筑一直被用作警察办公地点，跟着政权更迭，不断经历了警务制度的改革。1948年11月2日以后此处归北市区公安局使用，后改为沈阳市公

当年的马车铁道

安局刑事警察支队，2004年被列入沈阳市第一批不可移动文物。

法国汇理银行奉天支行旧址

市府大路157号是奉天邮务管理局旧址，自从1927年开建起，其邮电通信的功能就没变过，以前管理的是有信封信纸的往来书信，现在书信少了，它的功能就变成管理移动通信、短信、微信等。这座既有高耸塔楼又有两翼侧楼的欧洲古典式建筑虽然是荷兰人设计的，但却实打实地为中国人服务。当时选择这个紧邻北市场的位置也是为了巨大的客流量着想。据《辽宁省邮电志》记载，奉天邮务管理局搬入此地开始办公的日子恰是1928年6月4日，正是张作霖在皇姑屯被炸的那一天。随后，奉天邮务管理局在“东北易帜”后改为辽宁邮务管理局，在九一八事变发生之后，它成为全城唯一一个没有撤出而继续工作的公共机构，因为当时辽宁邮务管理局的邮务长是一位叫巴立地的意大利人，他是意大利驻沈阳总领事，继续组织职员进行邮政工作直到伪满洲国成立。此后，这里落入敌手，又被改回了“奉天邮政管理局”。1948年11月2日以后，此地成立了沈阳特别市邮政局，后改称辽宁省邮电管理局，现由辽宁联通公司使用，2004年被列入沈阳市第一批不可移动文物。

以上两处老建筑，都是20世纪20年代建成的。当年一纬路上还有1908年进入奉天的英美烟草公司，工厂厂址就在现在北市家园处，那是最早进入奉天的外资企业之一，还有西塔旁边的奉天警务署和俄国墓地，墓地斜对面的日军步兵营舍，以及当初命名为十间房大街的拓荒者的十间房，那里最早只有一些修建附近庙宇的工匠居住。除此之外还有信托公司、交涉局、师范学校和奉天公园等，要想把所有这些地方一览无余，乘坐马车铁道是最佳选择。

公元1882年之前，东京已经有了这种以马为畜力在轨道上运行的城市公共交通系统，但这套系统仅仅运行到明治三十六年，即公元1903年，即被更加先进的有轨电车取而代之，拆下来的轨道器材以及已经生产出的相关设施在当时的东京已经成为垃圾而无处安放，日本人开始想办法把它卖到中国。清光绪三十二年，即公元1906年末，日本大仓组等8个财团通过日本驻奉天总领事馆向奉天府提交照会，要求按日本商法开办马车铁道株式会社，遭到奉天府当局及社会各界的拒绝。次年，盛京将军赵尔巽采取折中办法，主持制定了“中日商办沈阳马车铁道股份有限公司条规”，随后中日双方制定了“管理马车铁道章程”，约定奉天马车铁道由中日双方共同经营15年，日本财团将在东京弃用的马车铁道设施作为投资运到奉天。清光绪三十三年十二月一日，即公元1908年1月4日，马车铁道经过一年的筹建、施工，由火车站至小西边门的第一区首先建成通车。不久后，由小西边门至小西门的第二区也建成通车，全程营业线路4.03公里。当时有马车27辆、马73匹。随着乘客人数的增加以及出行需求的扩大，马车和马匹的数量也同步增长，营业额直线上升，中日商办沈阳马车铁道股份有限公司赚了个盆满钵满。当时的普通百姓对于这笔钱的支出还

奉天马铁通

奉天驿前大通

算接受，因为对于他们来说，以前出门基本靠走。有钱有势的官宦、富商可以乘马车或人力车代步，如果要出城远行，还可以乘坐有铁皮雨棚的四轮马车、三轮脚踏车等，那种马车一般只能搭载两三个人，而且价格昂贵，普通百姓根本无法承担。但是铁道马车的价格相对低廉，车厢较为宽大，两侧有座椅，中间有把手，最多可以同时容纳40名或坐或立的乘客。

当年风靡欧美的铁道马车

马车铁道的风光并没有持续多久，在其他交通工具不断增长的速度与运载能力加大之下，1918年前后它开始走下坡路，加之铁道马车车身庞大，数马并驾阻碍交通，在马路中间终日践踏，使地势低洼不平、积水难行，引来了人们越来越多的质疑。1921年，奉天警察局长王家勋提出因“马车铁道有害而无一利”“修不胜修、禁不胜禁”而请求废除马车铁道。1922年，15年合约到期，马车铁道便逐步停止营业，铺设的轨道及相关设施陆续拆除。到1925年8月，马车铁道在奉天彻底消失。83年之后的2008年，马车铁道在沈阳棋盘山关东影视城重建，此次重建距离当初马车铁道在沈阳首次出现的时间恰好过去了100年。

在“五千年未有之大变局”中，铁路一直是变局中举足轻重的道具，甚至于促成辛亥革命成功的间接原因“保路运动”也是由于盛宣怀张罗铁路国有而导致的蝴蝶效应。在这场变局中，奉天的马车铁道只不过是并没有走在时代前列的一个附属品，但它却是中国近代化进程中艰难前行的缩影。

北市一街

沈阳市和平区北市一街始建于1921年，与张作霖开辟北市场同年，按照当时的规划叫作“十八经路”。它北起皇寺路，南至北九马路，沿街商铺林立，买卖生意兴隆，由于靠近北市场，早在20世纪二三十年代就成为人群汇聚饮食娱乐之地。北市一街自北向南有许多名头响亮的地方，比如著名的大观茶园。这块发扬了沈阳评剧——奉天落子的福地曾经汇集京剧、评剧、大鼓书、相声、皮影、电影等艺术形式，是当时奉天的高级文化娱乐场所。1954年这里更名为辽宁评剧场，1980年定名为辽宁青年剧场。后来的老北市花鱼古玩市场早年有7家饭店，非常好吃，有春发祥的水煎包、海东源的烧饼、四合盛的炒菜、吉顺祥的昔菜等。当时有顺口溜说道：“7家饭店一字排，各家风味不一般。问君要进哪家店，不如都进才心安。”这条街上还有一条永宜里，曾是远近闻名的烟花柳巷，几十家妓馆林立，直到1952年这个行当才在这里彻底销声匿迹。在北市一街和市府大路的十字路口有建于1927年的奉天邮电管理局旧址，这座由荷兰人设计建造的L形欧式建筑以其绿色宝顶钟楼成为标志性风景。这条熙熙攘攘的老街在1957年定名为“北市场街”，1966年“破四旧”之时被改作“立新街”，1981年恢复原名，1989年改为“北市一街”。

奉天商埠地的正界是一纬路到十一纬路之间，南市场在十一纬路以南，属于副界，北市场在一纬路以北，属于北正界。由于北边的这个地块比南边的建得晚，所以当地的街路排号也比较靠后。南边的十一纬路之后还有十二纬路、十三纬路、十四纬路和十五纬路，它们一直延续至今未作改变；再往后的西十四纬路、西十五纬路、西十六纬路在1989年依次被改作了四平街（跟中街的老名字没关系）、辽源路和吉林路；再往西塔那边还有图们路、珲春一路、敦化二路，这些都是以吉林的城市来命名的；再往北还有以黑龙江的城市命名的大庆路、安达路、哈尔滨路等等。而唯有北市场附近地区大部分路名都是以辽宁的城市命名的，如丹东路、营口东路和营口西路、盘锦路、抚顺路等。由于之前的西十七纬路到西二十三纬路当时一直都是规划，所以它们被排到了二十四纬路、二十五纬路、二十六纬路和二十七纬路。相比于路名的排序，街名的数目还算靠前，北市场地区最重要的两条街分别是北市一街和北市二街，它们当时被分配到的序号是十八经路和十九经路。1920年春天，张作霖在商埠地正界北端画了一个方，就是十八经路、十九经路和二十六纬路以及一纬路之间区域，也就是现在的北市一街、北市二街与盘锦路以及市府大路围起来的那部分地区，即北市场。不过当时一纬路北边的这片地大部分都是坟地，不但有中国坟地，附近还有外国坟地。西塔方向就有一大片俄国墓地，里面埋的都是日俄战争里死掉的俄国人。当时这些地方都属于城外的荒地，而人们普遍认同的传统土葬对于土地面积消耗甚大，所以大批荒地被用来埋人也算正常，南市场周边地区最初也是大片的坟地。要想在坟地上把商业做起来可不是易事，如何才能有效利用资源优化营商环境招商引资，开辟新市场在外资夹缝中求生存呢？现代人的回答有一个固定套路叫作："栽下梧桐树，引来金凤凰。"当年奉天行政公署也是这个套路，只不过他们没栽树，而是从大西关挪了一棵大树过来。

辛亥革命时期被张作霖派人刺杀的革命党人张榕，被打死的当晚就是应袁金铠之邀在奉天大西关平康里德义楼与张作霖一起吃饭，饭后出门不远即被开枪打死，此事在张作霖给赵尔巽的呈文中写得很清楚。张作霖的"鸿门宴"之所以选在了平康里，是因为平康里是一个充斥着大量饭馆、妓院的鱼龙混杂的红灯区，张榕的"新相知"所在的翡红馆就在这里。平康里的大体位置就在现在的沈阳市红十字会医院南侧，也就是当年同善堂的南侧。平康里是

当年平康里客房入口处

地名，同时又兼具指代功能，全国各地都有。那时候如果某一城市某一区域被命名为平康里，那就意味着这里到处都是偿陪侍场所。这个惯例来源于唐代，据《开元天宝遗事》（卷二）载："长安有平康坊者，妓女所居之地，京都侠少，萃集于此。……时人谓此坊为风流薮泽。"也就是说，平康坊是中国第一个红灯区。赵尔巽做东三省总督的时候，对奉天城的平康里进行过一次产业结构调整，低等的娼寮被清理整顿，兼并重组成中等妓院，在修大西门外道路的时候特意把平康里的胡同进行了修缮，建成了喧嚣一时的平康里五条街，虽说没有北京八大胡同那般声势，在东北地区也算是首屈一指。没想到十几年后，北市场兴建的时候，平康里被张作霖以城区改造为名连窝端了。

为"开通地面，繁富街市"，奉天行政公署在北市场大兴土木，新建了不少房子，在一片片新建的房屋之间有两条新建的胡同格外显眼，一个叫"平康里"，一个叫"宜春里"。胡同里的"管理团队"和"业务精英"都是从大西关平康里平行移过来的，"秦楼楚馆"和"越女燕姬"的牌楼也竖起来了，北市场也就愈发繁荣昌盛了。有一部分妓院进行了供给结构优化，升级为更雅致更昂贵的高级书馆，去南市场落了户，其他的中等妓院连同火车站附近、老城九门里的妓院一同涌入了北市场。至于说为什么这么分配，目前还没有定论，但是有心人可以发现，南市场普遍消费水平偏高，而北市场相对价格低廉，二者之间存在着目标客户的巨大差异。北市场的东边有英美烟草公司，

当年平康里的歌妓

那里有大量的产业工人；南边不远有领事馆区域后身的亚细亚火油公司，还有1919年日本亚细亚烟草株式会社成立的大安烟草公司（后改为沈阳卷烟厂）；北市场的西北角是二十七纬路，也就是现在的抚顺路，那里有1921年王永江创办的奉天纺纱厂（原址已被拆，现有复制品替代）；东北角还有1922年张惠霖在皇寺后身创办的惠临火柴公司（后来迁移到杏林街南端），旁边还有1927年开始动工建设的奉天总站。20世纪20年代是北市场的黄金时代，周围的这些工厂、车站为北市场提供了大量的客流，而客流中的中坚力量就是附近积聚而来的广大劳动人民，为人打工为人服务的贩夫走卒们赚得有限，消费的空间也有限，所以北市场大部分妓院的价格自然就高不到哪里去了。到30年代初的时候，北市场的妓院已有150余家，妓女过千人，其中包括部分日本妓院、白俄妓院和朝鲜妓院。据说到了40年代的鼎盛时期，奉天的妓女数量突破3000人，而当时整个城市的人口才不过50万而已。1952年10月，这些带着受害妓女苦痛的旧社会糟粕被沈阳公安全部取缔，从此“妓女”这个职业以及九华堂、永顺堂、吉乐堂、桂英堂等“妓院”在沈阳成了历史。

当时人们在北市场的另一大消费就是听戏，奉天最火的演出场所，也是最早的剧场之一——大观茶园就在北市场，现在的北市一街20号。在评剧的发展历史上，大观茶园绝对可以算是浓墨重彩的一笔，它的地位比正阳街的大舞台要高。

评剧的前身是“莲花落”，在不同的发展阶段中名称也各有不同，有“蹦蹦戏”“落子戏”“平腔梆子戏”“唐山落子”“奉天落子”“平戏”“评戏”等。1910年左右，“唐山落子”在关内发源地因“有伤大雅”和“伤风败俗”常被当局禁演，被迫

大观茶园旧影

向关外发展，金菊花等艺人就把“落子戏”带到了关外。1919年，成兆才的警世戏社到关外演出，正赶上奉天发大水，奉天周边的灾民纷纷涌向城内，张作霖专门派人到哈尔滨把警世戏社接到奉天做赈灾演出，时间长达一个月之久，“落子戏”算是名正言顺地在奉天落了脚。当时警世戏社的名角儿男旦月明珠深受观众喜爱，观众甚至达到如痴如狂的地步，其中就有张作霖五夫人的亲妈王氏。有她的支持，月明珠的风头在奉天一度无人能敌。让人意想不到的是，他在1922年二进奉天演出时积劳成疾，病死于悦来客栈，年仅24岁；另一位名角儿金开芳，她在《杨三姐告状》里面饰演杨三姐，后来长期在沈阳担任评剧院以及戏曲学校等教学和领导工作，1988年病逝于沈阳。大观茶园作为当年奉天最大的专营落子园，很多名角在这里演出过。以上二位来过，接李金顺班的“奉天落子”的代表人物筱桂花也来过，《盛京时报》称之为“现在国内评剧界最负盛名者仍推坤伶筱桂花，该伶因生就之铁嗓，做派细腻，舞台之经验亦为老练……”还有芙蓉花、花云舫、花小仙、李筱霞等都来过。20世纪50年代，花淑兰在大观茶园演出《风筝误》，连演二十多天，场场爆满。韩少云、筱俊亭来演出时也是观者如云，后来被列为全国非物质文化遗产项目的“韩”“花”“筱”三大流派齐聚大观茶园，使大观茶园一度成为沈阳评剧的代名词。1929年《盛京时报》上曾经写过大观茶园的收益：“每日可获三百余元，每月可获近万元。”当时300块钱大概能买10亩地，大观茶园的火爆程度可想而知。大观茶园于1920年建成，1926年组建复盛剧社，1932年成立大观评戏班底，1948年东北文协评剧组接管大观茶园，改为唐山评戏院，1951年改为东北评戏院，1960年改为辽宁青年剧场。它在不停地变化，跟着它变化的还有它的受欢迎程度，现在基本上已经没有了。现在已无法感受大观茶园当年的辉煌了，包括北市场里的另外两大剧场——中央大戏院（沈阳大戏院）和共益大舞台（北市剧场）。

北市场有三大剧场，也有三大电影院：株式会社奉天剧场（俗称奉天座）、保安电影院、云阁电影院，异常繁荣的电影市场促使民国时期的奉天成为继天津、上海之后全国第三个上映有声电影的城市。

在影院之外还有四大商场：北市、共和、民生和中原（北市百货大楼）；八大丝房：大顺永、鸿增祥、大德祥、天兴源、义丰长、东生祥、鸿兴隆和瑞林祥；九大茶社：祥云阁茶社（马三立来奉被坑演出地）、涌泉茶社（李庆溪西河大鼓《大隋唐》演出地）、四海升平茶社（张香亭评书《呼家将》演出地）、同和茶社（张香亭《杨家将》与李庆溪《双镖记》夫妻二人演出地）、会文茶社（“沈阳相声大会”演出地）、玉明茶社、六合茶社、会宾楼茶社和黄家茶馆。至于聚宾楼、新味斋、四兴隆、三合威、登瀛泉、第一泉、汇海泉等餐饮洗浴服务行业更是不胜枚举，再加上数目繁多的寺庙、教堂、当铺、药铺、理发馆、照相馆、烟馆、金店、服装店、钟表店、大小客栈等，使得北市场这块汇聚了五行八作、三教九流的“杂巴地”在20世纪20年代到50年代成为关外最著名的商业“CBD”，可与当时的北京天桥、天津劝业场、南京夫子庙、上海城隍庙相媲美。这里每天都热闹非凡，摔跤的、打拳的、卖药的、点痣的、算命的、占卦的、看手相的、拉洋片的、练杂耍的、变魔术的（以韩敬文为杰出代表，北市场曾经有韩敬文胡同）、跑马戏的、演西洋景的，打把式卖艺的，还有卖各种各样点心小吃的（绝非烤冷面、手抓饼之流，而是棉花糖、红白沾、洋羹糖、小鱼糖、豌豆黄等），可以说是什么热闹都有。南来北往的人们都往这儿奔，仿佛没来过这儿就没来过奉天似的，本地的就更甭提了，隔一阵儿不去听个戏或者干点儿什么总觉得空落落的。当时有句顺口溜说：“一根文明棍提着，两撇洋胡抿着，三炮台烟抽着，四季衣服换着，五族共和语说着，六亲不认的眼镜戴着，七天放假歇着，八圈麻将打着，九门平康逛着，实在没钱憋着。”就这样，各地的人们都迷恋着北市场，大家熙熙攘攘地往这里

株式会社奉天剧场

奔，各取所需，把偌大一个北市场挤得高朋满座宾客如云，车如流水马如龙。

其实，直到21世纪最初的10年间，作颂里、华丰里、发舒里还有永宜巷还残存着少许民国时代的老房子，时至今日却已经一点儿痕迹都没有了，它们以及它们之中生活过的人们仿佛从来就没有存在过一样。硕果仅存的唯有中共满洲省委旧址所在的福安里，算是为后人保留了一点老北市民居的风貌。

福安里现状

好在北市场并未全拆，它依然被当作名片出现在各种宣传和包装之中，城市的历史和记忆依然在此有所留存。例如北市一街保留了由大观茶园改成的辽宁青年剧场，虽然它的周围已经被拆光了，它仿佛一座孤岛一样十分突兀地被一堆新建筑包括仿古的新建筑夹在其中不知所措，它也经受过拆迁的恐惧和朝不保夕的战战兢兢，好在2014年它被列入省级文物保护单位。即便如此，在人们的心目当中，北市场再也不是以前的北市场了。

2013年，单田芳先生接受媒体采访的时候说：“提到沈阳北市场，我的印象太深了。我原来住在北市区，距离北市场只有咫尺之遥。我闭上眼睛，老北市就在我眼前，人物很鲜活。北市场是沈阳的娱乐中心，当年那里非常热闹，别的不说单说评书，大大小小十几、二十家茶社，每天观众都非常多，艺人在这里为了生存而演出。但是，自我说书之后，北市场大不一样了，尤其是现在站在皇寺大街上，你根本找不到北市场当年的一点影子。我偶尔回沈阳录评书，路过北市场也是匆忙离开。我曾努力站在皇寺大街上拼命回忆，记忆中的北市场跟现在差别太大，这种变化是翻天覆地的。”

皇寺路

沈阳市和平区皇寺路是一条历史悠久的街路，它从东南方北三经街皇寺起，向西北延伸，穿过南京北街、哈尔滨路和长大铁路，与大御路、华山路相连，全长约1500米。皇寺路因为毗邻皇寺而得名，在公元1638年皇寺竣工之时就有了雏形，1926年被改作“二十九纬路”，1957年命名为“皇寺路”至今。皇寺始建于明崇祯九年（1636年），也是后金天聪十年，清崇德元年。这一年皇太极不但忙着改元称帝，定都盛京，还赐建了这座莲花净土实胜寺。由于皇太极的缘故，实胜寺被叫作皇寺。当时草原上的蒙古族信仰藏传佛教，后金也受此影响。传说皇太极得到林丹汗的玛哈噶喇金佛像之后，用白骆驼载回盛京，白骆驼在城外五里处卧地不起，于是皇太极下令在此处修建寺庙。清朝历代皇帝均对实胜寺十分推崇，皇帝每次东巡都要到实胜寺朝拜，以宗教结交人心，炫耀祖宗功德。乾隆皇帝就曾四次巡幸此寺并咏诗纪事。盛京新上任的大小官员也要到该寺拜佛受印。可惜金佛在1946年被盗，至今成谜。皇寺原有建筑在20世纪60年代被拆得几乎只剩下大雄宝殿，改成了做拖拉机配件的小作坊生产组，直到20世纪80年代初才得以重建。曾经的盛京八景之一“皇寺鸣钟”倒是一直被人们念念不忘，热闹的皇寺庙会也得以回归，仿佛还是以前的老地方。

三经街上皇寺路的东端常常让人误会，因为在那个路口立了一个石牌坊，上边写着三个大字“北市场”，虽说北市场的繁荣少不了皇寺以及皇寺庙会，皇寺路里的部分区域也的确可以算作北市场地区，但是这种引导方式也许会让初涉宝地的游客错过鼻子底下的皇寺。毕竟，北市场已经几乎拆没了，连牌坊都是后建的，而皇寺基本还在。后建的石牌坊仅仅只是在大概的位置上对照原来的木牌坊进行比较笼统的复原。差别之一是材质不同；差别之二是数量不同，以前的皇寺门前东西两侧各有一个老牌坊，现在只剩东边一个新牌坊。

奉天小西边门外皇寺正门

清代皇寺门前的两个牌坊

民国时皇寺门前的牌坊

不论是清代，还是民国，抑或现在，皇寺附近都是一个热闹的所在。

外攘关外实胜寺，俗呼皇寺，内奉迈达里佛，并有玛哈噶喇佛楼。每岁正月十五日，寺僧杂扮诸天神鬼，演吹音乐，谓之跳跶。此项系出帑银，至四月十五日一次，则出自僧众项下。每忆铙鼓竞奏，箫管齐鸣，则牛鬼蛇神千态万状，直使天地动摇，山川震眩，可想见塞外风景。

皇寺之热闹源于其宗教地位，其宗教地位又源于寺中玛哈噶喇佛楼，玛哈噶喇佛楼则源于玛哈噶喇金佛，皇寺的一切都是由它开始。

玛哈噶喇，又名摩诃葛利，意译为大黑天，本是印度崇拜的一位神。传说是大自在天的化身，又说此大黑天为战神，礼祀此神，可增威德，举事能胜。后来，玛哈噶喇被佛教接纳，成为密宗护法神之一。蒙元时期，藏传佛教把玛哈噶喇介绍给元朝皇帝，自忽必烈的帝师八思巴塑此神像后，历代蒙古皇帝都奉其为保护神。《实胜寺碑》记载：“至大元寺主时，有喇嘛八思巴用金铸护法玛哈噶喇，奉祀于五台山。后请移于沙漠。又有喇嘛夏儿巴忽秃兔，复移于大元裔插汉儿灵丹汗国祀之。我宽温仁圣皇帝，征服其国，人民咸归。时有喇嘛默儿极，随载而来，上闻之乃命众喇嘛往迎，以礼接至盛京西郊。”

玛哈噶喇金佛

碑文中的那位“宽温仁圣皇帝”，就是清太宗皇太极，他死后的谥号全称是“应天兴国弘德彰武宽温仁圣睿孝敬敏昭定隆道显功文皇帝”。皇太极得了玛哈噶喇金佛之后，自认为已经应了天道，兴了国家，实际上这座金佛的确给他带来了超凡的宗教意义。明崇祯八年，后金天聪九年，即公元1635年，皇太极得到了大元传国玉玺。自此，玛哈噶喇金佛、大元传国玉玺以及《金字大藏经》，林丹汗的这3件宝贝皆被皇太极所得。皇太极由此征服漠南蒙古，彻底掌控蒙古草原。有了这3件宝贝，皇太极才有了底气和合法性，在1636年宣布改国号为“清”，改元“崇德”。清崇德三年，即公元1638年，历时三载兴建的莲花净土实胜寺终于建成，皇太极率诸王、贝勒、大臣等参加了落成典礼。从皇寺建成开始，直到皇太极去世，每年正月上旬，皇太极都会来到皇寺拜佛。因为皇寺里不仅有供奉玛哈噶喇金佛的佛楼。还有专门收藏《金字大藏经》的藏经楼。也就是说，除了那块玉玺之外，另两件宝贝都保存在皇寺之内，皇寺也因此在清朝拥有超凡之地位。皇太极身后，清朝皇帝历次东巡盛京都一定会去皇寺朝拜，盛京新任的各级官员也一定要到皇寺去拜佛受印。

乾隆4次东巡，4次来到皇寺，曾为皇寺亲笔写下“海月常辉”

的匾额，并写有《题实胜寺》诗。乾隆题写的“海月常辉”实际上是济世普照的意思，他爷爷康熙给普陀山也题过“海月常辉”的字。只不过原来的那尊玛哈噶喇金佛并没有在皇寺里永远普照下去，在其来到皇寺300多年后的1946年3月30日夜间神秘失踪，至今下落不明，成为历史上的一大悬案。此后佛楼一直有楼而无佛，直到20世纪90年代供奉了一尊泥塑的玛哈噶喇，2016年又按照历史原样重塑了玛哈噶喇金佛，在西藏大昭寺等寺院举行加持、开光、装藏等仪式后，被重新供奉在皇寺之中。

皇寺在清朝一直作为皇家寺庙而备受重视。在沈阳地区各类建筑中，它的名声仅次于皇宫和皇陵，但是在宗教领域，皇寺的地位首屈一指。它的建成，巩固了清朝初建之时的盛京作为当时东北亚地区宗教中心的地位，加强了其宗教统治的力度，使得蒙古诸部进一步诚心归附，成为清朝的强力外援。皇太极对于皇寺投入巨大的精力和财力的重要目的，就是要以此笼络与之结盟的蒙古各部，其政治意义远大于宗教目的。

在皇寺所在的这条皇寺路上，发挥此类功用的不止皇寺一家，与之毗邻的太平寺，也就是“锡伯族家庙”也是如此。

“锡伯”源自东北地区嫩江、松花江及西伯利亚一带。明万历二

太平寺

十一年，即公元1593年，锡伯族人出兵随科尔沁、叶赫、哈达、乌拉、卦尔察等组成九部联军3万余人，在古勒山攻打建州女真首领努尔哈赤而兵败。此战前后，有一部分锡伯部落的贵族带着本部落民众归顺建州女真。皇太极执政期间，锡伯军民同科尔沁蒙古一起被清政府编入旗兵之内，成为蒙古八旗的一部分。顺治、康熙年间，他们移防黑龙江、吉林各地，后又分别迁入盛京、北京，还有部分被分遣到直隶保定、山东德州等地，以充实满洲八旗军力。

乾隆年间准噶尔叛乱和大小和卓叛乱被平定之后，为加强西北地区防务、施行有效统治以抵御沙俄入侵，清政府在新疆设伊犁将军，并陆续从内地抽调各地官兵携带家眷到天山北部长期驻防屯田。

乾隆二十九年，即公元1764年春，清政府从盛京、辽阳、开原等17座城选调锡伯族官兵1020人，连同家属共3275人西迁新疆。清政府给西迁每户官兵配备一顶帐篷、一口锅、一辆车、三头牛和两匹马。当年农历四月十八日，在盛京的锡伯族家庙——太平寺里，数千人举行仪式为族人送行，后来新疆锡伯族人把这一天定为“西迁节”，因有怀念亲人之意，又叫“怀亲节”。

西迁队伍从盛京出发，出柳条边彰武台边门，入科尔沁平原，绕过大兴安岭南端和达赉诺尔，进入锡林郭勒盟内及喀尔喀车臣汗部境内（今蒙古国苏赫巴托省境），路过库伦（今蒙古国乌兰巴托），越过杭爱山，于农历八月下旬到达乌里雅苏台。当时蒙古高原大雪降临，加上长途跋涉和畜疫流行，出发时的3000余头牛仅剩400余头，所余马匹“大半疲瘦，生癞者众，不得其力”，于是决定在此休整越冬。第二年农历三月，乌里雅苏台将军给他们补充了500匹马和500峰骆驼后，西迁队伍继续西行，经过科布多、阿尔泰，翻山过河，穿过果子沟，取道塔城、博乐，于农历七月二十日到达伊犁，历时15个月，行程2万里。

西迁途中经过一望无际的蒙古大漠与荒无人烟的浩瀚戈壁，一度粮食奇缺，锡伯族人就挖野菜充饥；缺乏布匹，产妇便用野草包裹婴儿，水源难觅，酷热难当，锡伯族人就在大漠深处挖井，解决人畜的饮水问题。在如今蒙古国的版图上，依然留有“锡伯吉尔孟”的地名，即锡伯井之意。横渡流向北冰洋的额尔齐斯河时，锡伯族人砍伐树木，架设浮桥，在渡河处留下了“锡伯渡”；在进入新疆布克赛尔、察罕俄博地区的老风口处，10级大风将牛车、马车掀翻，飞沙走石迎面击打，人根本睁不开眼，锡伯族人只能手拉手挣扎地穿越老风口，才艰难到达额敏，在额敏的歇脚待命地又留下了“锡伯图”。他们带着女祖宗——喜利妈妈，祈求她保佑人口平安；带着男祖宗——海尔堪玛法，祈告他保佑六畜兴旺。出发时，他们点燃了麻绳，一根接一根，让故乡的火从东北延续到西陲。锡伯族人以无畏的勇气和顽强的毅力走完了西迁全程。

到达伊犁后，经清点，途中出生婴儿350多个，后来跟上自愿随军的亲属405人，实际到达伊犁的锡伯族人为4030多人。西迁的锡伯军民被伊犁将军安置在今察布查尔，沿伊犁河南岸开始了屯垦戍边的生活。他们组成了“锡伯营”，成为著名的“伊犁四营”之一，“东北则有察哈尔，西北则有索伦，西南则有锡伯，自西南至东南则有厄鲁特，四营环处，各有分地”。较之其他三营索伦营（鄂伦春、鄂温克和达斡尔）、察哈尔营（察哈尔蒙古）和厄鲁特营（准噶尔蒙古），能征善战而又会种田的锡伯营对于稳定边陲、繁荣边疆的努力和付出更为显著，他们驻守卡伦（哨所）、换防台站，几次调补索伦营和满洲营，多次应征参战，为镇压叛乱、保卫边疆起到了决定性的作用。他们先后在察布查尔、博尔塔拉、巩留等地凿渠屯田、兴修水利，建成了全疆第一条人工大渠——察布查尔大渠，为供应军粮、建设家园做出了不朽的贡献。

西迁之时，东北地区2万多锡伯族人有五分之一迁往了西北。现如今，全国共有近20万锡伯族人，过半数的锡伯族人聚居在辽宁，尤其是沈阳周边；还有3万多人聚居在新疆的察布查尔锡伯族自治县；再有就是黑龙江、吉林、内蒙古东部地区，各有几千位锡伯同胞。锡伯族文物比较集中的地方主要有两处：一是沈北新区的兴隆台镇、石佛乡等地，如兴隆台镇入口处立有“锡伯之乡”的高大牌坊与歌颂锡伯族祖先的石碑，附近还有一座锡伯族文化纪念馆；二是新疆伊犁的察布查尔锡伯族自治县，锡伯族先人在察县留存的古迹更接近原始风貌，如卡伦哨所、靖远寺、图公祠等。

清末锡伯族军人像

不论是东北的锡伯族人还是西北的锡伯族人，西迁的壮举都是人们心里永远抹不去的记忆，当年被迫一分为二的分离地——锡伯族家庙，也是他们永远牵挂的一个地方。2006年，“西迁节”被列入首批国家级非物质文化遗产名录。同年，锡伯族家庙被列入第六批全国重点文物保护单位名单，原建筑中分成7个展室介绍锡伯族的起源、发展和历史文化等内容。

皇寺路上不止有皇寺，还有太平寺。通过看这两座寺的历史以及变迁可以发现，一个政权、一个民族、一段历史，从来都没有太平路可供选择。太平，只是人们心中的美好愿望而已。为不太平做充分的准备，才有可能得到一个相对太平的过程。

总站路

西起皇寺路、东至北京街的总站路，原本是老北站门前的一条小路，它的年龄与老北站相仿，都始建于1927年。最开始取“奉天兴隆之意”，叫“兴奉大街”，1946年改作“站前大街”，1957年被命名为“总站路”。

当年的老北站，它的大名叫“辽宁总站”，是继北京前门站、山东济南站之后，由我国建筑师自己设计建造的当时国内最大的火车站。设计师是与梁思成齐名的杨廷宝，二人都毕业于美国宾夕法尼亚大学，在建筑界享有南杨北梁之美誉。老北站里头，货场、行李房、餐厅、旅馆、车站广场等设施一应齐备，建筑规模大大超过了由日本“满铁”控制的交通枢纽奉天驿。此地与附近的北市场也共同繁荣热闹起来，没有枉费张作霖与众多奉天商人出巨资合力对抗日本人的一片良苦用心。在闻名中外的皇姑屯事件中，张作霖从北京返奉的终点便是老北站，在距离终点还有几百米的皇姑屯三洞桥下，张作霖被日本人炸死。1931年，九一八事变后，老北站改为奉天总站，1934年又被“满铁”强行改称为北奉天驿。1945年9月才改称沈阳北站。1990年由新沈阳北站接替运营，随后老北站被改造为沈阳铁路办事处。

1993年，老北站已经被新北站取而代之，老北站从门庭若市到门可罗雀，而新北站门前的“北站路”却每天都车水马龙。“北站路”的名字诞生于1988年，那会儿老北站尚未搬迁，新北站还在兴建。

老北站于1925年开始筹建，在杨廷宝的设计图和张作霖的投资款都到位以后，承建方荷兰沿港公司从1927年开始施工，历时3年，于1930年建成此站。由于当时“奉天”已改为“辽宁”，所以它被直接命名为“辽宁总站”。辽宁总站是一座融合了西方古典主义风格和中国传统建筑韵味的实用性建筑，它的中间是拱顶高达18米的旅客候车大厅，两侧是三层楼房，建筑面积多达8485平方米，比当时的南满铁路奉天驿（现沈阳站主体建筑）要大得多，而且售票处、货场、行李房、旅馆和车站广场等一应俱全，可以极大程度地满足旅客们的需求，等到1931年3月17日辽宁总站正式投入使用的时候，很快就

1991年的老北站

人流如潮。中国人自建自用固然是它备受欢迎的原因之一，更主要的是，它的建成把当时的北宁铁路和沈海铁路连成一体，东北旅客昼夜间即可从白山黑水深处奔赴京津，关内旅客也可以不必经受辗转之苦直达海龙、吉林。随着关内外人员往来和物资交流日趋方便频繁，沈阳的经济得以拉动，同时促进了位于它南侧的北市场地区愈加繁荣。

总站路赖以得名的是老北站的大名“辽宁总站”。不过，辽宁总站却是老北站历史上使用时间最短的名字。东北的近代化，与铁路的兴建息息相关，辽宁总站的变迁，正是东北铁路曲折发展的最具代表性的缩影。

东北最早的铁路是俄国人输给了日本人的“南满铁路”，它纵贯南北，连通了哈尔滨、奉天和大连。东北最早的属于中国人自己的铁路是东西走向的连通关内外的京奉铁路，其最早建成路段是1881年建成通车的唐胥铁路（曾发生过近代史上著名的标准路轨上马拉火车一幕）。1893年唐胥铁路向南北延伸至天津和山海关，改称津榆铁路。1894年，津榆铁路延伸至北京，改称京榆铁路，又称京山铁路。1898年10月，京榆铁路延伸至奉天，改称关内外铁路。1907年8月又改称京奉铁路。虽说自家的铁路修建了，却没法修到家门口。因为中间有南满铁路挡道，所以京奉铁路只能修到城西4公里外的皇姑屯。直到1911年，清政府与日本签订了《东三省交涉五案条款》与《中日京奉铁路延长线协约》后，京奉铁路才借道南满铁路延伸到奉天城下。最初在实胜寺东北岗维里，建了一座奉天新站。1912年1月1日，清政府宣布京奉铁路全线通车，同一天，中华民国临时政府宣告成立。1913年，奉天新站迁至小西边门，以原奉天省立第五小学的校舍为站

1931年的辽宁总站

1932年的奉天总站

房，改为“奉天城根站”。12年后，张作霖着手筹划的辽宁总站接的是奉天新站和奉天城根站的班，最终使其成为当时东北地区规模最大、功能最为齐全的交通枢纽。但辽宁总站的牌子从1931年初正式投入使用算起，只挂了不到一年。九一八事变后，东北铁路陆续落入敌手，部分铁路员工被关东军监管起来，关内外直通列车中断。1932年1月4日，在日军操纵下，奉（天）山（海关）铁路局成立，随后把辽宁总站改名为奉天总站，宣称该段铁路独立。9日，英国借口损害本国债权利益，向日方提出交涉，几番讨价之后，以获得赔偿了事。而中方始终不承认日军的侵占，在历年的《北宁铁路简明行车时刻表》上仍标注着辽宁总站的站名，以示路权。

需要说明的是，京奉铁路于1928年6月15日北京改为北平之时也随之改成了平奉铁路。1929年4月2日，奉天省及奉天市分别改称辽宁省和沈阳市之后，南京国民政府铁道部又将其改为北宁铁路。直到1949年北平改回为北京之后才改为京沈铁路。奉天总站的名字在该站门前悬挂两年之久，到1934年又被满铁改为北奉天驿，直至1946年才被改成沈阳北站，一直到1990年被新的沈阳北站取代。其间的四十多年是老北站历史上最辉煌的日子。

尽管辽宁总站的名号并没有持续几天，但由于它是该建筑始建之时的名字，所以后世才将它称之为“辽宁总站旧址”，它门前的道路才被命名为“总站路”。1996年它被定为沈阳市文物保护单位，2003年被定为辽宁省文物保护单位，2013年被定为全国重点文物保护单位。辽宁总站是东北铁路事业的历史见证，是东北地区铁路发展史上的重要里程碑，具有非常深远的现实意义和研究价值。从铁路功用的角度来看，它已经光荣退休，但是人们并没有忘记它。

西塔街

清崇德八年（1643年），清太宗皇太极敕令于盛京城东西南北四方各建塔寺，以求护国震方。两年后建成西塔及护国延寿寺，祈祝圣寿延年。乾隆皇帝曾为其题写匾额“金粟祥光”，置于正殿。逢五月初一无量寿佛诞生日，这里香客如云，香火鼎盛。光绪二十六年（1900年），山门天王殿毁于大火。后来钟鼓楼又毁于日俄战争，由此寺庙破败，满目疮痍。1968年所有建筑被拆除，所有佛像和渣土一起被倒入浑河。直到1998年，西塔延寿寺才得以重建，沈阳市佛教协会也于2005年之后搬迁至此。西塔东侧的西塔街以前叫“西塔胡同”，二者都是由西塔而得名。它向北连接长江街，向南连接太原街，是沈阳繁华都市的重要代表，同时也是东北除朝鲜族自治州、县之外的最大民族聚集区域。在20世纪初，西塔街只有为数不多的居民，好多都是从朝鲜半岛来到这里安家落户的。当时他们不少人都是靠打草绳、卖朝鲜咸菜以及做货场装运工等为生。1987年底，这里开始了棚户区改造，并于1995年初具规模。现在的西塔街遍布各式各样的韩式建筑、韩式餐馆、韩式娱乐场所，融合了朝鲜族的民族文化精华，形成了具有浓郁朝鲜族特色和韩国风情的休闲文化产业带。

西塔街得名于西塔，原来只是一条小小的西塔胡同，现在以它为代表的周边道路区域被统称为西塔地区。这一地区的街路名称极其富有地域特色，除西塔街之外，所有的街路都是以吉林省东南部靠近边境的朝鲜族聚居城市来命名。珲春、敦化、延边、延吉、安图、图们，无一例外，由此可见当初规划者在这片区域埋下的设计心思。不过这分心思集中在1989年，此前这里的街路名称安排基本上是各自为战。

珲春路、珲春南路、珲春北路都是1989年才建立，珲春一路和珲春二路始建于1927年，但一直没有名字；延吉街和延边街始建于1925年，当时按照商埠地规划两街分别被叫作二十二经路和二十三经路；图们街始建于1925年，1946年改称为前玉温里；安图街始建于1920年，安图北街始建于1926年，1946年两街被统称为复兴里胡同；历史最悠久的街路是敦化一路和敦化二路，始建于1918年，敦化一路起初被日本人叫作柳町，1946年两街分别被叫作长沙一街和长沙二街。以上街路都是在1989年改为今名。显而易见，除了个别街路是1989年新建的之外，其他的都是20世纪一二十年代兴建的，但唯独现在西塔地区最宽阔最繁华的西塔街，是始建于1943年。最初它是无名小路，1946年被叫作西塔胡同，1957年改作西塔街，1989年重新认定为西塔街。

西塔街真正的繁荣始于1992年中韩建交，此后大量韩国企业开始入驻中国，沈阳西塔地区也涌入了不少韩国商人、职员和技术人员。当时我们的商业并不发达，城市服务设施难以满足他们的需求。受市场因素的影响，延边街上首先建设了一些酒家、饭店和洗浴。到1996年左右，仅为三级马路的延边街已经无法满足越来越多的韩国客人，于是延边街西侧的西塔街被作为特色街道进行了改造。与此同时，政府在政策上给予了在西塔街投资的韩国企业巨大的优惠，使得西塔街得以迅速发展。1998年，政府又进一步允许韩国企业在牌匾上使用他们自己的文字。2002年，沈阳市人民政府和韩国驻沈阳总领事馆共同主办了“中国沈阳韩国周”，此后十几年间连续举办此活动，在客观上促进了西塔地区以及西塔街的经济繁荣。夜色下的西塔街，其流光溢彩较之韩国首尔的部分商业街区也不遑多让。

1901年，来自朝鲜半岛的一位基督教徒白牧师落脚西塔，是最早的朝鲜族移民入住西塔的记载，随后陆续有人跟随而来。日俄战争以后，日本彻底掌控朝鲜。1910年“日韩合并”，朝鲜半岛的破产农民急剧增加，主动向北讨生活的人们也随之增加，再加上日本从其殖民地朝鲜半岛强征了大量廉价劳动力来修筑南满铁路的相关设施，他们中的相当一部分就聚居在老道口附近的西塔地区。二战结束以后，他们依然在这里生活，于是渐渐形成了规模日增的朝鲜族聚居区。西塔地区全域面积1.24平方公里，2014年的数据显示此地有人口39749

人，其中朝鲜族人口11296人，占地区少数民族人口的95%以上，占总人数的28%。

人们都知道四塔之下有四寺，与西塔共生的是护国延寿寺，寺内大殿主佛供奉的是无量寿佛。这座寺庙的确与“延长寿命”有极大关联，甚至可以说当初皇太极建立四塔四寺的主要原因之一就是想要“延长寿命”。

据《清太宗实录》和《沈阳状启》记载：皇太极从公元1640年，即清崇德五年二月就已开始发病，到当年七月时已“病体难支”，不得不离开盛京去鞍山温泉调养，时间长达一个月之久，即使在九月初从鞍山回到盛京，也只是“躬身稍安”。到了十月二十五日他过生日之时依然“气不甚平，不能久坐”。崇德六年八月，皇太极听闻明总兵洪承畴兵屯松山，便带病亲率大军赴援辽西，由于日夜兼程“急行”，鼻孔出血不止。九月，得知最喜爱的宸妃病重，又星夜急驰回京。宸妃病亡后，皇太极“长在哀伤之中”。经过这一番折腾，到了崇德七年，皇太极的病势日趋加重，盛京喇嘛多次为他做法事“逐鬼禳灾”。崇德八年二月二十五日，皇太极身体有所好转，外出打猎，没想到回来以后又病倒了，而且这回是一病不起。3天后，“帝避痘西门外别馆”，并下旨敕建盛京城四周的喇嘛寺和喇嘛塔。由此可见，公元1643年，即崇德八年二月开工建造的盛京护国四塔寺，与他的疾病息息相关。建造“护国延寿寺”本来就是皇太极为“虔祝圣寿”所作的一种佛事，希望自己能够早日康复。皇太极选定的设计者，是藏传佛教萨伽派出身，而萨伽派四大圣

西塔旧影

物之一就是尊胜塔。按照藏文碑文，盛京四寺的塔是一样的，也都是尊胜塔。从佛经八大灵塔的记述中可看出尊胜塔的功能是消病延寿，这恰恰是皇太极建塔建寺的目的。不过皇太极的目的并没有达到，建塔当年的八月初九，皇太极猝死。死后他被葬于昭陵，也就是现在人们俗称的“北陵”。

西塔的老照片非常多，是四塔之中最多的，原因在于它离南满铁路太近了。马拉铁道以及后来的有轨电车都是从奉天驿出发，经过西塔地区通往老城区。这里交通便利、人员流动性大，延寿寺的香火也比较旺。各种因素加在一起，西塔成为各国摄影师的宠儿，留下的照片自然少不了。

由西塔街与图们路路口向东走大约400米，左手边有一个铁栅栏，铁栅栏两侧是泾渭分明的两种建筑，西侧是8层的新式楼房，东侧是5层的老式红砖建筑。从这个铁栅栏进去就可以发现在楼群之间有一座坐东朝西高约10米的青石建筑，凡是中国人只要看它一眼就知道它肯定是外来的，因为它的样貌跟我们平时看到的塔楼碑堂都不一样。它看起来像是一个立在地面上的子弹，但它的横截面不是圆形而是八角形。它的正门朝西开，东面有个半圆状凸起，凸起部分两侧的外墙面上有几个对称的圆形窗户，正中间有一个镂空的十字架，上面还有一个比十字上面多出一个短横、下面多出一个斜横的金属制小十字架。整个建筑的上半部分覆盖有象征古代武士盔甲的铜绿色鳞片状瓦，屋顶看起来像是一个中世纪武士的头盔。对宗教有所了解的人知道它必然与东正教有关，因为东正教的十字架与天主教和基督教的都略有不同，而这座建筑其实就是东正教的典型宗教建筑，现在的正式名称叫作“俄罗斯墓地小礼拜堂旧址”。

这座教堂虽是在日俄战争期间建造，但它所在这块地早已被侵占了。1900年，沙俄为了埋葬在“庚子事变”中死掉的军人，强行把西塔东侧的一大片区域划为墓地。当时的清政府对此事没有任何质疑的余地，因为盛京将军和他麾下的整个政府建制都消失了，连沈阳故宫都被沙俄兵给占了，尽管后来清政府进行了各种谈判，一再妥协，沙俄依然拒不撤兵，或者先撤又回，导致整个东北一直鸡犬不宁。直到

1904年日俄战争爆发，沙俄战败，沙俄才失去在东北的话语权。但清政府又没有能力收回这分权力，于是东北的话语权被转到日本人手上。1908年，在东北惨败的沙皇尼古拉二世想要给日俄战争中战死的军人建立纪念碑和教堂，不得不向日本人提交申请，不料当时日本驻奉天总领事馆竟同意了。该教堂于1911年9月8日在沙俄墓地开始施工建造，1912年建成。教堂的建造经费来自社会各界的捐款，其中主要捐助人是在哈尔滨经商的俄国人。一百多年后的今天，大家依然可以在教堂内部的墙壁上找到四块铜牌，上面写着教堂是为了纪念日俄战争期间，分别在九连城、辽阳会战、沙河会战和奉天会战中阵亡将士而建造的。

奉天露国忠魂碑

奉天露国墓地

沈阳解放后，西塔东侧的这片墓地变成了苏军烈士陵园。直到1995年7月，这个陵园才被迁移到北陵公园东侧上岗子村，毗邻抗美援朝烈士陵园。而原来陵园中那座教堂的建筑产权后来被划归沈阳市民政局所有，作为其下属殡葬服务中心仓库使用。2004年教堂旧址被沈阳市文物局定为沈阳市不可移动文物，2013年又被沈阳市人民政府公布为沈阳市文物保护单位。

和平大街

1905年日俄战争以后，日本接管了中东铁路长春到大连段，改称为“南满铁路”，将沙俄手中的铁路用地改为“南满铁路附属地”；1907年，盛京将军赵尔巽按条约规定在怀远门外开辟了奉天省城商埠地；始建于1915年的和平大街，正是这两地之间的分界线。当时，和平大街被一分两半，中间是壁垒森严的铁丝刺网，网西叫“东五条町”，网东叫“九经路”，归商埠地管辖。所以和平大街又被人们称为“国际大马路”。1921年，随着日本人的势力增长，和平大街完全落入日本人之手，道路被拓宽，种上了植物，铁丝刺网被拆除。1945年日本投降以后，和平大街北段叫和平街，南端叫清华街；1948年沈阳解放后，这条路经多次修建，在1957年定名为“和平大街”。

现在的和平大街，依然不改当年的国际范儿和商业风采，短短的2.4公里，聚集了六十多家金融机构，在和平年代继续流金淌银。

在沈阳这座城市的历史上，和平大街是一个极具代表性的存在，它的变迁见证了沈阳城被殖民的过去，也记录了沈阳城行政区划的变迁。

和平区主要是由当年的满铁附属地和奉天商埠地组成，而和平大街正是两地的分界线。但满铁附属地刚刚被强占的时候，它的边界可没到和平大街这么远，这里会涉及一个问题，“附属地”到底是什么？

1900年，沙俄“借地”修筑的中东铁路南满支线沈阳区段竣工，当时的茅古甸车站只有简易的站房、月台和货栈。依据1896年李鸿章与沙俄签订的《中俄密约》以及《中俄东省铁路合同章程》的有关条款，既然铁路工程已经结束，用来开采砂土石块、堆放物料，“专为铁路之用”的铁路用地也应该随之撤销。但沙俄却利用“庚子事变”出兵东北赖着不走，反而将铁路用地加以扩大。日俄战争中日军获胜以后，不但接管了南满铁路，而且将铁路用地实施了军管。1906年日本人又得寸进尺成立了前所未有的南满铁道附属地。这个看似称谓的变化，实际上是地位的变化，这意味着日本人在东北实施殖民统治的开始。东北特有的附属地连租借地都不如，都是土地被掠夺，附属地却连一点点象征性的租金都没有。而且附属地不仅限于奉天，北至长春南至旅顺，其间铁路沿线各站都难逃其魔爪。日本人在各站都圈定了一定的区域兴办饭店、旅店，建立住宅、学校，规划市街，甚至设警、驻军，无视中国主权长达近40年。

1908年以后，出于建设奉天驿实现“南满”“安奉”两路并站的设想，日本人制定了新的市街发展规划。奉天满铁附属地的边界也随着新的规划北扩到了现在的北七马路，由铁路向东一直延续到现在的和平大街。但其中预定建设的街路名称依然采用的是中国风，如沈阳大街（今中华路）、昭德大街（中山路）、中央大街（南京街）等等。满铁附属地里有兵营、警署、学校、宪兵队、电话局、铁路宿舍、商店、住宅、公园、变电所、水源地、植物苗圃等，这相当于在日本本土以外新造了日本式的新市区，一个典型的国中国、城外城，其面积远远大于原铁路用地。而面对日本人毫无道理的侵犯和强占，清政府严正声明、呼吁、抗议全然无效，被圈占地区的中国农民只能被迫破产而无家可归。1919年，也就是巴黎和会把德国在山东的权利转让给日本那年，满铁附属地内所有的街路名称全部改头换面，露出了日本风格的底色，“沈阳大街”变成了“千代田通”，“中山路”变成了“浪速通”，“中央大街”变成了“荻町”和“加茂町”，而最东边的“东五条街”（今和平大街）则变成了“信浓町”（今北四马路以北路段）、“雾岛町”（今北四马路至中华路区间）和“雪见町”（今中华路以南路段）。东五条街和隔着界桩紧挨着的九经街之所以一度被称为“国际大马路”，它的更深层含义在于，日本人强行赋予了它国界的属性。

国际大马路旧影

由于奉天满铁附属地和奉天商埠地管辖权不同，导致“信浓町”“雾岛町”和“雪见町”隔着铁丝网与对面的九经路长期处于井水不犯河水的境地，也导致“信浓町”北段也就是现在北九马路到市府大路之间一直不通。国际大马路成了一条没有出路的断头路。不过，这种隔绝随着九一八事变的发生而迅速终止。伪满洲国成立后，壁垒被进一步打破。1934年，这条路被改造重修，铁丝网、路桩、界树统统变成了绿化带；1938年，伪满又将满铁附属地和奉天商埠地合为一体，称之为“大和区”，国际大马路因此失去了界线的功能；1941年，伪满又将“大和区”划出一部分，另设了“敷岛区”和“朝日区”，再次把国际大马路用作界线来区分3个行政区域。1945年二战结束以后，“大和区”被改作“和平区”，“敷岛区”和“朝日区”被改作“北市区”和“南市区”。所有日本人命名的街路都改回了中国名字，“信浓町”和“雾岛町”改为“和平街”，“雪见町”改为“清华街”。1948年沈阳解放以后，“和平街”得到整修和延长，北端被打通，得以与市府大路连接。1957年，和平街与清华街合并为“和平大街”；1966年，和平大街改名为革命大街；1981年，革命大街又改回和平大街；1989年，和平大街以中华路为界一分为二分成了“和平南大街”和“和平北大街”，到目前为止没再有新的变动。

不知道日本人出于什么样的心理，在“东五条街”时期就把毗邻奉天商埠地的临街区域规划成了学校、公园、球场等没有什么军事机密的机构和场所。于是，在现在的和平大街上，人们依然能够依稀找到那个时代鲜明的殖民烙印。从北向南数起，依次是“奉天浪速高等女子学校”“满洲医科大学”“奉天公学堂”“千代田小学校”“千代田公园”和“野球场”等。以上这些地方虽然没几个把大门开在和平大街上，或者在和平大街上被其他新兴建筑完全挡住而难觅其踪，但只要稍微往西走几步就会有恍如隔世的发现。

奉天浪速高等女子学校现在的名字是沈阳市二十中学，地址是和平区北五马路41号。该校始建于1921年，1923年竣工，初名奉天高等女子学校，1935年更名为奉天浪速高等女子学校，1946年改为私立济民女子学校，1950年后先后作为东北人民政府卫生部、东北人民政府计划委员会以及辽宁省计划委员会、财政经济委员会、统计局、劳动厅等单位使用，1955年改为沈阳市第四十中学，次年改名为第二十中学。奉天浪速高等女子学校的原有建筑至今还有两栋存世，其中体量大的是教学楼。该建筑坐北朝南，地上3层，砖混结构，正中开门，有阶梯，入口有柱廊，屋顶为灰瓦，墙面粉刷红色漆料。

奉天浪速高等女子学校旧址

满洲医科大学其实就是现在的中国医科大学以及中国医科大学附属第一医院。它源于日本关东都督府在1911年筹建的南满医学堂，日本人河西健次被任命为堂长，时任东三省总督赵尔巽出任名誉总裁，因此赵尔巽还捐了5万银元作为中国学生的奖励基金。1922年，南满医学堂升格为“满洲医科大学”，学制7年。1931年的《东北年鉴》中评价道：“该校环境优美，设备齐全。时人称该校为关东医科大学，因其为东北地区规模最大的，学术、医疗水平最高的医科大学。”1945年，满洲医科大学更名“中长铁路医学大学”，后更名为“铁路医学院”，不久后又更名为“国立沈阳医学院”。1948年沈阳解

满洲医科大学旧址

奉天公学堂旧址

放后，该校由东北人民政府卫生部接管，与延安来的中国医科大学以及私立辽宁医科大学（前身为原私立盛京医科大学）等合并为新的“中国医科大学”。

奉天公学堂是现在和平大街第一小学的前身，它所在的位置是南昌街5号，原有校舍建于1917年，是近代沈阳满铁附属地内首批教育建筑。该建筑最初挂有两块牌子，一个是南满中学堂，另一个是奉天中学校。南满中学堂于1917年开课，新教学楼1918年才开建，奉天中学校的新教学楼是1919年建成，所以两所学校最开始是合并教学，公用一所建筑，等它们的校产建立以后就搬走了，原有的那座建筑变成了奉天公学堂或奉天公学校。

奉天中学校搬去的地方是不远处的南昌街13号，后改称为“南满第一中学堂”。由于它是日本人的贵族学校，所以建筑内部的装修相对豪华一些，设施也比较先进，大厅地面是用大理石铺的。1946年，由负责国民党东北党务的齐世英等倡导在北平创办的招收东北流亡学生的东北中山中学回迁到沈阳，以“南满第一中学堂”为新校址，1955年该校改为沈阳市第三十九中学，1996年恢复东北中山中学校名。

南满中学堂则搬到了仅有一墙之隔的北二马路79号。二战结束以后，这里变成了日侨、战俘遣返时的难民收容所。1946年该校改为国民党教育部中学辅导处，1948年沈阳解放后又改为东北团校、沈阳市第二十三中学、东宇学校，后并入和平大街第一小学。

二者搬走后腾出来的地方交由南满洲铁道株式会社，于1919年11月1日成立了奉天公学堂，主要目的是对满铁附属地内的中国儿童进行教育。开办之初有教员12名，学生452名，大多是附属地从商者的孩子。1945年抗战胜利后学校改名为“光复小学”，1949年又改为“南昌小学”，20世纪60年代初改为“和平大街第一小学”至今。

以上的举例全部在目前的和平大街的西侧，属于满铁附属地内的建筑，而现在和平大街东侧的街面上，也就是奉天商埠地区域内留存下来的建筑寥寥无几，最年长的要算是和平北大街17号的万福麟公馆旧址。

生于1880年的万福麟是吉林农安人，起初他只是联庄会的一个小小团丁，落草以后被招安编入了吴俊升的靖边军，随后不断晋升。至清宣统三年，即公元1911年，他已经升为马四营管带。民国元年，他升为帮统。之后，他先后出任114团长、57旅旅长兼中东铁路护路军哈满路段司令、满海警备司令、安泰镇守使。1921年晋升为少将。1922年起任东北陆军第十五混成旅旅长、东北陆军第十七师师长兼骑兵副军长、第八军军长，并被授予陆军中将、骁威将军等职衔，1928年担任黑龙江保安副司令。吴俊升在皇姑屯事件中丧生后，万福麟继任黑龙江军务督办、东北边防军副总司令兼黑龙江省政府主席。1932年9月被委任为新编第四军军长，后任军事委员会北平分会副主任，1935年又任冀察政务委员会委员，获二级陆军上将军衔。七七事变后，任第一集团军副总司令兼第五十三军军长、第二十六军团军团长兼第五十三军军长、国民政府军事委员会委员。1939年2月，万福麟参加豫北、豫东对日作战；6月，武汉会战开始，万福麟任第二十六军团军团长兼第五十三军军长；9月，在鄂东南大冶、阳新一线抗击来犯日军精锐，苦战数日，使敌人受到重创。抗战胜利后，曾担任东北行辕副主任、东北行营政务委员会主任。1948年沈阳解放前夕同其子万国宾离开沈阳，迁往台湾，任国民党政治咨询委员会委员。1951年7月，万福麟病逝于台中，终年71岁。

万福麟公馆的选址算是横刀跃马的第一线，一旦发生冲突或战事，万福麟的家肯定首当其冲，而张作霖手下的军官们少有把房子盖在如此突出位置的。它的位置之微妙不禁让人浮想联翩，它的北侧是奉天商埠地的三纬路，过马路就是当年的使馆区，西侧就是与三纬路隔街相望的现在的北九马路，那里是满铁附属地的尽头。目前该建筑是中国国民党革命委员会辽宁省委员会、省侨联和省台联的办公楼。2004年被列为沈阳市第一批70处不可移动文物之一。

和平北大街55号也有一栋留存至今的老建筑，它始建于20世纪20年代，和万福麟公馆的年纪差不多。早年间它是朝鲜公使馆用房，到了60年代，时任东北局第一书记、沈阳军区第一政委宋任穷居住于此。目前该建筑保存完好，归辽宁省妇联使用，是沈阳市不可移动文物。

和平大街东侧还有一栋比较显著的建筑，就是中山公园东南角马路对面的和平南大街43号，原日本兴农合作社大楼旧址，现房为辽宁省国际信托投资公司所用，2004年被列为沈阳市不可移动文物，2008年升级为沈阳市文物保护单位。自伪满洲国1932年成立，日本人开始疯狂掠夺东北的农产品。为满足更大的军事野心，伪满在1940年成立了“兴农合作社”，以求进一步挖掘东北农村的生产潜力来为军队提供足够的粮食补给。表面上兴农合作社更像是一个农村经济合作组织，伪满中央设有兴农合作社中兴会，各省设有兴农合作社省支部，各市、县设有兴农合作社办事处，各村、屯设有兴农会。农民以户为单位，成为兴农会的会员，也是兴农合作社的社员。但实际上，它就是日本侵略者“三位一体”政策实施的组织之一。所谓三位一体，就是县署、协和会、兴农社三家共同决定执行全县政法、群众教育、经济生产等大事，实行一体化，协助各级伪政府贯彻执行各种规定法令及政策。各级协和会向群众灌输“王道乐土”“大东亚共荣圈”“日满协和”等奴化思想教育。各级兴农合作社则从经济上对广大农村进行所谓扶植，而实质上就是经济掠夺。原日本兴农合作社大楼旧址附近是一个交通繁忙的路口，周围有公园、省委、住宅小区，每天的车流和人流都很大，人们常常从它的身边经过却没在意它的存在，甚至看过了它墙上的标牌也不知道其中蕴含的深意。

100年过去了，和平大街历经沧海桑田，几乎已经看不出当年的样子。好在这些老地方、老建筑还在，可以让我们回头看看，以此来规划我们未来的样子。

南京街

沈阳市和平区南京街北接黄河大街，向南连通苏家屯地区和沈大高速公路，是一条名副其实的贯通沈阳南北的交通大动脉，也是沈阳市最长的一条街。算上2009年向沈苏快速干道延长的路段，共有13公里多。南京街始建于1912年，当时只修建了现在的市府大路至南四马路路段，由于它位于当时满铁附属地的中央，所以被叫作“中央大街”。1919年，中央大街由北向南分段改作“加茂町”“富士町”和“荻町”；1921年，向北修建了市府大路到今现黄河大街立交桥路段，称作“二十经路”，1931年又向南延伸到南十马路。抗战胜利以后，加茂町正式命名为“南京街”，1957年将汉口街、二十经路和中华路以南的民生街并入，统称“南京街”。1966年改作“东方红大街”，1981年又恢复为南京街名。1989年以中华路为界，将南京街划分为南京北街和南京南街，沿用至今。南京南街东侧的中华剧场那儿原来立着一个所谓的忠灵塔，里面埋葬的都是对外侵略中战死的普通日本军人，百姓根据它的形状叫它炮子坟，路过的时候还要被迫向其行礼。附近的中山公园是1924年日本人为其侨民娱乐而修建的千代田公园，当时中国人是被限制入园的。公园里的水塔是1915年开始向满铁附属地日本人供水的千代田水源，也是沈阳现代化管线供水的开端。而今，中山公园是周围百姓休闲散步的好去处，祥和怡然。

南京街由1912年16米宽的碎石路，扩成目前双向10车道、过马路得一路小跑的大马路；由1912年不足3公里的长度，延长到现在足有13公里，贯通南北，长得吓人。南京街现在虽

奉天忠灵塔

奉天忠魂碑

然是全沈阳市内最长的街路，但它也有短的时候，那会儿的它是日本人自认为最长脸的地方。

1912年，南京街初建之时被命名为“中央大街”，当时这趟街面上最重要的建筑就矗立在现在南京街与中华路交叉路口东南角的联营公司以及中华剧场的所在位置，那是日本人珍之重之的“奉天忠灵塔”。奉天忠灵塔的建造时间比中央大街还要早些，其中最先建成的部分是子弹壳形状的“忠魂碑”，上面写着“纳骨堂”三字。

1907年以后，日军在辽东陆续挖掘甲午战争和日俄战争战场上的遗骨。1907年10月，在辽阳建筑纳骨祠收纳日军14364具骨灰；1908年9月，在大连建筑的纳骨祠收纳日军6029具骨灰；1910年3月，在奉天建筑的纳骨祠收纳日军34875具骨灰；1910年6月，在安东建筑的纳骨祠收纳日军3129具骨灰。加上旅顺尔灵山上的纳骨祠，共安纳日军8万余具骨灰。1923年10月，日本在大连成立“南满洲纳骨祠保存会”，接替关东军管理各处纳骨祠。

当年奉天忠灵塔的祭祀场面

最初“奉天忠魂碑”的面积并不大，只是在荒地上用铁栅栏围成一个方形区域，中间有碑，碑下有堂，堂里有骨灰。随着日军在东北的势力越来越大，他们的野心也越来越大，做事情也越来越不避讳。数年之后，关东军以“英勇之先烈，或战死敌人炮火之下，或逢不虑之灾厄，致尸体暴露旷野”为由，开始在东北各地建造忠灵塔，用来收纳遗骨。忠灵塔与此前的纳骨祠相比，既有纳骨功能，又是集体参拜之地，集收骨、祭祀于一体。于是，“奉天忠魂碑”的西侧就建起了一个鸟居神社，西南侧建了一座占地面积更大、风格更为考究的忠灵塔。

中央大街始建于1912年，中央大街上中央广场的建造时间则稍微晚了一些，建于1913年，也就是现在的中山广场。中山广场的正中央现在竖立着的是1970年建成的毛主席像，塑像由著名雕塑家、鲁迅美术学院雕塑系田金铎领衔创作。在此之前，广场中心是1956年建造的喷水池，再向前追溯就是1906年开建、1910年建成的“日露战役纪念碑”，其目的和奉天忠灵塔差不多，都是日本侵略者为了纪念日俄战争中的死者。奉天忠灵塔里的骨灰最初是存放在这座碑下面的。日露战役纪念碑与奉天忠灵塔恰好位于中央大街的三分之一处和三分之二处。二者之间人员密集，东侧是学校聚集地，西侧是商业区和居住区，日露战役纪念碑附近区域又形成了金融业集聚区，“奉天忠灵塔”的南侧区域则规划为公园。很明显，当时盘踞在奉天的日本人把为侵略而战死当作了光荣，把宣传军国主义作为了日常生活的

奉天日露战役纪念碑

重中之重。

塔也好，碑也罢，时间并没有把它们留下，二战结束以后它们都被陆续拆光了。除旅顺外，大连、辽阳、沈阳、丹东、长春、哈尔滨、齐齐哈尔、承德、海拉尔等地的忠灵塔几乎都被拆除殆尽。忠灵塔原所在地，有的改建成了部队大院，有的改建成了文化宫，有的改建成了剧场，还有的改建成了殡仪馆。

1919年开始，日本人在满铁附属地内的忠灵塔南侧规划了一个东西长530米、南北宽385米，面积20.405万平方米的公园预定地。1924年，制定了公园建设规划，划分成游览、运动、安静、儿童游乐、动物等区域。1926年，公园初步建成，面积为19.2489万平方米，园内有各种树木、游泳池、运动场等设施，日本人给公园起的名字是“千代田公园”。1931年九一八事变后，千代田公园开始限制中国人进园。1933年起，该公园实行售票制，票价日币贰分，1946年改称中山公园。现在的中山公园中间有一个下沉广场，它就是以前的沉池，里面注满了水，露出水面的建筑是一个高达5米的跌落式喷泉塔，它的外形像极了一艘军舰的瞭望塔。据说整个沉池的形制来自日本的第一艘装甲巡洋舰“千代田”号，该舰是日本人花了1002634日元从英国造船厂买入的，完工于1890年12月。甲午战争中它参加了黄海海

千代田公园旧影

战和威海卫之战，日俄战争中归伊东祐亨指挥并参加了对马海战。1927年8月5日，它在日本昭和天皇视察的演习中作为靶舰被击沉。后来该舰舰桥被拆除，移往江田岛海军学校被用作了号令台。二战结束以后，公园里的这个山寨版的“千代田”号也被拆除，喷水设施被破坏，但水池得以保留。1950年修复喷水塔，1965年，取“儿童沐浴阳光雨露滋润”之意将喷水塔改成儿童嬉戏群像，1985年又改为声控彩色喷泉。久而久之，人们也就忘了这水池的本意。

千代田公园源自千代田水源。1912年，日本南满洲铁路株式会社为满足满铁附属地内日本人生活用水的需要，开始在现在的中山公园西侧修建千代田水源。1915年千代田水源水塔建成通水，此水源有独立且完整的供水体系：从取水、机房、水塔到管网、用户，各项要素齐备，可供5万人用水，是沈阳市城市供水诞生的标志。

1915年的这座水塔内径9米、深10米，容积450立方米，有30多米高，但所在的位置正好建在跟它同年建造的中央大街中央，为此，水塔周边不得不修建了一个转盘。1937年，伪满在转盘处修建广场、马路和有轨电车，这座水塔就被拆掉了。1929年又新建了一座更高更大的水塔。那座水塔高53.55米，容积为1200立方米。使用时间为33年。1962年该水塔停用，并得以保留，现在已经成为沈阳市不可移动文物。

千代田水源

南京街上还有一个体育公园，它始建于1930年，是满铁修建的奉天国际运动场。后来伪满将其改为康德球场。当时是占地总面积为10.5万平方米的综合性体育场，有标准的足球场、田径运动场、棒球场和网球场等。二战结束后，像它北侧的中山公园一样改名为中山体育场。1948年沈阳解放后，又被改为沈阳市人民体育场。1983年改为灯光草坪体育场，2003年改为体育公园。

20世纪30年代，沿着体育公园再向南，越过1948年才建校的沈阳铁路实验中学（院内有建于1932年的奉天平安小学旧址），一直到现在的南八马路，就可以看见一个大广场叫“高千穗广场”。高千穗是位于日本宫崎县北端的一座名山，因为它是日本古代神话发生的舞台而广为人知，结果被日本人用来给中国的土地命名。二战结束以后它被改为“林森广场”“清华广场”，沈阳解放后才改为我们现在熟知的新华广场。

在南京北街与北九马路的路口东侧有一个“广州菜市场”，它得名于它所在的那条小街叫广州街，但是在此之前，它的名字却跟广州没什么关系，它的大名叫“加茂町市场”。1934年12月1日，“加茂町市场”正式开业，老板是在伪满洲国里为所欲为的日本人。由于该市场毗邻南京北街，而当时的南京北街北端被日本人改作了“加茂町”，于是它就以街路为名了。当时这个市场分为东、西两个方形圈楼，每个圈楼有24个号位，每两个号位是一家店铺，东、西圈楼共有24家店铺，有卖鱼的，有卖肉的，还有卖食杂的。经营者大部分是日本

加茂町旧影

人，中国人的店铺只有四五家，基本上都是卖菜的。加茂町市场是日商满洲市场株式会社在奉天经营的三大副食品市场之一，它的位置是满铁附属地的北端，另两个市场分别是太原街的“春日町市场”和民主路的“青叶町市场”。二战结束后加茂町市场改为“平民市场”，后又改为“广州菜市场”。现在广州菜市场依然是身居城市中心的人们就近买菜的不二选择，尽管它早已面目全非，变成了现代建筑。

中山路

日俄战争以后，日本夺得南满铁路控制权，在奉天兴建满铁奉天驿，就是现在沈阳站的雏形，并以奉天驿为中心，陆续向东开辟了3条干线。其中向东北方向放射延伸的斜路叫“昭德大街”，当时俗称“大斜街”。1919年到1945年，日本人把它强行改名叫“浪速通”，直到1946年才改名叫“中山路”。而中山广场也是由最初的“中央广场”被改作“浪速广场”而后改来的，命名的意义都是为了纪念孙中山先生。1966年，中山路又改了名字，叫“红旗大街”，中山广场也改叫“红旗广场”，直到1981年才又改回去。

中山路上聚集了大量巴洛克式、维多利亚式、罗马式等特色各异的欧洲风格建筑，而中山广场更是被称为沈阳的“外滩”。这些不可移动建筑有不少依然还在供人们使用。俄国人的秋林洋行是现在的秋林公司，日本人的大和旅馆是现在的辽宁宾馆，东洋拓殖株式会社是现在的沈阳市总工会，以前的奉天警察署是现在的沈阳市公安局办公楼，曾经的奉天邮便局是现在的沈阳市邮政局。这些饱经沧桑的建筑以及这条不断改变面貌的街路，不仅仅记录了历史，更是为人们镌刻了一个时代。

中山路应该是满铁附属地里排名第二的街路，排名第一的非“铁路大街”莫属。1905年以前，沈阳站附近区域一片荒凉，几乎没有什么街道，人烟稀少，唯有铁路以东慢慢形成一条街道的雏形，后来就形成了“铁路大街”，也就是现在的胜利大街。有了这条街以后，日本人才取其一点为端点先后修筑了“昭德大街”（中山路）、“沈阳大街”（中华路）和“南斜街”（民主路）。到1915年，满铁附属地内最初的放射型街道布局正式形成。“昭德大街”的建造时间断断续续近9年，1906年到1915年，它一直在修，而且是一边修一边建，到1919年这条街被日本人改名为“浪速通”的时候，整个街面的样貌基本上已经成型了。

从沈阳站前望向中山路，一打眼就能看见路口两侧的老建筑，左手边的是“沈阳医药贸易大厦商务宾馆”，老百姓都简称其为医药大厦。100年前，它叫“悦来栈”，是东三省最大的连锁旅馆。老板叫祖宪庭，原籍河北省抚宁县。祖宪庭生于1874年，年纪轻轻就闯关东，到了尚未开发的长春。他赶过大车，开过大车店，攒足了第一桶金之后，在宽城子火车站对面建了一座高档客栈叫“悦来栈”，但没多久就被烧了。据说“火烧旺运”，重建以后的悦来栈比以前的生意还好。随后，祖宪庭凭借跟张作霖的交情又把悦来栈开到了奉天，也就是沈阳站前的这个黄金地段，结果没开多长时间，奉天的悦来栈也着火了，烧了个底儿掉。1921年原址重建后，祖宪庭把原来的2层楼加盖一层变成了3层楼，地下还有一层，中间还有一个6层的塔楼。里头还添置了不少现代化设施，不但加装了电梯，厨房也很先进，还有和面机和面包机。可以说，当时它是闻名遐迩的现代化高级宾馆。1923年日本关东大地震，祖宪庭借向日本灾区运送粮食为契机，赢得了日本官方的好感，使他在南满铁路附属地内的经营得到了强有力的支持。悦来栈鼎盛时期，在东北地区有十几家分号，触角甚至一度延伸至关内的北京、天津、青岛、烟台、济南等城市，开创了中国旅店业的“连锁经营”模式。在旅店经营之外，悦来栈还统一代办火车票中转业务，同时代理货币兑换，并从中收取中介费。可以说，悦来栈的商业运作是十分成功的，祖宪庭的投资眼光和经营能力是有目共睹的。他发家之后，积极投身慈善事业和教育事业，曾担任奉天同善堂的会长，并兼任中国红十字会辽宁分会会长等职。悦来栈因善于经营，获得丰厚利润，即使在伪满时期它的收入也处于稳中向好的势态，这种状况一直持续到1948年祖宪庭去世。此后，悦来栈的生意开始走下坡路，经营逐渐萧条，家业也由此衰败，最后连正常的开销也难以维系。1956年，国家对工商业进行社会主义改造时，悦来栈成为公私合营企业，并由此更名为“公私合营悦来旅馆”。改革开放以后，东北医药公司从沈阳铁路局买下了它的产权，于是它就变成了现在医药大厦的宾馆。

烧毁前的悦来栈

曾经的悦来栈，即现在的医药大厦，门牌号码是中山路2号，和它隔着中山路对街相望的建筑，现在叫“沈阳饭店有限责任公司”。当初它的名号是共同事务所与贷事务所办公楼。它的门牌号码是中山路1号。这1号和2号，仿佛中山路两侧永远关不上的两扇门板，历经百年竟然还傲然挺立。顺着中山路往东看，最显眼的，就是现在中山路25号的七福屋百货，现在叫倍思大厦。别看它现在被药房、宾馆、舞厅占据着，楼

重建后的悦来栈

中山路西侧路口旧影

七福屋百货旧影

高也只有6层，在周边的高楼大厦之间显得特别不起眼，当年可是方圆10里以内的制高点。它早在1906年11月就已经建成，年纪几乎与满铁附属地相仿。换句话说，这条路还没建成，它就先建成了。当时的奉天还没有现代意义上的百货商店，所以它就成了奉天近代第一家百货商店，同时也是日商在奉天开设的最大百货商店。七福屋百货分为地下1层，地上5层，占地1080平方米，主要经营针织百货、服装鞋帽、日用品、电器、高档进口用品等，当时能想得到的基本上都可以在这里买到。1934年，七福屋百货重新翻盖。1940年改为三中井百货店。二战结束以后，东北人民政府曾经在这里搞过东北物资交流大会，之后又改为东北工业陈列馆，1959年改为东北真空研究所，1963年变为友谊公司，1970年改为辽宁轻工产品商店，1983年改为辽宁商场，再后来就变成了倍思大厦，至今依然有使用价值。在此期间，它又被加盖了1层，也就是人们现在能看到的6层楼。小小一栋6层楼，身上镌刻的痕迹都够写成一本书了，这里来来往往的主人和过客们，有的已经没了，有的已经老了，所幸，它还在。

过了七福屋百货不远，还曾有一个大百货店，这个百货店是1932年11月11号开业的，叫“满蒙毛织株式会社百货店”。一听这个名字就知道它是满蒙毛织株式会社的“三产”。它当初的具体位置就在现在太原街和中山路交叉口的南侧，门牌号是中山路49号。一提起这个位置老沈阳人都比较熟悉，即原来的沈阳百货公司第一商店，简称“沈百一店”。虽然2009年它已经被拆除了，但是它给老沈阳人留下的记忆却非常深刻。20世纪三四十年代，它是整个东北地区设备最新、营业额最多的大型百货商店，在朝鲜、日本以及中国境内设有11处分店和办事处。

满蒙毛织株式会社百货店

斜对面的中山路50号现在归沈阳市邮政局使用，它的前身是日本人的“奉天邮便局”。据《沈阳邮政志》记载：1915年10月1日，“奉天邮便局由西塔附近迁入奉天铁道附属地昭德大街新建楼房办公”。从20世纪初日本人在西塔搞邮政开始，一直到1931年九一八事变之前，以奉天邮便局为中心的日邮系统已经形成，日本人根本就不使用中国政府开办的中华邮政。按国际法和惯例，一国的邮政在哪里，国家就在哪里，国家的主权就在哪里，而日本人这种公然侵犯中国主权的行为，却因为没有遇到有力的抵抗而愈发肆无忌惮。可是，1932年“伪满洲国”成立以后，日本却将奉天

奉天邮便局

邮便局及下属单位全部移交给伪满洲国奉天邮政管理局管辖，日伪邮政合二为一，日本在奉天的“客邮”史从此结束。但听命于日本的伪满洲国邮政史也就此开始了。二战结束以后，这个地方才回归中国。此后的几十年间，虽然它的名称和归属时有改动，但它干的始终都是邮政的活儿。客观上，它得到了相应的保护。现在，它早已被沈阳市文物局列为沈阳市第一批不可移动文物。尽管它现在没有了当年门庭若市的繁华，没有了市民排队买邮票、杂志、寄信的那番热闹景象，但门可罗雀的它，依然在默默提供着邮政服务。而作为一栋历经风雨而又坚固耐用的历史建筑，它的研究价值和历史价值更值得人们珍惜。

中山路90号位于中山路、同泽北街和北三马路的交汇处，这里虽然在后来被人用来卖表，但是它原来的名字并没有被人忘记，它就是大名鼎鼎的“秋林公司”。秋林是个俄国人，全名叫伊万 · 雅科夫列维奇 · 秋林。他出生于1834年，1867年在伊尔库斯克创办秋林公司，经营粮食、毛皮、茶叶、金矿等生意，业务范围覆盖远东和西伯利亚，是当时声名赫赫、规模可观的大“托拉斯”企业。秋林公司非常看重远东的生意，它也是远东俄军的主要后勤供应商，总部设于伯力。尽管秋林本人在1895年就已经死了，但他的继任者阿 · 沃 · 喀希牙诺夫依然把目光聚焦在远东，尤其是沙俄拿着《中俄密约》攫取了东清铁路修筑权以后，铁路沿线兴起了几座城市。1900年，秋林公司把生意做到了哈尔滨，并为哈尔滨带来了著名的哈尔滨红肠，也就是秋林公司最早生产的以猪肉和牛肉混合的“波兰立陶宛风味灌肠”，也因其俄语音译被叫作“里道斯”。1906年，秋林公司来到了奉天，在老城内鼓楼北侧创办了秋林洋行。1923年秋林洋行通过贷款在

秋林公司

浪速通新建了营业楼；1925年新楼建成，遂将秋林洋行迁入新址。1933年，秋林洋行因无力偿还贷款而被英国政府接管；1937年7月，又改由英国、日本、伪满洲国三方联合经营，更名为秋林株式会社奉天支店，由日本人主管日常经营活动。1945年日本投降后，秋林株式会社奉天支店被苏联政府接管，开设了营业厅、酒家、舞厅等，专为外国人服务，并改称秋林股份公司沈阳分公司，后又将公司迁至藤田洋行原址，也就是秋林公司现址——现在的中山路90号。1953年7月，经中苏两国政府协商，苏联将秋林公司沈阳分公司转售给中国。同年10月，以中国国营秋林公司沈阳分公司名义对外营业。

接下来就是中山广场那一圈保存得相对完好的老建筑，由中山路与南京街相邻处沿顺时针方向分别可以看到：中山路97号辽宁宾馆（原大和旅馆）；中山路104号工商银行中山广场支行（原横滨正金银行奉天支店）；中山路106号沈阳市公安局（原伪奉天警察署）；中山路108号辽宁省电子研究设计院（原三井洋行）；中山路112号华夏银行中山路支行（原日本朝鲜银行奉天支店）；中山路101号甲沈阳市总工会（原东洋拓殖株式会社奉天支店、日本关东军司令部）以及沈阳铁路局公安处（原奉天满铁株式会社出张所、满铁奉天地方事务所）等。

原则上讲，中山广场周围的这几栋楼是不分伯仲的，建造年代差不太多，政治地位举足轻重，但是从知名度、迎来送往的总人数、影视剧取景地的青睐度等标准来看，中山路97号的辽宁宾馆不但略胜一筹，甚至遥遥领先。

辽宁宾馆最初叫作“大和旅馆”，实际上是“满铁”旗下连锁宾馆的一员。从1909年开始，满铁先后在中国东北建了7座旅馆，分布在南满铁路沿线的几大城市以及矿山所在地，有旅顺、大连、长春、奉天以及哈尔滨等。最初，大和旅馆差一点儿被叫成“满洲旅馆”，因为当时的满铁理事田中清次郎比较中意“满洲旅馆”这个名字，但遭到总裁后藤新平的坚决反对，他“企图使外国旅客对日本固有国名‘大和’留下印象”，于是将旅馆名称统统定为大和旅馆。尽管大和旅馆看起来像是一个纯商业机构，但是满铁的背景注定了它并不仅仅只有纯营业性质，而是带有半情报机关的色彩，其接待的主要对象是高级别的军政要员。奉天大和旅馆，始建于1927年，由原满铁建筑组织的最高责任者小野木孝治与其下属横井谦介和市田菊治郎一起成立的共同建筑事务所提供的建筑设计，施工标准也是当年的最高水平，建筑面积约1万平方米。1929年奉天大和旅馆竣工，成为奉天规模最大、最豪华、最高档的宾馆，当时只有满铁高官及关东军少佐以上军官才有资格进入。

九一八事变之前，日本关东军中的激进分子就经常以奉天大和旅馆为据点聚会，商讨侵华之策。九一八事变当天，这里成为关东军的前线指挥部，坐镇此处的日本关东军高级参谋板垣征四郎在接到柳条湖爆破成功的电话后，立即以关东军司令官本庄繁的名义连下了四道命令，要求关东军进攻北大营。偷偷架设在满铁附属地的日军240毫米大炮直接把炮弹打到了北大营。之后关东军操纵及导演的所谓“四巨头”会（辽宁省政府主席臧式毅、吉林省副司令长官公署参谋长熙洽、黑龙江省主席马占山和东省特别区长官张景惠），阴谋策划筹建傀儡政权的会议亦在此举行。会后不久，伪满洲国即宣布成立。当年举行会议的地点，就在今天辽宁宾馆的第三餐厅，那里的格局和装修多少年来未曾改变，使用功能也一直延续下来。

奉天大和旅馆旧影

1933年，奉天大和旅馆中还酝酿出一个巨大的骗局。生于中国长于中国的13岁日本少女山口淑子在当年大和旅馆的秋季音乐会上演唱了一首歌曲《荒城之月》，她美妙的歌声和靓丽的形象以及流利的汉语引起了日本奉天放送局的注意。从此，她渐渐被刻意包装成“中国少女李香兰”，拉开了一场政治阴谋的序幕。

1945年光复后，蒋介石及国民党内多名高层要员多次来到沈阳，部署东北战局，当时他们基本都住在大和旅馆。1948年沈阳解放后，中共中央东北局在此成立由陈云领导的沈阳特别市军事管制委员会，并以此为办公地。1950年3月1日，访苏归来的毛泽东曾下榻于此。

近百年过去，“大和旅馆”变成了“辽宁宾馆”，但这座建筑基本没有什么变化，它的用途也没有什么变化，甚至天花板上的雕刻和吊灯也从未做过变动，大堂两侧木制旋转楼梯台阶上铺设的防滑牛皮还是当年的样子，餐厅的巨大木门、衣帽间里的贝壳雕刻屏风都会在你看见它们的一瞬间把你拉入一种历史情境之中。这种集聚了文化价值、文物价值，又兼具历史价值和使用价值的好地方，理应得到重视和保护。1996年它被列入沈阳市文物保护单位，2007年升为辽宁省级文物保护单位。

过了中山广场，中山路上能够记载历史的老建筑依然随处可见：中山路118号的赤十字社支部旧址，中山路180号的奉天无线电报局旧址都是人们抬头不见低头见的“熟面孔”。前文提到了这么多有名有姓有故事的地方，却并不是中山路的全部。举个例子来说，打开沈阳市人民政府2013年公布的《沈阳市第一批历史建筑名录》就可以看见，在第一批的41处（63栋）建筑中，有21处位于中山路，其中有中山路6号的一力旅馆旧址、中山路12号的九州馆旧址、中山路14号的岩间商会旧址、中山路20号的木村洋行旧址、中山路36号的大国旅馆旧址等具名的，也有因为多种原因不具名的中山路28号建筑、32号建筑、133号建筑、124号建筑、128号建筑、136号建筑、137号建筑、152号建筑等。除此之外还有广州街81号建筑（今歌德书店）这种门牌不在中山路，但建筑的另一侧坐落在中山路上的。在《沈阳市第二批历史建筑名录》里还有中山路22号的弘文堂旧址，中山路36号建筑和中山路214号、216号的蔡少武旧居等。

可以说，中山路上的这些能够反映街路与城市变迁的建筑实在是不胜枚举。沿着中山路1号、2号、3号逛下去，中间有的地方开放，有的地方不开放，间或宾馆、书店、饭店、咖啡店、百货店，如此下来，可以充分感受中山路的建筑美感。

中华路

沈阳站站前的道路辐射网是个扇形，向东北方向延伸的是中山路，向东南方向延伸的是民主路，正东方向与胜利大街垂直的是中华路。不过“中华路”这个名字是1946年起的，1910年这条路具有鲜明的地域特征，叫“沈阳大街”。1919年，被日本人强行改成“千代田通”。日本人为什么偏偏对“千代田”情有独钟呢？原因很简单，东京最开始还是个小渔村的时候就叫千代田，而直到现在，东京的千代田区依然是东京核心区域及日本的政治心脏，日本王宫、议会、首相官邸、中央行政机关、最高裁判所等都集中在这个区域。从当时的命名和建设来看，他们谋取我们大好河山的狼子野心昭然若揭。

1945年抗日战争胜利以后，沈阳的这些街路名称才被慢慢地改正，虽然在1966年到1981年间中华路曾被改作东风大路，但是它最终还是改了回去。从1946年至今，取“中华民族”之意的中华路阅尽繁华，依然繁华。

沈阳的中华路虽然历史没有那么悠久，却独具特色。它建于1908年到1915年之间，比中山路稍微晚了一点儿。它像是满铁附属地的对称轴，连接了这块近乎矩形区域两个长边的中间点，西边的点是铁道大街上的奉天驿（今沈阳站），东边的点是国际大马路上的马路湾。自打这条路建成，它的长度就没有增减过，一直是1430米，因为它的两端一直是固定不变的。

中华路的西侧定位是以当年的奉天驿为基准，但是中华路开建的时候，奉天驿也只不过是刚刚确定完位置而已。在它之前，奉天有一个火车站叫“茅古甸”，那也是奉天的第一个火车站。1899年，沙俄在东北修建了东清铁路的南部支线，铁路修到奉天以后，在现在的老道口附近建了一座俄式青砖平房，名为“茅古甸”。茅古甸是俄语发音，是俄国人对满语“谋克敦”的译音，而谋克敦最初是皇太极改元建都之后给沈阳中卫城改的名字，意思是“天眷盛京”，后来盛京虽然改作了奉天，但谋克敦这个名字却延续了下来。当时，茅古甸远离主城区，站前一片荒芜，站内的铁路线只有5股，属于四等站，是个简陋至极的小站。日俄战争以后，日本取代沙俄占领了铁路，因为嫌俄国人建的车站小，他们在1907年扩建了站房，新修了站台。没过多久，他们还是觉得小，于是就在距离老道口茅古甸站以南1.2公里处选定了一个新站址，投资30万日元新建了一座车站。1910年10月，新站建成，被命名为“奉天驿”。奉天驿的建筑风格被人们定义为“辰野式”，这个“辰野”指的是日本近代著名建筑师辰野金吾，他是日本第一批去英国学建筑的留学生，回国以后致力于让西方建筑扎根于日本，并积极投身教育，培养出无数的后继者，成为代表日本明治、大正时期的建筑界大师。需要厘清的是，辰野金吾的名头响是响，但是奉天驿不是他本人设计的，他的学生太田毅才是真正的设计者。太田毅1901年毕业于东京帝国大学建筑学科，1907年来到满铁建筑课工作，1910年回到日本，1911年病逝，他比他的老师辰野金吾死得还早。在奉天驿尚未完工之前，他就离职了，剩下的工作是由吉田宗太郎帮他完成的，如此交接工作的还有大连大和旅馆（今大连宾馆），也是吉田宗太郎帮太田毅做的收尾工作。太田毅还有一个代表作就是奉天驿对面建于1910年的“满铁奉天地方事务所”（中山广场那个“满铁奉天地方事务所”是后来搬去的），也就是现在的中华路1号沈阳铁路宾馆，已被列入辽宁省文物保护单位。这两座建筑是“辰野式”风格的集中体现，红砖的外立面，白色的线条、墙角，中央以及两翼角楼上大小不一的绿色铁皮穹顶，穹顶上开设的圆形天窗。这些非常具有辨识度的元素严格按照轴线对称分布，让人一看便知这座建筑的来历和渊源。所以后来建筑学界认为，奉天驿是沈阳外来红砖建筑的典型代表，标志着“满铁新市区”引进“洋风”建筑的开端。奉天驿和日本东京的东京驿（今东京车站）风格基本一致，有所区别的就是，东京驿是由辰野金吾亲自设计的。

中华路以及附近的中山路、南京街、和平大街等，都是以前满铁附属地里的重要街路。尽管那个时候我们积贫积弱，任人宰割，眼看着别人在我们的土地上随便盖房子还讲究风格而束手无策。但是时至今日，当初这些欺凌我们的人早已被我们赶了回去，这些建起来的房子也早已落入我们手里，它们全都是我们城市发展历史当中不可或缺的一分子，没有了它们，这段历史就断了一截。而中华路西端的这几座建筑，恰恰是这段历史中的重中之重。它们初建的时候，奉天城除了几座教堂是外来的西洋建筑之外，其他的建筑依然沿袭着几千年的传统，保持着农业社会的特征。它们的到来，是东洋化了的西洋建筑第一次进入奉天，也是刚刚成立的满铁在奉天进行的最早的试验。不论是辰野金吾这样典型的英国派，还是其他几位法国派、德国派，他们都是吸纳了上述建筑的经典气质，糅合了日本式的理解，才设计建造了那个时代日本的大量西洋古典主义建筑。奉天只是这次日本人“西学东渐”的余波。奉天驿以及对面千代田通（中华路）路口两侧的“满铁奉天地方事务所与奉天铁路事务所”和“共同事务所、贷事务所奉天铁路公安段”是奉天近代外来建筑的老前辈，也是沈阳城市发展的一个极具代表性的缩影。1920年10月，途经奉天驿的瞿秋白曾经写道：“车站上一片嘈杂的声音。行李搬出车子之后，却看不见一个中国脚夫。对面望着大和饭店雪亮的电光，传出些叮叮当当的刀叉声，好不热闹。”同时他还感慨：“为什么一出山海关到了奉天站，那繁华壮丽的气象与北京天津不相上下，却已经另一个世界似的。”

站在中华路上往西边看，最显眼的就是沈阳站，即以前的奉天驿，因为它就矗立在中华路尽头的中央；往东边看，基本上看不到几座老建筑，新盖的大楼鳞次栉比。它不像中山路，老建筑留存的相对还多些，在中华路从西往东捋，首先是现在中华路和太原街交叉路口，也就是满铁附属地时代千代田通与春日町和青叶町的交叉路口，

奉天驿

千代田通以北为春日町，以南为青叶町。路口南侧是现在的太原南街1号，也就是以前和平商场那个位置，在20世纪三四十年代是一座巨大的百货店，叫作“奉天几久屋百货店”。它是一家日资连锁商场，由时任日本国会议员岸田正次郎投资经营。这家百货店是1935年新建的，1939年8月才开张，是一栋3层的营业大楼，营业面积2750平方米。它经营日用百货、服装鞋帽、针织床上用品、纺织品、儿童玩具、舞台戏装、食品糕点、烟酒糖茶等十几个大类的商品，主要销售对象就是在奉天的日本侨民和伪满的中上层人物，全店从业人员有二百多人，绝大部分都是日本人，而它经营的商品也绝大部分来自日本。它是当时仅次于满蒙毛织株式会社百货店的日商百货商店，经营非常活跃。据说开张之后不到两年就赚回了全部的投资，但是这栋楼在1945年的时候已经烧毁了。路口北侧，就是太原北街86号，即现在中兴大厦那个位置，以前有好多家店，包括花屋、酒馆、洋服店、糖果店等，最著名的是消费水平最高的合名会社中谷时计店，总店设在日本大阪，在日本东京、名古屋，中国上海、长春等地都设有支店，在大连、抚顺、哈尔滨等地设有出张所，经营各国钟表、贵重首饰、宝石、金银器、眼镜、自来水笔、纪念品、锦旗、照相材料等。

满铁奉天地方事务所

千代田通东向

千代田通西向

如此看来，中兴的位置，很早以前就是一个卖奢侈品的地方。中谷时计店的那栋楼在20世纪50年代变成了“联营公司”，它在沈阳人的生活中足足火了三十多年，直到80年代被拆掉，挪到了中华路63号，也就是以前日本人忠灵塔的那个位置，而老联营的位置被中兴大厦给占了，老联营的繁华也被中兴大厦取而代之。

其实，从中华路太原街路口到中华路南京街路口，乃至从中华路胜利大街路口算起，是看不到什么昔日景观的。以前春日町的所有老店铺几乎全军覆没，但唯有临近中华路南京街路口，有两栋建筑会让人眼前一亮：一个是以前的“志诚银行”，一个是以前的“满洲中央银行千代田支行”。

说起沈阳的银行老建筑，我们可以笼统地把它们分为3类：一是日俄战争以后日本人建立的日资银行以及伪满成立后看似伪满银行实则日本控股的日资银行；二是奉天开埠以后涌入的美国花旗银行、英国汇丰银行、法国汇理银行等欧美系外资银行；三是张氏父子掌管的“家族银行”。满洲中央银行千代田支行当然是用来对东北进行金融掠夺的第一种，而志诚银行则是一个特立独行的例子，它三者都不是，属于硕果仅存的几家民族资本之一。志诚银行，源于由山西曹家控股的渊泉溥、富森竣、咸元惠、义泰长、锦泉福五家钱庄。1931年九一八事变以后，很多商户和有钱人纷纷歇业或逃回“关内”，钱庄放出的贷款大部分无法收回，而钱庄向官银号借用的款项已由1932年6月成立的伪满中央银行接管，钱庄必须偿还。也就是说，除非破产或倒闭，这些钱庄想跑都跑不了。1933年11月，伪满中央银行颁布了伪满《私营银行法》，目的是掠夺、渗透、控制东北的民营金融资产，计划通过大幅提高运营资本金门槛，让民营私营钱庄和私营银行因资本金不足而被淘汰。那五家钱庄谁也达不到40万元资本金的要求，如果想取得新的营业许可，就必须接受日本人的注资和控股。为了生存，也为了抗争，面对侵略者强大的军事和经济压力，这些民族资本并没有退缩。奉天“贷业同业”工会主席巩天民与五家钱庄老板商定了一个合并计划，要在中国的土地上坚持办中国人自己的银行，由巩天民代表五家钱庄向伪中央银行和伪财经部进行交涉申报。1934年

春日町旧影

满洲中央银行千代田支行旧影

12月，他们终于取得了营业许可证和股份公司注册证，新的银行定名为“株式会社志诚银行”，由股东选举曹氏家族股东代表曹章甫为董事长，戴国忠、赵铥等人为董事，巩天民出任常务董事长兼总经理。1935年1月4日，奉天志诚银行正式开业，经营存、放款、贴现、汇兑、押汇等业务。经过一番艰苦的努力，银行终于开张了，但是民族资本对日伪资本的抵抗才刚刚开始，想要在夹缝中求生存，智慧和勇气缺一不可。为了应对1938年12月伪满《新银行法》规定的100万元最低资本金，奉天大大小小的民族资本雪中送炭，纷纷到志诚银行来开户，使其达到要求；为了应对1942年7月日本人“强化整备”措施要求的1000万元总资产标准，志诚银行与同是民族资本的奉天实业银行合并，并将董事长的座位让给了奉天实业银行董事长陈楚材，曹章甫为副董事长，巩天民为常务董事兼总经理，合并后的志诚银行资本总额达到1200万元，总算没有被立即关停。但是，侵略者达不到目的根本不肯罢休，1943年5月，他们在东北颁布了《普通银行资金特定运用法》，规定民营银行存款总额40%支付存款准备金，30%用于购买公债，30%上交日伪中央银行存入“共同融资户”，由日伪中央银行支配使用，不准提取周转。存款行如急需用款也只能以此为担保向中央银行借款，这就意味着从资金流动上志诚银行完全丧失了经营自主权。没多久，志诚银行就陷入绝境，只能倒闭。1950年，东北银行负责人与巩天民等人协商，决定重新建立公私合营志诚银行。1955年银行业务移交中国人民银行沈阳市分行和平区办事处，但银行的牌子一直保持到1966年才被撤掉。现在它是工商银行南站支行，位于中华路118号。2004年沈阳市文物局将其列为沈阳市第一批70处不可移动文物之一。

“满洲中央银行千代田支行”就在中华路志诚银行的隔壁，但它现在的门牌号码是南京北街312号。该建筑建于1928年，当时是东三省官银号千代田分号，1932年7月挂牌成为“满洲中央银行千代田支行”。新中国成立后归辽宁省总工会使用，2004年被列为沈阳市第一批70处不可移动文物之一，目前被租用。

中华路南京街路口到中华路和平大街路口这一段属于中华路的东段。它和之前的西段一样，基本上被百货公司、商店、饭店、银行所占据，但好在还有建于1926年的中华路162号建筑侥幸得以留存。它其实是以前千代田通的街面上最典型的商业建筑，2层楼高，楼顶女儿墙下部突出，房檐装饰欧式花纹，云卷立柱。尽管这些细节已经被各种硕大无比的招牌和装潢挡在了后头，但是它的高度和格局依然会让人一眼就能看出它的非同寻常。

民主路

日本人霸占南满铁路以后，新修建了奉天驿，也就是现在的沈阳站，采用的是和东京驿相同的红砖青瓦，也属于“辰野式”风格，并称之为“满洲第一壮丽之站舍”。1919年，他们将沈阳站前的三条路都改了名字。“浪速通”取自于大阪，浪速是大阪的古代名字，得名于徐福首次乘船巡查此地时浪大水急。“千代田通”取自于东京，千代田是东京的古代名字。“平安通”取自于京都，平安京是京都的古代名字。这个所谓平安通，就是现在的民主路，由沈阳站向东南方向延伸，为区别于中山路大斜街，它始建之时叫南斜街。

1919年到1945年间，日本人不但改了我们街路的名字，还在这条路上建了一个平安广场，旁边还建了一座7层船式造型的建筑平安座，内设剧场座位，用来娱乐。直到1945年抗战胜利，这条路的命名权终于又回到了中国人手里，当时被命名为“中正路”，广场也改作了“中正广场”。1949年新中国成立以后，中正路正式被改为“民主路”，中正广场改为“民主广场”，平安座也改成了“宏大影院”。1950年，时任上海市市长的陈毅为上海工人文化宫题词，此后全国各地的文化宫纷纷建立。1956年“宏大影院”改名“沈阳市文化宫”，一直延续到今天。

民主路，始建于1913年，它的年纪比中山路和中华路都要小一点，在名气和规模上也比前两者要稍微低一点。民主路上有许多发往抚顺的雷锋号和城际公交，还有很多开往本溪、辽阳、鞍山的长途客车，而且民主路上还有环路公交车的始发站和终点站。除了交通之外，在民主路两侧曾经随处可见卖电机、轴承、五金、零件的小店。在民主广场下面还有一个地下商业街，附近还有专门卖眼镜的眼镜城，专门卖调料的调料批发市场。这条路不但白天人声鼎沸，夜晚也是从不消停。由于附近有一个著名开发商的公寓，住了一些昼伏夜出的人，再加上此地距离火车站甚近，导致这片地区从深夜到凌晨，小吃摊子忙得不亦乐乎，天亮之后常常看见一地油污。

起初，民主路被日本人叫作“平安通”，民主广场叫作“平安广场”。平安广场有3条大路穿过，分别是平安通（今民主路）、青叶町（太原南街）和南二条通（南二马路），由此形成了6个大路口。在平安广场的西北向路口，也就是奉天驿方向的平安通两侧，有两个著名的招牌。右侧（北侧）的3层建筑上的招牌写的是“七福屋支店”，也就是前文提到的七福屋百货店的分店，现在这栋楼早已不存，取而代之的是一栋十几层高的大楼；左侧也是栋3层的建筑，但现在已经被铲平盖了新楼，当初它的一层写着“商务局”，地图上在相应位置标注的也是“商务局”，但它的2层挂的牌子是“满洲文化协会”。

日本人在文化侵略方面从来都是不遗余力，早在日俄战争结束以

奉天驿

平安通西北向俯瞰图

后他们开始办《盛京时报》，文化侵略的思路已经初现端倪。《盛京时报》是由日本人中岛真雄于清光绪三十二年阴历九月一日，即公元1906年10月18日在奉天创办的（原址位于今柳州街10号），1944年9月14日该报终刊。在历时38年的时间里，该报常常以“中立”的态度进行新闻报道和评论，但实则是以日本对华政策为依据进行文化渗透和舆论造势。尤其是九一八事变以后，该报几乎完全变为日军的侵华思想工具和舆论工具。1937年8月21日伪满洲国设立的“株式会社满洲映画协会”（简称“满映”）也是这个意思，只不过它的形式更加生动，奴化更加便捷而已。

在平安通的平安广场，洗面子和洗里子的地方恰好是面对面，就像唱对台戏一样。“满洲文化协会”主攻洗面子，而平安通的东南向路口，也就是“满洲文化协会”隔着平安广场的正对面，就是主攻洗里子的“平安座”。它现在叫沈阳市文化宫，具体地址是民主路260号，已被沈阳市文物局列为沈阳市第一批不可移动文物。

平安座始建于1935年，建筑面积9610平方米，剧场面积5190平方米，有座席1704个，是当时专门给在奉天的日本人提供观看电影和演出的大型高档娱乐场所。1936年“二二六事件”之后，日本政权几乎完全被军部掌握，使得法西斯主义在日本确立，成为日本军国主义的极端表现形式和最高形态。此后，大量鼓吹“为天皇效忠”“大东亚圣战”的电影和新闻片被生产出来，在日本国内以及所有占领区反复播放，以牢牢掌握日本士兵和民众，使其成为不会思考只听指挥的侵略工具。平安座当时最主要的任务就是播放这类影片，同时还承接各种日本演出团体的表演。一来可慰日本侨民和士兵的思乡之情；二来可以令其感念“天皇恩德”，让他们感受到天皇的“关怀”和“重视”，进而继续为天皇开疆拓土、犯罪杀人。宝冢歌剧团就是这类演出的典型案例。

宝冢歌剧团是1914年由日本阪急企业创始人小林一三创立的歌

平安广场平安座

宝冢歌剧团奉天平安座公演纪念

舞剧团，100年后的今天，它已经成为拥有成员400余名、毕业生4000余名，在全日本乃至世界都享有盛名的大型舞台表演团体，也是全世界演出回数最多的歌舞剧团。这样一个演出团体，虽然在20世纪三四十年代没有目前的这般影响力，但她们的演出范围已经非常大了。她们曾经专门到奉天平安座来表演，并留下了照片。老照片虽然清晰度有限，但是依稀可以看出当年宝冢歌剧团来奉天平安座演出时的状态，前排宝冢歌剧团的姑娘们笑得很开心，后排穿着军装的军人们也笑得很开心。不知道当时饱受战争摧残日军蹂躏的中国百姓看到此情此景是否会困惑，这些能够坐下来欣赏音乐，为演员的精彩表演而欢呼鼓掌，拍照时笑逐颜开的人们，怎么会在面对他们的时候是另外一副恶魔的模样？

平安座并没有随战争结束而垮掉，它变成了“宏大影院”，1956年又改为了“沈阳市文化宫”，成为市总工会所属的公益性事业单位。1984年，沈阳市文化宫开始转型，不再主要依靠政府拨款，而是逐步通过各种项目自己创收。文化宫开创了沈阳文化娱乐界的先河，把当时沈阳人民的文化娱乐活动搞得丰富多彩，至今依然被人们津津乐道。进入新世纪以后，文化宫虽然没有了当年的辉煌，但是依然坚持提供大量惠民而具有公益性的演出而为人们所称道。2007年，沈阳市文化宫的平安座旧址大楼进行了一次彻底的修缮和改建，把老建筑里头原有的东西大部分都拆掉了。大楼内部仅有4根直径半米的柱子得以继续保留。原来的1704个座席，也减少到了五六百个。

1985年的沈阳市文化宫

虽说当年的平安座是专门为日本人提供服务的场所，但它也为中国人培养了个别电影业的人才，比如说保安电影院的老板韩庆发。韩庆发少年时曾在奉天驿附近的日本电影院“奉天馆”门口捡拾观众的零食果腹，后来因其聪明伶俐勤劳肯干而被影院老板北川幸夫收留，做了一名小博役（勤杂工），进而送他去大连日本人开的新世界电影院学习放映。学习一年后，15岁的韩庆发掌握了放映技术，也熟练掌握了日语，回到奉天馆成了一名助理放映员。奉天馆由于经营不善倒闭后，他来到平安座担任放映员。在平安座干了几年后，韩庆发有了一点积蓄，萌生了创业的念头。他从岳父那里凑了一些钱，买下北市场的保安茶社，利用平安座淘汰的手摇放映机和几部老片子拷贝，在茶社里搞起了电影放映。后来，保安茶社就变成了“保安电影院”，北市人称它为“小保安”。只可惜开业不久后，小保安毁于一场火灾。1943年，新的保安电影院建成，影厅有820个座位，成为北市最大的电影院。1956年公私合营后，保安电影院更名为群众电影院，韩庆发继续留在电影院里工作，直到1981年退休。

在民主广场其实还留下了一栋老建筑，就是沈阳市文化宫南侧，与其分列民主路两边隔街相望的“奉天输入组合”，老地图上一般只简称为“输入组合”，它的全称应该是“满洲输入株式会社”，现在也被称作“日本外贸公司办公楼旧址”，它的具体地址是民主路107号。这栋尖顶的3层小楼建于1931年6月，现在归沈阳市公安局和平分局便衣警察大队使用。

南一马路

中华路在沈阳市的道路命名过程中起到了极大的地标性作用，比如说中华路向南的第一条路叫“南一马路”，往下数南二马路、南三马路，一直能数到南十一马路。其中南一马路于1913年叫“南一条街”，1919年叫“南一条通”，1946年改成南一马路至今。现在是一条一公里多点儿的三级马路。这条路上最不应该忘记的就是原来在南一马路10号的“日本南满洲铁道株式会社奉天图书馆”旧址。南满洲铁道株式会社，是一个实行军事、政治、经济、文化侵略的机构。从表面看来，满铁奉天图书馆不过是一个传播世界文化及辅导社会教育的机关，是馆藏书籍数量巨大、建馆规模当时在亚洲首屈一指的图书馆，实质上却是一个地道的综合侵略机构。西班牙式建筑风格的正式馆舍于1921年9月建成，1946年4月25日被国民党政府接收；1948年11月2日随着沈阳解放而回到人民手中，后来成为沈阳铁路图书馆，是第一批沈阳市不可移动文物。2009年图书馆被移动到南三马路异地重建。重建后的图书馆由原来的2层变为4层，样子变化很大，而南一马路也失去了它的地标性建筑。

奉天满铁图书馆实际上是1910年秋天建立的，1921年才迁至现在的南一马路。1906年11月26日南满洲铁道株式会社在东京正式成立。1907年，会社总部从东京迁往大连；同年4月23日满铁调查部成立，同时设立满铁阅览室，是为满铁图书馆的发端。至1935年5月16日“新京”（长春）白菊町分馆成立，满铁在东北共建立了31个图书馆和分馆。奉天图书馆是其中唯一一个能够与总部大连图书馆比肩的大型图书馆。世人皆知，满铁是代行日本国策的殖民机构，既是掠

后藤新平

夺中国财富的机关，又是搜集情报、供制定军事计划的特务大本营，还是文化侵略的后台老板。满铁调查部和东亚同文书院是日本在中国最大的两个情报机关，而满铁大连图书馆和奉天图书馆正是满铁调查部的直属机关。也就是说，满铁图书馆实际上是包藏祸心的文化侵略，而绝不是文化交流。这份祸心有一个外壳叫“文装的武备”，它的始作俑者不是别人，就是满铁的实际开创者，满铁的第一任总裁——后藤新平。

后藤新平，被日本人称为首屈一指的殖民地经营家。他少年学医，后来留学德国，由于在甲午战争之后出任陆军检疫事务官长，受到儿玉源太郎赏识。于是，1898年儿玉源太郎出任台湾总督时，安排后藤新平出任台湾总督府的卫生顾问，尔后又把他破格提拔为民政长官。在台湾期间，后藤新平反对把日本岛的法制直接输入台湾岛，以比目鱼和赤鬃鱼为例提出了著名的“生物学原则的殖民地经营法则”。一方面废除了前任总督乃木希典“三段警备”的统治模式，结合中国的“保甲制度”创立了渗透于民间，无孔不入、无处不在且极为严苛的“警察政治”；另一方面他又施以怀柔政策，提出“治台三策”，以“渐进同化”为目标，维护社会秩序，改善公共卫生，统一币制以促进金融与商业流通，开发水利与火利发电厂，从而奠定台湾发展工业的动力基础，发展轻工业，推动铁路、公路和港口等交通设施建设，巩固日本人以及日语在台湾的统治地位。对于当地民众喜欢吸鸦片的陋习，他将原来的清肃改为放宽至“专卖”，并大搞“飨老典”的敬老活动，以及“扬文会”这种对读书经商精英进行的表彰活动等。他协助儿玉源太郎颁布了《台湾地籍规则》《土地调查规则》，并组织大批人马对全台土地重新进行丈量。通过这次丈量，台湾耕地面积比原来多了一倍，日本对台湾的土地税收入也因此翻番。与此同时，台湾的各种资源、物资遭到疯狂掠夺，使日本政府大获其利。

1906年7月23日，刚被委任为满洲经营调查委员会委员长的儿玉源太郎因脑出血在东京去世，后藤新平带着儿玉源太郎的举荐和殖民台湾的经验来到中国东北，后来成为南满洲铁道株式会社的第一任总裁并创办了满铁图书馆。

满铁图书馆在日本殖民侵略中发挥的作用，由文献收集、文献研究进而文化侵略、文化掠夺，由思想渗透、思想干预乃至思想禁锢、思想奴化。满铁图书馆的所作所为铁证如山，现存的满铁资料可以充分证明。

在这些兵不血刃的罪证当中，奉天满铁图书馆是极具代表性的一个。但就是如此重要的一个看得见摸得着还有幸保存了88年的建筑，一个已经被认定为不可移动文物的建筑，竟然在2009年1月被拆除了。瓦砾被清理走以后，原址很快建起了一座高楼，而南三马路12号新建起了一座长得有点儿像奉天满铁图书馆的矮楼，这栋挂着“沈阳铁路局图书馆”的建筑并没有采用旧址的一砖

奉天满铁图书馆

奉天满铁图书馆内部

拆毁前的奉天满铁图书馆

一木，甚至连同造型一起做了改变。

再来说说奉天千代田小学的历史变迁。1924年满铁在大连创建了满洲教育专门学校，这是专门培养小学教员的教育专科学校。1926年该校移至奉天。1927年，成立满洲教育专门学校附属小学校，即“千代田小学校”，专门招收日本在华侨民子女；1933年至1936年，为“奉天千代田寻常高等小学”；1937年至1940年，为“奉天千代田小学”；1941年至1943年，为“奉天千代田在满国民小学”；1944年至1945年，为“富士青年学校”；1945年11月至1946年7月，为“沈阳千代田国民学校”；1947年9月长白师院学生迁入，后迁抚顺；1947年至1948年，为“文理学院”。

1949年5月1日，由张闻天命名的“东北第一育才小学”正式开

奉天千代田小学旧影

学，徐特立为学校挑选教师。当时，这所学校隶属于东北局，是东北局和东北军区干部子弟学校，学校实行供给制，学生一律住校。第一任校长为李立群。1951年，贺龙曾来到该校看望师生。林彪和叶群也曾两次来校。东北行政委员会教育局曾专门发文，对学校及学生的各项开支费用做出明确规定。当时教育界主要学习苏联的教育理论和办学经验。学校多次接待苏联人的参观访问，并请苏联教育专家来校讲教育学。1954年7月，根据中央财政部及东北局决定，沈阳市教育局接管学校，更名为沈阳市育才完全小学校。1956年，辽宁省委办公厅发出通知，将原育英小学合并于育才小学，改为普通小学，实行走读制。合并后，学校已发展成为一所有教学班20个、学生993人，教师28人的颇具规模的完全小学。1956年，与沈阳市第五十三中学合并，同时招收小学、初中学生。后与沈阳市第五十三中学分离。1958年，学校设初中部，正式招收初中学生。1968年8月，改校名为“沈变育红学校”。1970年，改校名为“沈阳市第一二一中学”。1975年，取消小学部，实行九年一贯制。1981年，直接隶属沈阳市教育局，被确定为省级重点中学，其初中教学成绩一直名列市区首位。高考成绩从居于重点中学中部位置，逐步上升到文理各科平均分、大学升学率、重点大学升学率、重点大学保送率均居于全省首位。1997年，浑南校区奠基。1998年，高中部迁入沈阳市浑南新区。1999年同日本关西语言学院合办的中日友好分校（高中，后更名为东北育才外国语学校）也在浑南新区开学。

南一马路并不是一条大马路，但是它所承载的是文化、教育这样的大事，它的肩上有着杀人不见血的武器留下的伤疤。

同泽街

《诗经·秦风·无衣》里说，“岂曰无衣，与子同泽”。衣是指外衣的战袍，泽是指内穿的汗衣。少帅张学良当年偏爱这“同泽”二字，是为了表达“培养桑梓子弟同仇敌忾共报国恨家仇”的心境，由此设立了几所以“同泽”命名的学校，还有“同泽俱乐部”。但无论是同泽中学还是同泽俱乐部，却都没有坐落在沈阳的同泽街上。

同泽街，始建于1912年，最初叫“西六条街”。1919年，日本侵略者强制将所谓满铁附属地所有的街道都改用日本名称，西六条街被改为“琴平町”，西六条街延长路被叫作“稻叶町”。抗战胜利后的1946年，琴平町被命名为“同泽街”，就是后来的“同泽北街”。为纪念台儿庄战役胜利，稻叶町被命名为“台儿庄街”，直到1957年划入同泽街。1989年，将中华路南部的同泽街改称为“同泽南街”。

同泽街虽然跟同泽中学、同泽俱乐部没有直接关联，但是它们同样表达了“与子同泽”的情义，让人永远不会忘记。

满铁附属地里比较好认的是东西向的马路，以千代田通（中华路）为基准依次向南是南一条通、南二条通、南三条通直到南十一条通，也就是现在的南一马路直到南十一马路。建设时间也是按照数字顺序先后排列，从南一到南四的1913年、1914年一直延续到南十、南十一的1934年和1935年；依次向北是北一条通、北二条通直到北九，前七条的建设时间是1912年，北八马路和北九马路始建于1927年。南北两侧，按序排开，一目了然，而南北向的街路就有些难以分辨了。

由现在的胜利北街和胜利南街（以前叫宫岛町和若松町）开始往东数，第一条街是昆明北街和昆明南街，以前叫“桥立町”和“红梅町”；第二条街是民族北街和民族南街，以前叫“松岛町”和“弥生町”；第三条街是兰州北街和兰州南街，以前叫“江岛町”和“霞町”；第四条街是最著名的太原北街和太原南街，初建时被叫作“西四条街”，后来被叫作“春日町”和“青叶町”；第五条街是天津北街和天津南街，以前叫“住吉町”和“藤波町”；第六条街是同泽北街和同泽南街，以前叫“琴平町”和“稻叶町”；第七条街是南宁北街和南宁南街，以前叫“八幡町”和“葵町”；第八条街是南京北街和南京南街，以前叫“加茂町”“富士町”和“荻町”；此外还有以前叫“宇治町”的广州街，以前叫“木兽町”的苏州街，以前叫“淀町”的桂林街，以前叫“隅田町”的柳州街，以前叫“新高町”的南昌街，以前叫“筑波町”和“竹园町”的常德街，以前叫“浅间町”和“桂町”的徐州街等。这一大片地区保存下来的很多老建筑，除去中山路、中华路和民主路等大街路上的著名建筑之外，这些街区还存有以下名列历史建筑名录的建筑：民族北街27号建于1929年的下野集团旧址，民族北街38号建于1925年的昭和自动车旧址，民族北街40号建于1925年的协田商店旧址，民族北街42号建于1925年的奉天信托会社旧址，民族北街44号建于1925年的牛乳站旧址，兰州北街4号建于1916年的南满铁道株式会社会馆旧址，同泽北街4号、6号建于1926年东亚劝业株式会社旧址，昆明北街43-1号、43-2号建于1937年昆明北街43号建筑，苏州街66号建于1937年苏州街66号建筑，广州街东侧北五马路25号和31号的北五马路25号建筑和北五马路31号建筑，民族北街和兰州北街之间的北四马路10号是建于1929年的松岛馆妓女院旧址，南宁南街尽头的南十马路73号沈阳市第一二四中学，内有建于1937年的葵寻常小学旧址。除此之外还有一些不知名姓的住宅和建筑群。

在如此众多的街路之中，同泽街不能算是最出位最显眼的，论商业繁华它不及太原街，论道路宽阔它不如南京街，论老建筑留存数量它比民族街少很多。按资料来看，当时的同泽街，也就是琴平町和稻叶町有几个高消费水准的饭店和旅店很有名气。饭店有琴平町的“关坛”，青叶町的“吉屋”“张半”，但也只是与春日町的“千里十里”“喜可久”、江岛町的“奴”不相伯仲而已；旅店有琴平町的“沈阳馆”、稻叶町的“浮月旅馆”，仅是十几家大旅馆之中的两家而已。顺着这条街往北走，一直走到头，二战结束以前琴平町的尽头是日本人非常重要的圣地——奉天神社。

奉天神社的创立时间是日本大正四年，即公元1915年。此时，明治天皇唯一的儿子大正天皇已接班4年，这也是明治天皇被列为祭神的原因之一。由于奉天神社在日本人心中的地位很高很重要，所以

奉天神社旧影

奉天神社社务所旧影

秋林公司东侧路口的奉天神社标志

相关资料、照片和明信片数量很多。连隔着一段距离的路口的奉天神社标志都有照片为证。它所在的位置就在现在的同泽北街与中山路交叉路口的东北角，也就是当年琴平町和浪速通交叉路口的东北角、秋林公司的东侧，近年来此地一直是一家洗浴中心。紧挨着秋林公司北侧的是建于1926年现在已经被列为沈阳市市级文物保护单位的浪速馆，再往北的那些建筑就没那么幸运了，受重视程度一个不如一个，直到连影儿都看不着。浪速馆北侧是奉天新闻社，再往北是位于同泽北街4号成立于1922年的东亚劝业株式会社。它们都处于听天由命的危房状态，东亚劝业株式会社北侧是已经消失了的奉天神社。

奉天神社曾经的位置在现在沈阳军区八一剧场院内，那里在1945年之后的五六年间一直处于荒废状态，直到20世纪50年代初才被沈阳军区政治部改造成军人俱乐部，并先后修建了八一剧场、体育馆、游泳池、露天电影院等。那些自1915年至1929年陆续建造而成的建筑，包括本殿及附属建筑、社务所、神社西面外苑的相扑场和大弓场等都被陆续拆除。到20世纪80年代的时候，只剩下一座拜殿，被作为沈阳军区学雷锋纪念馆保留着。中日邦交正常化之后，日本人到沈阳来专门拍摄过这栋建筑。此后不久，这栋建筑也被拆除了。如今，在整个八一剧场院内，只剩下两只原神社拜殿前的神兽和北面十余米原来神社的院墙。

奉天神社拜殿

20世纪80年代的奉天神社拜殿

斗转星移，时代更迭，“同泽”的旧事已经大部分被世人所遗忘，但是即便到了今天，新的“同泽”也会矢志不移，至死不变，成为戈，成为矛，成为戟，成为甲兵。在地图上，也在历史上，把同泽北街尽头的这片区域永远钉住，就算有再多的人忘记了这地儿曾经有一个奉天神社存在，只要有“同泽”在，记忆就还会在。

中兴街

1946年，当时的沈阳市政府将日伪时期的街路名字都改正过来，以当时国名的每一个字作为字头命名了其中四条街，日伪时期的敷岛町就被命名成为“中兴街”。这条路始建于1934年，算不上宽阔，一公里的长度并不怎么出奇，时至今日仅仅只是个二级马路。相比之下，中兴街与南五马路交叉口东北角上的中兴街31号金昌镐寓所旧址，比中兴街显眼得多。

这座3层小楼建于1936年，楼顶是绿色琉璃瓦，墙裙材料是花岗岩、米黄色瓷砖罩面。它是由日本人设计、朝鲜籍侨民金昌镐投资，是当时沈阳唯一由朝鲜人投资兴建的住宅。沈阳解放以后，人民政府接收了这座小楼，住在小楼里的人也发生了变换。“文革”前，《共产党员》杂志社在这里办公，“文革”后归辽宁省测绘局使用。从1988年起，东北国际投资有限公司使用该楼至今。2004年，这里被沈阳市文物局立为沈阳市第一批70处不可移动文物之一。

在沈阳市和平区和平南大街45号的中共辽宁省委后身至城中花园西门之间，有5条名字相似的街路，依次是中兴街、绍兴街、嘉兴街、宜兴街和振兴街。从1946年起，这5条街除了中兴街行不更名坐不改姓之外，其余4个都改姓了，嘉兴街连名都改了。绍兴街始建于1935年，当时没名字，1946年命名为“华兴街”，1989年改为“绍兴街”；嘉兴街始建于1935年，当时没名字，1946年命名为“崇德街”，1989年改为“嘉兴街”；宜兴街始建于1935年，当时没名字，1946年命名为“民兴街”，1989年改为“宜兴街”；振兴街始建于1936年，当时没名字，1946年命名为“国兴街”，1957年改为“振兴街”。也就是说，这5条街在1946年的命名思路是“中”“华”“民”“国”，中间夹一个“崇德”。

以中兴街为首的这5条街处于现在马路湾街道辖区的中心位置，在和平南大街、光荣街、方型广场、宁波路、南八马路包围起来的这片区域中，它们拥有本区域最早期的历史印迹之一“嘉兴街满铁住宅建筑群”，虽然它们比不过方型广场北侧东北建筑设计院门前的辽代墓葬，但是跟其他建筑比起来，它们的资历绰绰有余。民国初年，现在大部分马路湾街道辖区都属于奉天商埠地的预备界。依照民国六年，即公元1919年的《沈阳县志》，以及同年东三省陆军测量局绘制的《奉天省域译图》来看，这里就是郊区，到处都是树林、草地、土堆、芦苇丛和乡村小道，还有不少坟地散落其间。即便是民国十六年，即公元1927年的《奉天省城市街全图》，也只是在图上标示了一些预定线表示街区的未来规划，但是实际上依然是杂草丛生，坟丘累累，苇塘连片，人迹稀少。这种状况主要是受地缘因素影响造成的，奉天商埠地南部的副界、预备界地势比较低，现在的方型广场在当时还是那个距城墙10里、长度约10里的“十里码头”发端，每当浑河水位上涨，此地一直到南市场南部乱葬岗子以南一带几乎全部会被淹没。1928年3月，奉天商埠局开始沿界边修建防水坝，该工程分东西两段：东段（副界段）由七经路（今光荣街）至大西边门南段土边墙，长1938米；西段（预备界段）由七经路南口至南满铁道用地止，长3364米。这条防水坝成为商埠地南部的一道重要堤防线，也是最早的浑河大坝。据《沈阳市志·市政建设》记载：“解放前，此处（现方型广场处）被称作前十里码头，随着河道南移，码头附近成了一片涝洼荒地，以后虽作为商埠地预备界进行街路规划，但没有实施。”

随着时间的推移，日本人开始通过巧取豪夺扩大满铁附属地的面积，其东南角的边界本来只是到千代田公园（今中山公园）为止，后来它已经越过国际大马路（今和平大街）蚕食掉了奉天商埠地预备界的一部分，将公园东南角的矩形区域纳入囊中，包括现在的吉林街南侧的辽宁省委以及中兴街、绍兴街，直到嘉兴街为止。虽然留存于中国人手中的预备界区域并未开展城市建设，但已经落入日本人之手的预备界区域被满铁强行进行了翻天覆地的改造。1931年九一八事变之后，肆无忌惮的日本人更是放开了手脚。1935年，朝日高等女子学校建成，位置是现在的辽宁省委驻地，这个学校在1946年被时任东北保安司令杜聿明改为中正大学；1935年，兴亚会馆建成，后为中国国际投资公司辽宁分公司所在地，原省人大办公楼；1938年，满铁的宿舍和住宅群建成，这片2层砖木结构的日式建筑保存至今，位置就在现在的南五马路以北、绍兴街和嘉兴街之间。

位于中兴街31号的金昌镐公馆旧址始建于1935年，当时中兴街还叫敷岛町，算起来它比满铁的那片住宅建得都早，保存得也比那片住宅要好——坐北朝南的朝向，钢筋混凝土的结构，3层的楼高，绿色的琉璃瓦，方形的水泥柱。现在它基本上保持当年的外观，2004年被沈阳市文物局立为沈阳市不可移动文物，2008年升级为沈阳市文物保护单位。从所在位置和装修装饰上来说，它的居住条件比满铁的普通职员好得多。实际上，这栋豪宅最初的名字也不叫金昌镐公馆，它一开始挂的牌子是“大同土木株式会社”，这个“大同”不是“天下大同”的“大同”，而是当时伪满洲国的“执政年号”。这个会社实际上是专门为日本人提供土木工程服务的公司。当然，这并不是金昌镐为日本人打的第一份工。据说金昌镐刚从朝鲜来到奉天的时候，只是在西塔地区开了个小小的冷面店，并没有搭上日本人的线，但不久后，他就凭借自己精通汉语、日语和朝鲜语的语言能力加入了臭名昭著的东亚劝业株式会社，赚得了发家的第一桶金，自此开始做起了日本人帮凶的勾当。

东亚劝业株式会社旧址现在依然存在，就是前文提过的同泽北街4号，那个地方实际上是东亚劝业株式会社的总部。从诞生、运作到消亡，它13年的寿命都是在奉天度过的。可以说，“东劝”就是1922年至1935年日本掠取和经营中国东北地区土地的总机关。1922年1月20日，在日本外务省和拓务省的策划下，由日本的满铁、东拓和大仓等公司共同出资2000万日元在奉天设立了东亚劝业株式会社。同年5月1日又合并了蒙古产业公司，其主要任务为获得、改良及管理移民用地，主要目的就是招募和扶植日本移民。“东劝”自成立后，以“商租”“合办”“典契”“租契”“借款”等方式在东北抢夺了大量的土地。1935年12月，专门从事日本人移民事业的满洲拓殖株式会社成立，东亚劝业的有关业务移交新会社。1936年6月鲜满拓殖株式会社成立，东亚劝业将其有关朝鲜移民业务全盘交出，并宣告解散。

东亚劝业株式会社旧影

供职于东亚劝业株式会社的金昌镐当时为日本人操的心就是想方设法把中国人从自己的土地上赶走：赶走的人越多，他按下的地就越多；按下的地越多，他得的赏钱就越多。他表面上看起来就是给公司办理买卖土地的各类手续，俗称“跑地票的”，背地里为了赶走中国人没少下黑手出损招。有人叫他“金高丽”，也有人叫他“二鬼子”。这一来二去之间，他就发了财。九一八事变以后，他看准商机，在当时的长沼湖（今南湖）附近开了个沙场，挖沙石卖给日本人搞建筑用。赚足了钱之后，他就请日本人在敷岛町设计建造了一栋商住两用豪华建筑，挂起了“大同土木株式会社”的牌子，承接各种建筑工程，实际上还是为日本人卖命。他一面奴颜婢膝在日本人手底下赚钱，另一面毫不吝惜为朝鲜人花钱，资助朝鲜学生，资助朝鲜教育。西塔寻常高等小学校的礼堂就是由他出资20万元捐建的。西塔寻常高等小学校是西塔朝鲜族小学校的前身，现在是沈阳市朝鲜族第六中学，金昌镐捐建的礼堂早已被拆毁。1945年二战结束之前，金昌镐敏锐地预判了时局的变化，带着金银细软溜走了，留下的这座空楼，后来成为时任东北保安司令杜聿明的居住地和办公地沈阳解放以后，时任国家副主席的高岗曾经在这里住过几年，所以老百姓也习惯于把这栋楼叫作“高岗楼”。

但是建筑不会忘却，街路不会忘却。这些钢筋混凝土、沥青、砂石、水泥，都深深地镌刻着这里曾经发生过的事情。想要了解它很简单，只需走上中兴街，走近金昌镐寓所旧址，向前一步，多看一眼，往日的岁月就会浮现在眼前。

砂山街

砂山街，位于和平区西南部，北起南十马路，南至浑河大堤。1936年始建，当时名叫思孝街，1957年改名为砂山街。此地原属浑河故道，据《和平区志》记载，该地区原有一些砂包，以前把丘、岗都称为山，所以得名“砂山”。当年在砂山街的尽头，还可以看到盛京八景之一的“浑河晚渡”。康熙年间有一位火器制造专家戴梓，他发明了平定噶尔丹叛乱的冲天炮，却因遭人嫉妒陷害被流放盛京三十多年。在此期间他曾作诗吟诵“浑河晚渡”说：“暮山衔落日，野色动高秋。鸟下空林外，人来古渡头。微风飘短发，纤月傍轻舟。十里城南外，钟声咽戍楼。”这里曾经良辰美景奈何天，多年的棚户区也旧貌换新颜。21世纪初，砂山地区的棚户区仅仅在一年半之间就变成了砂山新村，建设者将中国古代传统文化融入了百姓生活之中。园林小筑，半亭藏古，长坊说孝，牌楼横空。一个“孝”字，还在继续讲述着砂山街的故事。

砂山街所在的砂山地区历史并不算悠久，这里离河道太近，离城区又太远，能找着的遗迹并不多，最早的得算是1981年挖出来的元代墓葬，它比方型广场的辽墓要晚些。1981年5月，建筑部门在当时的砂山街派出所北约100米处挖沙取土时，发现两处元代墓葬：一号墓出土文物有铜壶、杯托、铜勺、罐、盆、碗等；二号墓出土文物有罐、勺、盏托、铜镜等。两座墓葬均距地表85厘米，为硅石结构，长方形墓葬，墓室四壁为砖砌，底部砖墁，上盖有厚6厘米-9厘米的青色花岗岩石板。

元、明、清直至民国初年，砂山地区基本保持着野蛮生长的风貌，没有太大变化。20世纪20年代，日本人强占的满铁附属地已经不够他们折腾了，他们便把触角继续沿中央大街（今南京街）向南延伸，在现在的沈阳市外国语学校对面建了一个赛马场，名叫“奉天赛马场俱乐部”。这座赛马场其实就是个赌钱的地方，从1922年一直开到1945年才关闭。后来它的一部分改作了砂山盐库，一部分划归部队使用。对它稍有了解的年长的老沈阳人一般把这个历史上的赛马场叫作“砂山赛马场”，当时它是砂山地区最热闹的地方。这个赛马场热闹的时候，它西侧的整片砂山地区还没开发，砂山街还尚未规划。

砂山赛马场的创办者津久居平吉是与东北历史息息相关的一个人物。他参加过中日甲午战争，1903年留学北京，研究中日俄三国关系。1904年日俄战争时，他化名“林大辫子”，潜入辽西地区笼络马贼与土匪，与冯德麟、杜立山、金寿山等人结交，让他们成立“东亚义勇军”，配合日军从俄军侧面发动游击战，破坏俄军运输线。冯德麟等人对俄军的骚扰和攻击，对哥萨克骑兵的袭扰和阻击，直接促成了日军在辽阳首山和旅顺的胜利。由于冯德麟有这个特殊的“贡献”，他还获得了日本天皇授予的宝星勋章。后来，在日本军方和官方的施压下，盛京将军赵尔巽不得不收编了冯德麟的队伍。当然，这只是日本军方对于东北地方土匪的拉拢和安抚，目的就是为日后侵略东北提早布局，其耐心之久、用心之毒，至今想来依然令人心有余悸。在此期间，以职业军人身份进行特务工作的津久居平吉不遗余力地践行着吞并满蒙的计划，凭此一点就足以让所有中国人记住此人的名字。日俄战争之后，津久居平吉升任满洲独立守备大队大队长。没过几年，本来官运亨通的他在辛亥革命时支持了蓝天蔚，触犯上司忌讳而被停职为预备役，变成在野之人。随后他又与南方革命派走得很近，却再也没有在政治上翻身，于是他就专注于日本对东北的经济侵略和殖民开发，经营农场，开设赛马场，赚了不少钱。1931年，津久居平吉病逝于奉天，终年61岁。

砂山赛马场，并没有给砂山地区带来经济上的飞跃，真正让这里繁华起来的，就是砂山街。砂山街是沈阳市和平区西南部建设时间最早、最具有代表性的一条街路。直到20世纪六七十年代，它仍然是当地唯一的一条柏油马路。现在看起来与它不相伯仲的周边道路在当时都是小街小路，就像是砂山街这棵大树上长出来的枝丫。

1936年砂山街始建之时，它西侧的砂平街和砂川街也跟着一起开建了。砂山街的名字当时是思孝街，砂平街叫思孝西一街。砂川街思孝西二街，完全是按照方位纵向排序命名的。至于“思孝”，本来是中华民族的传统美德，但是从时间上看，当时的伪满洲国如此命名强调的肯定不是中华民族，结合当地的实际情况，加上它所需要的政治导向，“思孝”的概念和故事就被炮制出来了。1940年，与砂山街横向垂直的道路也纷纷开建，砂阳路就是当时的思孝横四街，砂南路就是当时的思孝横七街。1957年，抽象的“思孝”被取缔，取而代之的是看得见摸得着的“砂山”，它的具体位置是砂山街一段一里，也就是现在砂山街与砂阳路交叉路口偏北的地方。所有的街路都因为那里的两个大砂包而改了名字，包括后来的砂山人民公社、砂山街道办事处，都是因此而来。

后来，随着和平区不断扩城改造，两个大砂包直接被夷平了，原砂包所在地被改作了楼房、绿地、市场和体育场。如此一来，“砂山”这个源头没有了，这地方就改名了。据相关文件记载，2008年5月，按照民政部《地名管理条例实施细则》要求，地名应反映当地人文或自然地理特征，而地处浑河转角以傍水古文化文明的街区，原以“砂山”命名，现已无法真实反映本地历史文化及地理特征，旧日“砂山”痕迹已荡然无存，更名一事，趋向地区发展的要求，故将砂山街道办事处改为浑河湾街道办事处，下辖8个社区。

如果要附会的话，“浑河湾”这个名字其实还是有一定逻辑的，从地图上很清楚地看到，砂山街的尽头再溯游而上一点的位置的确是浑河的“湾”。这个地方比砂山地区开发得早，而且是自然形成的，依靠的是它得天独厚的地理位置。它就是火遍明清四五百年的著名码头兼渡口——罗士圈子。它的位置就在现在浑河北岸胜利大街胜利桥头和南京南街工农桥头之间，现在的名字叫罗士圈生态公园。

有清一代，不论政府招垦的利好，还是封禁政策的限制，关内人闯关东的脚步从没有停止过，有从山海关走陆路出关的，也有从渤海黄海走海路出关的。其中往奉天来的，除了走陆路从西边步行而来之外，不少人都是走水路来的。沈阳虽然不靠海却沿河，浑河当时作为辽河的支流，为沈阳带来了不少移民。罗士圈子的早期住户就有闯关东过来的，清康熙乾隆年间中街的早期商家有不少开丝房的山东人，还有早在清乾隆四十七年，即公元1782年就已建成闽江会馆的闽浙商人，他们之中相当部分是从山东登州府、莱州府乘船过渤海入辽河，再入浑河来到奉天的。他们之所以选择在罗士圈子下船，有些穷苦的人甚至直接就在罗士圈子落脚讨生活，主要是因为罗士圈子是明清两代最大的码头，它与奉天其他的众多码头如七间房、上木场、下木场、石庙子、望北楼、官渡、浑河堡等地相比，存在的时间最长，发挥的作用也最为突出。

据《辽海丛书》记载：浑河航运起于明代，兴盛于清代。除却冬天不能行船以外，从春到秋，浑河河道曾经是一片繁荣景象，往来船只穿梭如织。它们将浑河上游的木材、山货、粮食等，与南方的丝绸、药材、杂货等有效地进行了置换，使得当时的奉天成为水陆码头兴盛的南北货物集散地。清道光二十年，即公元1840年，“沈城浑河、太子河、巨流河每有私船偷运粮石之事”。3年后，经时任盛京将军禧恩奏请之后，当地政府开始对辽河上从事商业营运的船只征税(包括浑河、太子河)。清咸丰三年，即公元1853年，清廷令盛京将军、奉天府尹告知米商，准许自行运米到天津出卖，回船载货一律免税。这些史料中有关政府征税与免税的记录，为后人清晰地展现出一幅浑河航运繁忙的画卷。

清咸丰十一年，即公元1861年营口开埠以后，奉天的航运业较之往日更加兴旺。据《奉天通志》记载：“浑河，城南十里，一名小沈水。此水通行由来已久，夏季水涨时，由营口上溯可以输入邻省物品，顺流则装载粮、面出境。兴京所产木材运入县境，犹以此为通津。”罗士圈子由此更加繁盛，成为当时盛京将军府辖下地区下辽河、出渤海的重要门户和奉天府的水路交通枢纽，每天官船及大小私船往来于此不下千艘。大豆是洋人特别看好的农业资源，于是，在辽东大门被打开以后，与罗士圈子遥相呼应的营口一度成为辽东大豆的贸易出口地。辽东大量的大豆汇集于罗士圈子，经浑河、辽河运往营口，再向海外运送。据统计，1862年进入营口港的外籍货轮是86艘，3年后就增到274艘，有的甚至直接空船而来，目的就是来运大豆的。

罗士圈子拥有一个大码头、两个小码头，它的另一大功能是沟通浑河两岸，作为南北通衢的渡口。那时候浑河上面没有桥，过河只能乘坐渡船。作为最大的渡口，罗士圈子的往来客运量也是最大的，尤其是日落时分，奔波劳碌了一天的人们要往家里赶，南来的北往的集中出行，有点儿像现在沈阳晚高峰时的浑河桥、三好桥，只不过当时的渡口只能算是热闹非凡。

文人们在看到罗士圈子的这般景色以后，不免要抒怀一番，后来还把它列为“盛京八景”之一。康熙年间进士、翰林院编修陈梦雷在他的《留都十六景》组诗中如此评价，同治年间的《陪都纪略·留都十景》中芸香主人瑞卿也如此评价。瑞卿有“浑河晚渡”诗云：“暮景河间系短篷，客旅无边渡口行。但听钟声出晚寺，归舟隐隐有无中。”《陪京杂述》中说：“城南之浑河渡口，当年贾船粮艘，汇集于此，每于落日前后，欸乃声喧，晚船争渡。”

如此繁盛的一个码头，后来怎么就淡出人们的视线了？到如今只剩下一个公园了？究其根本原因，可以归结为运输业态的多样化，新型交通工具的日益发达，铁路、公路的发展使得浑河航运日渐萎缩，而究其导火索，就是东清铁路的建成。沙俄不怀好意，于1897年到1903年间在东北借地筑路，建成了T字形的东清铁路北部干线和南满支线，穿过奉天的南满支线，在越过浑河河面的时候建了一座铁路桥。1904-1905年的日俄战争中，沙俄把南满铁路输给了日本人，这座铁路桥自然也归了日本人。二者本质上并无区别，都是垂涎三尺贪得无厌的掠夺者，他们对于这座铁路桥的管理也是出奇的一致——以维护大桥安全为由，禁止一切船只通过铁路桥梁下方，浑河的航运业就此一蹶不振。《奉天通志》写道：“此年南满铁道建成，百货皆遵陆运，加以铁桥横阻，船运已停。”其实早在日俄两个侵略者在浑河南岸把脑浆子都打出来的时候，罗士圈子就已经遭遇毁灭性打击了。1905年3月，在奉天会战中，由南向北败退的俄军为阻滞日军追击，将在罗士圈码头过冬的船只尽数烧毁。这些船的标志分别是利庆升、永泉茂、玉成福、广昌栈、义集长等。虽然俄军之举杯水车薪，却砸碎了几百年罗士圈子赖以生存的航运基地，众多商号多年经营的基业也毁于一旦。不过，罗士圈子并未由此消亡。20世纪上半叶，由于浑河上只有铁路桥而没有公路桥，过河还是需要渡船来运送南北两岸的乘客，罗士圈子在刚需的推动下，以渡口的身份，依然顽强生存了五十多年。直到1958年浑河公路桥建成，浑河的摆渡业务才彻底结束，尽管那座桥仅仅只是一座木桥而已。罗士圈子由此彻底退出历史舞台。

罗士圈子并不是努尔哈赤给起的名。浑河之名源于地势，罗士圈子之名，则源于民意，约定俗成，口口相传。传说之中，它的名字极富戏剧性。话说努尔哈赤打下沈阳中卫之后迁都，从罗士圈子上岸，发现此地泥泞难行，人马苦不堪言，但周边百姓骑着骆驼健步如飞，努尔哈赤拿出银子向当地百姓租借大量骆驼，圆满解决迁都运输问题，于是就以“骆驼圈子”为名命名此地以示纪念。后来根据实际情况改名为“骡子圈子”，后来又改为“罗士圈子”。说起来很有故事性，但是《满文老档》《太祖实录》等资料却没有能证明这个故事真实性的记载。

《清史稿》记载：“大妃，纳喇氏，乌喇贝勒满泰女。岁辛丑，归太祖，年十二。孝慈皇后崩，立为大妃。天命十一年七月，太祖有疾，浴於汤泉。八月，疾大渐，乘舟自太子河还，召大妃出迎，入浑河。庚戌，舟次叆鸡堡，上崩。辛亥，大妃殉焉，年三十七。同殉者，二庶妃。妃子三：阿济格、多尔衮、多铎。顺治初，多尔衮摄政，七年，上谥孝烈恭敏献哲仁和赞天俪圣武皇后，祔太庙。八年，多尔衮得罪，罢谥，出庙。”明天启六年，后金天命十一年，即公元1626年，农历丙寅年一月，努尔哈赤率兵13万围攻袁崇焕镇守的宁远城，遭炮击身负重伤而败退。七月，他去清河狗儿汤洗温泉疗伤。狗儿汤，也称沟儿汤，今称温泉寺，在本溪县小市镇西太子河左岸。

从三岔河转入太子河，上溯经辽阳、本溪到温泉寺，又有大概250公里，水路全程近400公里。68岁的努尔哈赤因为有伤在身，无法骑马坐轿，只能舍近求远选择坐船，往返走的都是水路。当年八月他返回之际，大妃阿巴亥从沈阳乘船赶来，在三岔河迎上努尔哈赤的船队，再共同沿浑河逆流而上，抵达沈阳城西20公里的码头——叆鸡堡（今沈阳市于洪区翟家乡大挨金堡村）。八月十一日，努尔哈赤油尽灯枯，撒手人寰。曾经“任尔八方来，我自一路去”，一辈子都骑在马上东征西战的努尔哈赤，生命中最后的时光却不得已只能耗在船上。再勇猛的将军，也敌不过生老病死的侵袭。努尔哈赤死后，船队从叆鸡堡出发，在罗士圈子登岸，沈阳城里留守的大臣们都赶到了浑河岸边罗士圈子码头，迎接努尔哈赤的遗体。

罗士圈子经历了几百年的繁华之后，在清末渐渐走向了没落，但是居住在这里的人口并没有因为它的没落而显著减少。这里有利可图的时候，出现过“方大牙”等恶霸势力，从码头、渡口、大小船主以及往来客商身上刮油水；这里没有什么油水可刮，仅余渡口功能以后，容纳了不少生活困苦的人。据《砂山街志》记载，1942年春天，一架日本战斗机坠毁在罗士圈子后街刘守仁等人家房上，烧毁六七间房屋，石亭军、石景权等7人被活活烧死。

现在已经被开发成公园的罗士圈子几乎看不出当初的生活痕迹了，仅存2005年罗士圈棚户区改造时挖出来的7个缆桩。不少人已经忘了罗士圈子以前的模样。人们行走在砂山街，以及周边道路的时候，也不记得它们最初的重要目的地之一是罗士圈子。砂山街连通着新华路和砂阳路，砂阳路连接着南湖和滑翔。这些街路作为和平区与铁西区连接处的南部交通枢纽，至今依然发挥着重要的作用。

铁西区

建设大路

始建于1927年的建设大路是沈阳市铁西区南北分界的中轴线，也是南五马路越过铁路向西的延伸线。1931年以前，铁西是一片耕地分散的自然屯。九一八事变之后，日本人侵占了沈阳，成立了伪奉天市政公署，1934年6月《西工业区平面图》制成。当时的规划是东起安福街（原第二纺织厂西侧马路），西至嘉应街（现兴华大街），南起南五马路（现建设大路），北至中央路（现北三马路），在这个范围内有46家工厂确定了位置筹备兴建，这是铁西早期的建设规模。在此之后，铁路以西的这段南五马路就被日本人用日本宫崎县北端的名山“高千穗”命名为“高千穗通”。直到抗战胜利以后，它才取建设工业区之意命名为“建设大路”。20世纪，建设大路见证了铁西区“南宅北厂”的格局。当时铁西区以建设大路为界，南面为居住区，北面多为厂矿，3条铁路线贯穿于各个厂矿间，并错综复杂地汇入沈阳站。每天的上下班时间都有巨大的自行车流往返于建设大路南北两面，勤劳的工人们不停地推动着工业的发展。近年来，随着铁西区的改造，铁西区北部大批企业迁出，“南宅北厂”的格局消失了，建设大路也不断地扩建，延长到东起南五马路公铁桥、西至重工街4公里的长度。它依然在忠实记录着铁西区的变迁与发展。

建设大路在铁西区横贯东西，如果把铁路看作铁西区呱呱坠地的地平线，那么建设大路就是支撑起铁西区的脊柱，有了它的存在，才有了躯干、四肢以及毛细血管。不过，这一具曾经生机勃勃的肉身，从孕育的那一天起，就注定了离不开脚下的那条地平线。

铁西，顾名思义，就是铁路以西。由此可以看出城市建设受铁路

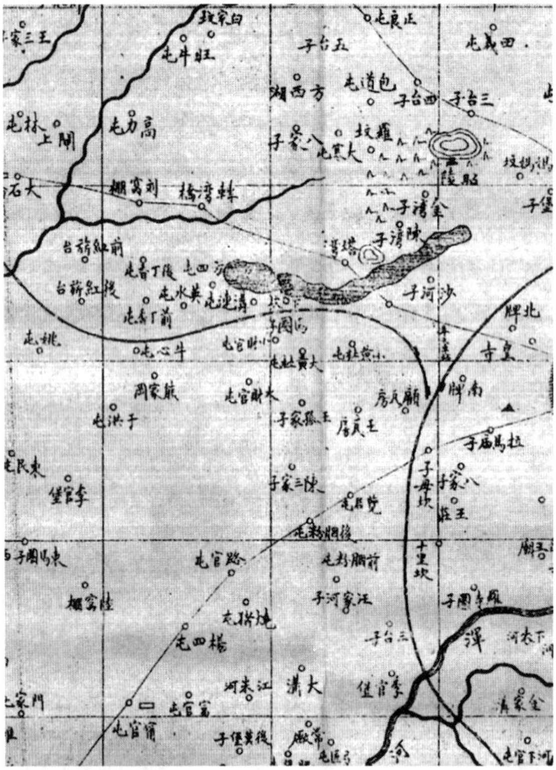

1910年的铁西

的影响之深。作为计划经济时代沈阳的杰出代表，曾经被称之为“共和国工业长子”“东方鲁尔区”的铁西区，在20世纪下半叶度过了最为辉煌的时代，在“一五”（1953－1957年）和“二五”（1958－1962年）时期，新中国将六分之一的财力倾注在这里，这里也为新中国贡献了100多个工业“第一”。领先全国过上“楼上楼下电灯电话”生活的工人村，往来于厂区与住宅区之间潮水一般的自行车流，都是铁西区曾经光彩夺目的名片，在几十年间都是全国人民艳羡的对象。直到改革开放以后，尤其是等到世纪之交下岗大潮来临的时候，铁西区终于风光不再。

1910年是清宣统二年，那时奉天古城外围的区域还不叫“沈阳县”，而叫“承德县”。那时候的铁西基本保持着几百年来的格局，各个屯子都还在，虽说铁路已经建好，火车已经开了进来，但当时任谁也不会预想到这片土地上后来发生的这场翻天覆地的变化。一片开阔地，怎么就变成举世闻名的工业区了呢？答案其实很简单，两个字：铁路。没有铁路，就没有铁西。不论现在的铁西给人们的观感是什么，它都摆脱不了自己身上最初的烙印，透过这些烙印，后人清楚地看到铁西的前世今生。

揽军路

沈阳市铁西区建设东路以南、南十东路以北、兴工南街以西、云峰南街以东的地区，在明清两代叫作“揽军屯”，是盛京西经辽中进北京的必经之路。明代沈阳中卫在这里驻扎军队，招募兵勇，揽军屯由此而来。清代，揽军屯和附近的艳粉屯、路官屯一样，都归镶蓝旗主、和硕郑亲王济尔哈朗管辖。当时老百姓还给揽军屯起了个别名叫“大墓”。因为这里有一座占地面积巨大、建造规格很高的坟墓，里头安葬着努尔哈赤的爱将、清开国元勋安费扬古。20世纪初，揽军屯的工商业逐渐兴起，到1935年已有工商户332家。当时揽军屯商贾云集，车水马龙，百业兴旺，一片繁华景象。九一八事变之后，包括揽军屯在内的铁西地区被规划为奉天西工业区。随后，满铁株式会社与伪奉天市公署共同出资伪币350万元，强制收购规划地内的村屯和土地，然后出售。揽军屯此时被日本人规划为他们的生活居住区，原住民、工商业户以及学校被迫迁往景星、兴顺街一带，原来的揽军屯被夷为平地，取而代之的是一片片日式建筑。从此，揽军屯就从铁西版图上消失了。直到1989年，沈阳市进行路名整顿，将南滑翔路南侧、铁路北侧的马路定名为“揽军路”，算是给当年的揽军屯留下了历史的记忆。

要说铁西的历史须分为两部分：第一部分非常悠久，年头也长，但是对现代城市的影响非常有限，而且曾经的活动痕迹得以保留下来的也寥寥无几；第二部分相较前者，从时间范畴来说几乎不值一提，最多也就一百多年，却基本奠定了现在的铁西格局。如果把第一部分归结为农业文明，第二部分归结为工业文明，那么使两部分之间泾渭分明的分界线就是铁路。

1958年，当时隶属于铁西行政管辖的郑家洼子挖出了春秋战国时期的东胡族部落古墓群。到1988年，铁西已经挖出了41座，直接把铁西地区的人类活动史推到了2700年前。不过，铁西肥沃的黑土地还是那片黑土地，黑土地上的人类活动史自春秋战国以后却出现了断层，铁西在文献或者考古方面再次登上舞台就直接到明清了。大部分人把这个时间点人为地设置在了明末清初，认为明代沈阳中卫城的周边人口并不绸密。明末的时候，随着努尔哈赤的迁都，沈阳城及其周边地区才一下子热闹起来。明天启五年，后金天命十年，即公元1625年，努尔哈赤迁都沈阳以后，把沈阳城外的土地分封给了八旗旗主，城西一直到老边大道以南区域封给了镶蓝旗，旗主是努尔哈赤的侄子、郑亲王济尔哈朗。现在的人们依然耳熟能详的丁香、红旗台、宁官等村镇都属于镶蓝旗管辖，而距离城区相对较近的揽军屯、路官屯、艳粉屯等都是郑亲王府庄地。前些年在云峰街还出土过一块"郑亲王府园寝"的石桩。

清太祖努尔哈赤攻克沈阳之后，沈阳古城的格局也随之发生了巨大的变化，古城西部的屯、堡有增无减，但已归入镶蓝旗下，接受了新一套管理系统。紧接着的200多年里，这里按照自然经济的发展速度缓慢前进，直到工业社会破门而入——铁路建成了，火车进站了，铁西开始发达了。

艳粉街

清太祖努尔哈赤有一个同母弟弟叫舒尔哈齐，舒尔哈齐的第六个儿子济尔哈朗在清崇德元年（1636年）被清太宗皇太极封为和硕郑亲王，后来得到世袭罔替的许可，成为清朝"八大铁帽子王"之一。现在的沈阳市铁西区南部艳粉地区属于当时八旗镶蓝旗属地，而郑亲王就是镶蓝旗旗主，在此居住的村民专为郑亲王府种植用来制作胭脂的植物，以供王府内眷化妆使用，因此被当地居民称为"胭粉屯"，后来就演化成为"艳粉屯"。

这股胭脂水粉的气息在清末民初彻底被烟尘灰土所取代。1920年日资开设的满洲窑业株式会社和奉天窑业株式会社先后在这里建砖瓦场，导致良田被毁，砂坑遍地。直到沈阳解放后，政府多次对该地区进行改造，地区面貌大为改观。在棚户区改造之后，过去低矮简陋的

《宫乐图》

平房，变成了幢幢高楼；过去泥泞狭窄的土路变成了宽阔的大道，服务业也随着艳粉屯环境的改变而发展起来，过去的艳粉屯也变成了众人瞩目的艳粉新村。艳粉新村的中央从1955年开始开辟了一条道路，北起沈辽中路，南至艳粉明渠，也就是现在的腾飞二街。1989年，这条街正式定名为艳粉街。几百年过去，“艳粉”二字还在延续着，就像歌里唱的：“艳粉街，发生的故事很多很多。”

如今，艳粉街曾经拥有的胭脂水粉的气息已经永远不会泛起了。正所谓：寂寞萎红低向雨，离披破艳散随风。

兴工街

沈阳市铁西区的最东端由铁路向西有长短不一、紧密排列的四条街路，分别叫作“振工街”“兴工街”“铁工街”“西工街”，合起来就是“振兴铁西”的意思。振工街始建于1935年，1937年叫作“安福街”。1947年北段叫“振工街”，南段叫“和惠街”；1989年统称振工街。铁工街1947年叫“华丽街”，西工街1947年叫“民治街”，都在1989年改作了现在的名字。兴工街始建于1935年，起初叫作“威胜街”，1939年改作“兴工街”，1989年分作“兴工北街”和“兴工南街”。

1932年，伪满洲国成立，伪奉天市公署于同年11月成立都市计划委员会，以日本大阪为模式进行规划，首先嗅到这块肥肉味道的是大阪的中山钢业。中山钢业所于1933年8月建立，位于兴工街二段（原沈阳轧钢厂处），主要产品为轧钢制品和珐琅铁器。中山钢业之后，大阪资本接踵而至。满洲麦酒、满洲住友金属、满洲机器、日满钢材等“大阪资本别动队”纷纷进入铁西。满洲麦酒株式会社于1934年4月到5月在兴工街（原沈阳啤酒厂处）设立第一和第二工场，主要生产麒麟啤酒。还有后来的液压机床厂、第三机床厂、低压开关厂、面粉厂、水泥厂等，都是当年兴工街工业兴旺的见证。

振兴铁西，这是一个多么美好的愿望。工业时代的辉煌尚未远去，在原来厂区拆迁新建的各大商业小区里人头涌动的居民，却似乎已经不太记得脚下的这片土地为什么得以开发得以繁荣。

掠过第一部分农业时代的烟火气和脂粉气，再来回顾一下火车进站、机器轰鸣的第二部分——工业时代。近代史上，侵占我国领土最多的不是发动鸦片战争的英国，也不是发动侵华战争的日本，而是继承了拜占庭双头鹰，总想着“东张西望”的沙俄。19世纪下半叶，沙俄通过《瑷珲条约》《北京条约》《伊犁条约》等抢走了我国至少160多万平方公里的土地。我们失去了鞑靼海峡，失去了鄂霍次克海，失去了所有日本海的出海口。库页岛被占，海参崴被夺改成符拉迪沃斯托克。但这些还不够，沙俄一直觊觎我国山海关以外东北广袤而肥沃的黑土地，更垂涎我国辽东半岛南端的不冻良港。清光绪二十年，即公元1894年，中日爆发甲午战争。战后，按照《马关条约》，清廷应向日本赔偿2亿两白银，并割让辽东半岛、台湾岛及所有附属各岛屿（包括钓鱼岛）、澎湖列岛。在维护自身利益的原动力驱使下，“好心”的沙俄纠合法、德二国在《马关条约》签订之后的第六天以提供“友善劝告”为借口，迫使日本把辽东还给清廷，清廷再多赔3000万两白银作为补偿，是为“三国干涉还辽”。由此，日本深感屈辱，与沙俄结下梁子。1896年，清政府特使李鸿章赴俄祝贺末代沙皇尼古拉二世加冕典礼，与沙俄签订《中俄密约》，即《御敌互相援助条约》，允许俄国修筑东清铁路。同年12月，俄国将铁路定名“满洲铁路”，遭到李鸿章的反对。李鸿章坚持“必须名曰‘大清东省铁路’，若名为‘满洲铁路’，即须取消允给之应需地亩权”。因此正式定名为大清东省铁路，又称中国东省铁路，简称东清铁路。自忖“姑让于俄，以取偿于日本”的李鸿章在1901年临终前对“联俄拒日”的失策极为懊悔。其实早在近60年前，贬谪新疆伊犁的林则徐据其考察情况就说过：“终为中国患者，其俄罗斯乎！吾老矣，君等当见之！”1897年，沙俄与强占胶东湾的德国演了一出双簧，派军舰强占旅顺口，进而强租旅大，而东清铁路的修建，使得沙俄图谋吞并东北的“黄色俄罗斯计划”得以迅速推进，将旅大彻底收入囊中。如果把东北比作一个蛋糕的话，沙俄借此终于得到了蛋糕尖上最甜的那滴蜜——辽东半岛尽头最优秀的不冻港——旅顺和大连。那时的大连叫青泥洼，但沙俄称之为“达里尼”，意思是“遥远”。

赴俄观礼的李鸿章

东清铁路于1897年8月举行开工仪式，1898年8月正式动工，以哈尔滨为中心，分东、西、南三线，由6处同时开始相向施工。北部干线（满洲里到绥芬河）和南满支线（宽城子至旅顺）及其他支线，全长2500多公里，采用俄制1524毫米轨距，干支线相连，恰

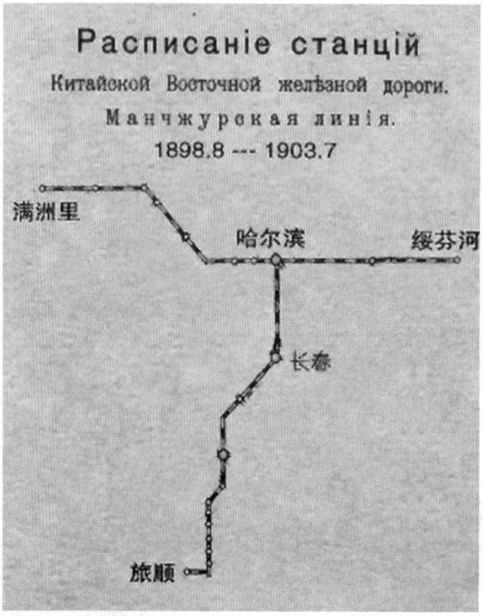

东清铁路示意图

如“T”字形，分布在中国东北广大地区。1903年7月14日，东清铁路全线通车，并开始正式营业。

1899年，铁路修至奉天，四等车站茅古甸站建成，站内只有5条铁轨，站房只有一趟青砖平房。茅古甸站源自满语谋克敦，意为“天眷盛京”。

1900年“庚子国难”，八国联军1.8万余人进犯北京。与此同时，沙俄征调13.5万余人编成4个军，大举侵入东北地区，在东清铁路的助力下，其南下速度令清廷瞠目结舌。当参加八国联军的其他侵略军撤出北京后，占领中国东北的俄军仍然赖着不走。直到被英日等利益受到侵犯的列强坚决反对之后，1902年4月8日沙俄不得不签订《交收东三省条约》，被迫同意分三期撤兵，一年半撤完。1903年8月沙俄成立了以旅顺为中心的远东总督区，随后又重占奉天。在经济利益驱动、利益同盟争斗等多重因素促使下，日本于1904年2月6日正式与沙俄断交，2月8日夜间不宣而战，日俄战争爆发。

这场战争是两个侵略者为了抢劫分赃而发生的，虽说其中夹杂着清廷表面中立背地里拉偏架的私心，但受苦最深的还是东北人民。1906年10月18日的《盛京时报》写道：“陷于枪烟弹雨之中，死于炮林雷阵之上者数万生灵，血飞肉溅，产破家倾，父子兄弟哭于途，夫妇亲朋呼于路，痛心疾首，惨不忍闻。”

1905年9月5日，日俄双方在美国签订了《朴茨茅斯和约》，正式结束了在中国土地上进行的日俄战争。《朴茨茅斯和约》第六条：俄罗斯政府允将由长春（宽城子）至旅顺口之铁路及一切支路，并在该地方铁道内所附属之一切权利财产，以及在该处铁道内附属之一切煤矿，或为铁道利益起见所经营之一切煤矿，不受补偿，且以清国政府允许者均移让于日本政府。从此，南满铁路被日本占领，随后南满洲铁道株式会社成立。1910年10月1日，“满铁”在茅古甸站（老道口附近）南侧1.2公里处新建了一座火车站，名为“奉天驿”，也就是现在的沈阳站。

兴工街的“兴”，振兴铁西的“兴”，其实都是来源于此。兴于铁路，立于沈阳站，成于20世纪。侵略者为了自己的勃兴打下了铁西的基础，侵略者被赶走以后，这里成为我们腾飞的起点。铁西一地之兴替，绝不是单独存在于世上，它与甲午战争、庚子事变、号称“第零次世界大战”的日俄战争，同在一个巨大的背景下，同处于一段剧烈变革的时代里，互相影响，书写历史。

爱工街

沈阳市铁西区云峰街和兴工街之间，有一条北至虹桥路、南至南八东路的爱工街，始建于1937年，当时叫“云峰街”，1946年把名字让给了西侧更宽更长的街路以后改叫“爱工街”，1989年以建设大路为界分为“爱工南街”“爱工北街”。在它东侧南七东路和南八东路之间是一条300米左右的小街，在1947年初建之时叫“爱路街”，1989年改作“热工街”。在爱工街和云峰街之间有3条紧密排列的祖工一街、祖工二街、祖工三街。小五路到小六路之间的祖工一街建于1947年，当时叫“快乐街”；建设东路到小六路之间的祖工二街建于1974年，当时叫“竞存街”；建设东路到南六东路之间的祖工三街建于1947年，当时叫“规矩街”。还有云峰街西边的国工一街、国工二街、国工三街，它们都始建于1947年，曾经分别叫作联谊街、志诚街、文明街，它们都是在1989年改成现在的名字的。也就是说，街路名称里的“热爱祖国”是在1989年确立的，它寄托着人们的美好心意。在铁西区东搬西建之后，工厂都迁走了，很多住宅楼在这片地区拔地而起，各种饮食娱乐汇聚于此，成为远近闻名的好吃好玩儿的地界。

现代人常常以沈阳站的东出口和西出口来定位和平区与铁西区，这个看似简单直观的办法其实是把分界线凝聚到了分界点而已。铁西与和平，以铁路为界，最开始的标志物先后是沙俄的茅古甸站和日本的奉天驿，但它们都不是铁西的工业发端，这个发端来源于与南满铁路交会的安奉铁路。这条铁路是日本军方和日本铁道总监部为与沙俄对抗，在尚未得到清廷同意之时，紧急从朝鲜半岛征调正在修建京釜铁路（今首尔至釜山）的日本铁道大队，同辽东日本兵站一起，以运输作战物资为借口，擅自铺设了从安东（今丹东）至奉天的一条手压式军用轻便铁道。整个工程共分两期。第一期工程于1905年3月结束，全长约150公里，施工段是安东到下马塘，而下马塘距离奉天还有120公里。在第一期工程结束的时候，正赶上“日俄奉天大会战”，日军再次以运送作战物资为名，紧接着修建了第二期工程，也就是下马塘到奉天的这一段军用轻便铁道。第二期工程于1905年12月结束，从安东至奉天的军用轻便铁道全线通车，安奉铁路的基本雏形已经建成。在日本人获得南满铁路之前，安奉铁路是他们的心头肉，换句话说，即便他们已经有了南满铁路，安奉铁路也依然没有失宠，而对于被其掠夺的主权国家来说，越是心头肉就越是眼下疮，因为它发挥的作用实在太大了。从奉天出发的火车可以沿安奉铁路穿过辽东半岛南部的山区连接奉天和安东，通过能够旋转开合的铁路桥跨过鸭绿江进入新义州，再沿京釜铁路穿过平壤、首尔，最终抵达朝鲜半岛南部的釜山，直接面对对马海峡，海峡对面就是日本本土。这条铁路可以把中国东北以及朝鲜半岛的资源源源不断地运往日本，也可以把日本的军人风驰电掣地送到中国。当这条铁路修到奉天，与南满铁路接轨的时候，铁路以西的工业随之诞生。

1905年6月，日本野战铁道提理部在铁路西侧建成了装备现代机器的修理火车机车的奉天机关区，第一家使用现代化机器的企业在铁西出现，成了铁西工业发展的起点。

日本人对于安奉铁路另一端的安东重视到什么程度？1933年

3月，日本人通过伪满洲国政府发表经济建设纲领，开辟了奉天、安东、吉林、哈尔滨四大工业基地，后来的鞍山、抚顺、本溪、阜新等资源型城市由于没有当时安东的区位优势而得不到安东的政治地位。尽管相比之下安东没有什么矿产资源，只能安置一些轻工业。这种区位优势由铁路贯穿，一直延续至今。在这些错综复杂的铁路线上，区位优势最明显的奉天理所应当地被安排成了重点发展地区，成了当时的工业中心。1934年，《西工业区平面图》制成，当时工厂区的规划是东起安福街（原第二纺织机械厂，现宏伟名都西侧振工街），西至嘉兴街（现兴华北街），南起南五马路（现建设东路路），北至中央路（现北三东路）。

九一八事变之前，日本人在铁路以西建立的工业都是以制糖、制麻、制陶、纺织、挖窑、木材加工等初级工业为主，在厂址选择上比较随意，没有什么规划，也没有形成完整的工业区。九一八事变之后，日本人放开了手脚，开始在铁路以西大兴土木，在铁西大规模建厂，由此奠定了铁西区的重工业基础。按照现在的街路规划来看，1934年的工业区规划正是在现在的热工街、爱工街、祖工街、国工街以及云峰街街区范围之内。在当年的那一番上蹿下跳之后，铁西发展起来了，随后战争也结束了，侵略者被打跑了，尽管留存下来的铁西残破不堪，但是侵略者和强盗终究无法将其全部带走。大量的产业工人凭借极大的热情，付出极大的努力，终于使铁西在一片废墟中腾飞了。那时候的工人们凭借朴素的价值观塑造了后来的辉煌，他们永远都不应该被后人忘记。

兴华街

沈阳市铁西区兴华街，与建设大路并称西部十字金廊，是铁西区最繁华的商业街区。兴华街从北一路到建设大路被称为“兴华北街”，从建设大路到沈辽路被称为“兴华南街”。兴华北街于1934年始建，当时叫“嘉应街”。1937年向南扩建后叫作“嘉应大街”。1939年日本人将现在建设大路北侧的街路名称都改成了“工字街”，这条街就被改作了“劝工街”。抗战胜利以后，“劝工街”的名字一直没变，直到1956年之后与南段兴华街合并统称“兴华大街”。1989年改为“兴华北街”。而兴华南街始建于1937年嘉应街扩建之时，1939年由“嘉应大街”改作了“中央大街”。当时南宅北厂的格局已经初具规模，之所以叫作中央大街是因为它是南部住宅区约定俗成的中日分界，东侧主要是日本人的生活区和文化区，西侧是中国人生活的区域。抗战胜利以后，这条街以复兴中华之意改名叫作“兴华街”。1956年与劝工街合并，1989年又分离出来叫作“兴华南街”。兴华街从日伪时代就见证了铁西的工业发展。1945年抗战胜利时，铁西区有日资工业企业323家，是当时亚洲最大的城市工业区。早在1935年，日本大阪的三菱资本就已经落户兴华北街，建立了满洲机器株式会社，也就是后来著名的沈阳第一机床厂。这里还有重型机器厂、造纸厂等，直到后来东搬西建之后，兴华街才慢慢变成了现在商贸居住的格局。

兴华街在始建之初是日本人为铁西工业区划下的西侧边界，但不久之后，这条边界就名存实亡了。侵略者的欲望不受限制地膨胀，周边的土地不断地被蚕食，工业区也在不停地扩张，从一开始就没有收手的意思。

1905年《朴茨茅斯和约》还没签订的时候，日本野战铁道提理部在铁路西侧组建了修理火车机车的奉天机关区，这是铁西第一家使用现代机器的企业，意味着铁西工业由此起步。1907年“满铁”成立以后，把沙俄的铁路用地扩展为“满铁附属地”；1908年12月，满铁将铁路以西的满铁附属地规划为工业区；此后一直到1931年九一八事变前，日本资本以铁路为基准向着铁西的广阔空间不停前进，先后建立了28座工厂。1916年12月，日本人在揽军屯投资建立了满洲制糖株式会社，俗称“白糖公司”；1918年12月创建奉天满蒙毛织株式会社（原北一东路沈阳第一毛纺织厂），俗称“羊毛公司”；1924年奉天制麻株式会社成立（原建设东路沈阳第二纺织机械厂），俗称“麻袋公司”。这是铁西区最早建立的三大工厂。为了迎接大规模基础建设的到来，日资还在揽军屯、艳粉屯和路官屯建立了奉天窑业株式会社、满洲窑业株式会社和大陆窑业株式会社支店等。1931年九一八事变之后一直到1945年二战结束以前，日资在铁西地区投资的速率和力度以几何倍数增长，

奉天满蒙毛织株式会社

截至1945年，进入铁西的日资企业涉及冶金、机械、橡胶、制药、电气、化工、纤维、窑业、酿造、食品加工13个行业，总计323家，其中以地缘较为接近的日本关西大阪资本集团为突出代表。当时建立的企业直至今日我们依然耳熟能详：

始建于1933年的“中山制钢所”（原兴工街沈阳轧钢厂），始建于1934年的“满洲钢材工业株式会社”（原沈阳鼓风机厂），始建于1934年的“满洲麦酒株式会社”（原建设东路沈阳啤酒厂），始建于1935年的“满洲三菱机器株式会社”（原北二东路沈阳第一机床厂，现宜家家居），始建于1935年的“满洲特产工业株式会社”（原沈阳市第二粮谷加工厂），始建于1936年的“满洲矿业开发株式会社奉天制炼所”（原北二路沈阳冶炼厂），始建于1936年的“满洲通信机株式会社”（原沈阳低压开关厂），始建于1937年的“满洲电线株式会社”（原兴华北街沈阳电缆厂），始建于1937年的“满洲住友金属工业株式会社”（原北一东路沈阳重型机械厂，现重型文化广场和1905文化创意园），始建于1937年的“东洋制粉株式会社奉天工厂”（原沈阳市面粉厂），始建于1937年的“协和工业株式会社”（原沈阳第三机床厂），始建于1938年的“满洲日立制作所”（原北二中路沈阳变压器厂），始建于1939年的“高砂制作所”（原北一路沈阳铸造厂，现沈阳工业博物馆），始建于1939年的“满洲制纸株式会社”（原北

三中路沈阳纸板厂），始建于1939年的“满洲农产化学工业株式会社奉天工场”（原卫工北街沈阳味精厂，现沈阳工业博物馆），始建于1940年的“满洲汤线株式会社”（原保工北街沈阳蓄电池厂）等。

中国人心里都明白，日本人建这么多工厂可不是好心来做慈善，帮助奠定工业基础的。来到铁西的日资企业，除了窑业、杂工业、个别中小资本家外，90%都有日本内地大资本背景，他们就是要打造以军需产业为中心的综合集团工厂区，目的就是抢劫、抢劫、再抢劫，为了侵略战争生产、生产、再生产。但是，从客观角度来说，铁西的工业基础的确是由此而来。不过，当时的中国人并没有因此而放弃自我发展，在日本人牢牢掌握话语权的铁西，我们的民族工业一直在努力挣扎着艰难生存，如太阳烟草公司（原兴工北街沈阳市绒织厂）、玉林铁工厂（原沈阳车辆配件厂）、建兴铁工厂（原建设中路沈阳市锻压机床厂）、三星铁工厂（原沈阳车辆配件厂）等，共87家。

不可否认的是，在二战结束以前，外来资本也好，民族资本也罢，它们都为铁西这块土地添加了大量的工业设施，已经形成了一个非常完备而密集的工业区，建立起了为军工服务的强大工业集群，不但在亚洲遥遥领先，放眼世界也数一数二。日本为了支持其侵略，在此间不遗余力地进行原始资本的投入，不但对东北人民敲骨吸髓，聚敛可以搜刮到的一切财富，甚至从其国内向东北转移大量资本和机器设备。据估计，1945年之前东北工业生产总量已经超出其本土之上。可是，到1945年二战刚结束，铁西的工业基本上被搬空了。

卫工街

沈阳市铁西区中部的卫工街始建于1937年，当时叫作“寿同街”，1939年改作了“奖工街”。后来奖工街这个名字给了西侧新建的一条街，原来的“奖工街”就变成了“卫工街”，1942年修建了现在的卫工南街路段归入卫工街，1989年分为卫工南街卫工北街。卫工街向东不远的保工街也始建于1937年，当时叫“志诚大街”，1939年改作“励工街”，二街并称有“奖励工业”的意思。同样，在1942年新修了保工南街归入保工街，1989年分为保工南街、保工北街，就是现在的“保卫工业”的意思。紧邻卫工街有一条始建于20世纪50年代的人工河，它连接新开河，贯穿铁西南北，几十年里长期接纳铁西工业区的大量工业废水和生活污水，尤其是一到夏天，这里臭气熏天，让附近居民苦不堪言，所以一直叫它“臭水沟”。直到20世纪80年代大力改造以后，卫工明渠才形成优美的景观带，和附近曾经是日本人军马场的劳动公园相得益彰，成为附近居民散步的好去处。卫工北街14号，是国内唯一的专门以工业为主题的博物馆——中国工业博物馆。它实际上是在2007年沈阳铸造厂搬迁之后留下来的大型翻砂车间。而1956年命名的沈阳铸造厂的前身，是由1933年的日本企业森田铁工所、松田机械、满洲铅板、控梨金属等12家企业合并组成。

尽管苏军在1946年撤出了东北，但他们一直盘踞在旅顺、大连，直到1955年才撤走。1946年苏军撤走以后，铁西被拆卸后的工矿企业一片惨景，基本上已经拆无可拆。很难想象，当时的人们是如何从一片废墟中把工厂重建起来，进而又为新中国贡献了那么多工业第一的。那些老工人、“养成工”把自己学来的本领全部投入到了自己当家作主的新工厂里。他们“护厂复工”“献纳器材”“增产节约”，不但从垃圾堆里捡回了大量零部件，还通过双手、才智和汗水不断研发试验新技术新产品，创造新纪录，成为全国闻名的“劳模”和业界“大王”，这才有了20世纪五六十年代铁西的辉煌。

北二路

沈阳市铁西区的北二路分为北二西路、北二中路和北二东路三段，如果越过胜利大街再向东加上和平区的北二马路，整个北二路有差不多8公里。北二路因为比邻建设大路而得名，又因为工业聚集而闻名。它在20世纪30年代就被大量的日资占据并有了马路雏形，并于1941年正式建设。当时的奉天制炼所、满洲住友金属工业株式会社奉天工场、三菱机器株式会社、日立制作所、满洲电线、协和工业等几十家企业昼夜不停地工作，直到1945年抗战胜利，苏联军队运走了所有企业80%以上的资产。解放以后，这些企业变成了拥有标志性大烟囱的沈阳冶炼厂、沈阳重型机器厂、第一机床厂、变压器厂、电缆厂、第三机床厂等。在这里，勤劳的沈阳工人创造出共和国工业史上数百个第一。每天上下班，北二路上的自行车大军以及车筐里的饭盒，各种颜色的工作服，都成为人们对工业时代的深刻记忆。不过，在市场经济到来之时，北二路慢慢变成了亏损一条街，大量工人下岗，工厂破产搬迁。阵痛之后，令人欣喜的是，铁西新区竟然妙手回春，把北二路打造成了颇具规模的现代化汽车贸易产业带。服装城、汽配城和品牌房地产的进驻，以及大型生活超市、家具家装商场和百货商场的汇集，使得当年机油飘香的北二路华丽转身，已经成功申报为中国特色商业街。

铁西的工业发端和发展是由铁路而来，被劫掠也由铁路而去，而铁西的城区规划也是根据铁路来设计的。铁西绝大部分的街都与铁路平行，绝大部分的路都与铁路垂直，铁路就是一个参照物。从日本人刚开始构建满铁附属地的时候，铁西的街路就已经成形了，只不过在1905年到1931年之间，铁西发展得非常缓慢。在张作霖的限制之下，满铁附属地的铁路以西部分一直控制在揽军屯一线。按现在方位来看，本应在兴工街以东的它再努力扩充也没过得了云峰街一线，而在此之间我们有10家民族工业纷纷入驻铁西：1917年在路官屯建成“大东炼瓦”；1920年建成“聚合窑”；1922年成立“四合顺窑”；1930年在揽军屯成立“公发祥油坊”；在满铁附属地芳野通二番地（今霁虹地区）成立“祥记工厂”，生产纸牌用纸等。在当时的铁路以西，尽管没有什么代表性的重工业做后盾，中国人依然在与日本人面对面地开厂竞争，甚至并不比28家日资企业的数量逊色太多。自从1928年张作霖被炸死，1931年九一八事变以后，铁西彻底沦为日本工业资本垄断投资的场所。

1932年，伪满洲国在一片质疑声讨中宣布成立。它的“太上皇”——日本关东军司令部责成关东军特务部着手调查研究奉天等城市规划，随后陆续制定了“国都及奉天城市计划建设纲要”和“满洲国城市规划实施基本纲要”，同时又成立了由特务部长小矶国昭出任委员长的城市规划委员会，负责调查审议城市建设规划相关问题。1932年11月，关东军、满铁、伪满洲国三方共同组建“奉天都邑计划”准备委员会，经过7次会谈磋商，于1933年3月1日发表“满洲经济建设纲要”，其中设想按照日本大阪市的建设模式，把奉天建成工商大都市，确立水道铺设计划、公共市场计划、市内交通统一管制计划以及煤气发展计划，并且设立铁西工业区。1933年9月，日伪当局成立“奉天工业土地股份有限公司”（土地会社），制定和实施铁西工业区规划。自1934年至1937年11月，计划分两期对铁西工业区进行规划，面积共1089万平方米。1937年11月，“土地会社”撤销，其业务移交给伪满奉天铁西土地管理处。次年3月，又并入奉天都邑计划科，将铁西工业区的规划面积增加至2347万平方米，分三期实施。随着铁西工业区面积的不断扩大，日资在铁西建立的工厂数量也在稳步增长，1931年到1937年间，日资在铁西建厂69家；1937年到1945年间，日资在铁西建厂223家，投资近27000万元，其中有约11000万元是在1937年这一年间投入的。这一年也是日本重工业托拉斯——“满洲重工业开发株式会社”成立的年份，该会社资本中的77%是军事工业资本，随后“满业”将“满铁”取而代之，成为伪满的“国策会社”，操纵伪满的“产业五年计划”，为日本扩大侵略战争服务。

从1936年的铁西俯瞰图中可以看到，当时的铁西格局还没有完全打开，南部的冯庸大学已经被改作了飞机场，这也是后来此地被称为“滑翔地区”以及相关街路都跟“飞”有关的原因。除了铁路边上显眼的“西飞行场”外，剩下的区域就比较好认了，图示地区的西侧边缘是现在的兴华北街，南侧边缘是现在的建设东路，北端是皇姑屯站，东端是奉天驿。当时的工业区还是完全意义的工业区，以工厂为主，没有住宅群的配置，而广大工人要么住在靠近北侧铁路的劳工房里，要么住在艳粉屯等工业区之外的低矮平房里。不久之后，铁西开

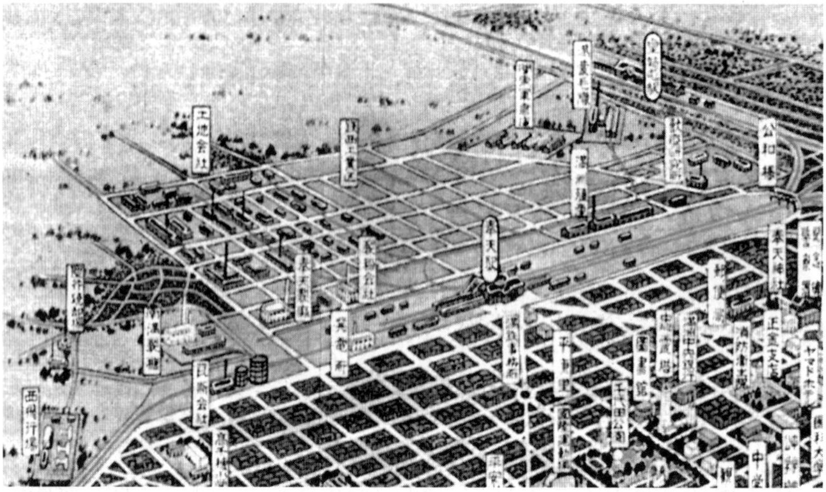

1936年的铁西

始在建设大路以南规划生活区，形成了延续70年的“南宅北厂”功能格局，但当时的“宅”指的只是日本人的生活区，也就是铁路以西，现在的兴华南街以东，而中国人的生活区被放到了兴华南街以西，与日本人泾渭分明，生活条件也是天壤之别。

根据1934年《盛京时报》记载，铁西区的规划是先修路，后建房，街道比较规整。截至1945年，铁西的街路是这样的：东西向的路基本都是以数字命名，如北二路、南五路、南小六马路（今兴业路）等，而南北向的街就复杂了。南五路（今建设大路）以北的街道大都被安排了一个“工”字，如奖工街（原名寿同街，今卫工北街）、励工街（原名志诚大街，今保工北街）、兴工街（原名威胜街，今兴工北街）、劝工街（原名嘉应街，今兴华北街）、启工街（今北启工街）、肇工街（今肇工北街）、嘉工街（今云峰北街）、笃工街（今齐贤北街）、裕工街（今景星北街）等，而南五马路以南的街道名称较为多样，有甘露街（今爱工南街）、云峰街（今云峰南街）、应昌街、贵和街、勋望街、景星街（今景星南街）、兴顺街、齐贤街（今齐贤南街）、健康街（今程工一街）、康乐街（今程工二街）、敬儒街（今程工三街）、康宁街（今程工四街）、安乐街（今程工五街）等。

1947年，铁西又添加了以下街路：圣工街、光复街（今颂工街）、民治街（今西工街）、志强街（今德工街）、教仁街（今繁工街）、联谊街（今国工一街）、志诚街（今国工二街）、文明街（今国工三街）、公民街（今和工二街）、进步街（今吉工一街）、和乐街（今锦工一街）、新生街（今锦工二街）、莘芙街（今锦工三街）、华丽街（今铁工街）、明德街（今乐工一街）、日新街（今乐工二街）、优胜街（今乐工三街）、克强街（今利工街）、民丰街（今宁工街）、敦睦街（今绣工四街）、国瑞街（今绣工五街）、规矩街（今祖工三街）、南小七马路（今嘉业路）、南小八马路（今伟业路）等。

这些街道的名称大部分至今仍在使用，只有一小部分被彻底改掉，只能见之于档案资料中，还有个别的依然保留在餐饮业和娱乐业的遗产中。甘露街其实就是现在的爱工南街，当年的甘露街有一个饺子馆，就以所在地为名，叫作“甘露饺子馆”，1956年公私合营以后归铁西区饮食服务总公司所属，1994年又转回为私营。它与“馨香包子铺”齐名，都是铁西著名的带馅儿的美食。但是除了老沈阳，年轻人已经不知道这个“甘露”究竟从何而来了。铁西区由于是工业区，在它范围内的饭馆酒楼和娱乐场所其实没有和平区、沈河区和大东区来得档次高，常常以物美价廉取胜。现在的兴华南街以东一直到铁路，都是日本人的聚居区，环境干净整洁，生活设施完善，而兴华南街以西的环境就比较脏乱了，普通工人的生活水准与东边相比判若云泥，消费领域大不相同，消费水平也逊色很多。当时的兴顺街是最热闹的所在，兴顺街的“九路破烂市儿”布满了旧物杂货摊点，针头线脑、老旧物件和家具在这里应有尽有。直到现在，从破烂市儿延续而来的九路市场依然是人们买廉价家具的首选之一；兴顺街的“小六路”比九路还热闹，有“兴亚电影院”（原铁西电影院）、“华乐大舞台”（原铁西工人俱乐部）以及大小不等、低矮简陋的地方戏剧场和茶社，包括春华剧场、东明茶社、铁业茶社、四海茶社等，还有新阜市场和圈楼（原铁西副食品商场）、理发馆、照相馆、浴池、饭店、酒肆等，三教九流五行八作、九腔十八调汇聚于此，使这里成为当时不少中国人低消费消遣娱乐的重要场所。直到20世纪下半叶，这里依然人头攒动，下了班的工人们也愿意到这里看电影，逛书店，听听

1946年的铁西示意图

大鼓、评书、相声、京戏或评戏，再买点饼干，喝点小酒。兴顺街还有一个不得不提的地方，就是位于它最南端的沈阳工业大学兴顺校区。这座校舍最初是成立于1938年的“奉天矿工技术学院”，后来改了名字叫“奉天工业大学”。这所大学是当时伪满的“国立大学”，里面的教师、助教全是日本人，学生有90%是日本学生，仅有少量的中国学生。1949年后，这里收留了不少以前东大的学生和老师，成立了“沈阳工学院”。1950年它与抚顺矿专、鞍山工专合并成为东北工学院，搬至今南湖公园附近。原址后来交由东北机械管理局技工学校扩展而来的沈阳机电学院使用，后改为沈阳工业大学。

1949年以后，铁西和其他几区一样，迎来过两次大规模地名改造工程，一次是1957年，一次是1989年。改造的结果是我们现在依然还在使用的带有鲜明感情色彩和时代口号的街路名称。振工、兴工、铁工、西工合起来就是“振兴铁西”，再往西是热工、爱工、祖工、国工，合起来就是“热爱祖国”，还有合起来的“安宁”“和乐”“吉利”“繁荣”“锦绣前程”“德育”“富强”“赞颂”等。与此同时，为了与大量带“工”字的街名对应，铁西又添加了大量含有“业”字的路名，如伟业路、大业路、功业路、勋业路、嘉业路、创业路、兴业路、立业路等。

2002-2016年，铁西经历了整整14年的东搬西建。当卫工街原沈阳化工厂老厂区彻底关停的时候，百年老铁西工业区完成使命彻底成为历史，转身变为承载大量人口的密集商业住宅区，一大批老企业在迁出之后重新焕发了生机，为老铁西创造了新希望。

不管铁西如何变迁，它骨子里藏着的铁路基因以及与铁路血脉相连的关系不会变。当初铁西分行业沿铁路排开的工业布局，纵横交错的各大工厂铁路支线，都是铁西赖以生存和发展的基础。

铁路，不仅仅只是一条路，不仅仅只能发挥交通的作用，它可能会改变经济格局，修改人口分布，重新绘制城市规划。不管你接受与否，它都携风带雨呼啸而来。20世纪初，伴随着挣扎与痛苦、机遇与挑战，奉天古城的旧世界渐渐落幕，近代沈阳的新世界在铁路的延伸下就此开启，铁西的新世界也就此打开。而紧随铁西打开新世界的，还有后来的皇姑区。

皇姑区

龙山路

沈阳市皇姑区北部的龙山路，东起黄河北大街，西至长江北街，在新开河北侧三五百米左右。虽然整个龙山路只有一公里长，但是它所拥有的文化遗址的时间，却比沈阳市其他任何一处历史文化遗迹都要长。它就是位于龙山路1号的新乐遗址。

新乐遗址位于新开河北岸黄土高台之上，也就是现在的龙山路两侧，1973年首次发掘。经中国社会科学院考古研究所碳14测定，新乐遗址距今已有7200多年历史。它是一处原始社会母系氏族公社繁荣时期的村落遗址，占地面积17.8万平方米，集居地约2.5万平方米，房址密集，每隔3-5米就有一处。其中最大的房址面积约100平方米，坐落在众多房址的中心。新乐遗址的布局与半坡文化很相似，出土文物也相当丰富。石器有磨制精细的石斧、石凿、磨盘、磨棒、刮削器等，陶器有"之"字纹深腹罐、高足钵、簸箕形器等。其中非常罕见的是，一些喇叭形的小碗、圆球、耳环等煤精制品，和一件刀法精湛的鸟形木雕制品。新乐遗址是沈阳市最早的人类活动遗迹，它将沈阳地区有人类活动的历史上溯到7000年前，同时也为东北地区史前文化研究提供了重要的科学依据，填补了辽河下游地区早期人类活动的空白。

提起皇姑，在历史上声名最响的不是皇姑区，而是"皇姑屯车站"。皇姑屯现在已经不复存在，而当年改变历史走向的皇姑屯车站已经变成了一个无足轻重的小站，"皇姑屯事件"中的重要人物及其影响也渐渐烟消云散，但历史不会忘记，这块跟铁西一样因铁路而兴的区域在沈阳这座城市中产生过的重要作用。

皇姑屯车站

南北走向的中东铁路在老道口附近开始向东拐弯，在现今沈阳大学处又变回南北走向，继续向北而去，而东西走向的京奉铁路自西而来，第一个落脚点就是皇姑屯车站，随后与中东铁路交会。两条铁路把当时奉天城郊外的这片区域分割成了3块，于是就有了铁路两侧日益繁荣的3个区，也就是现在毗邻铁路交会处的和平区、铁西区和皇姑区。

在沈阳传统概念中的

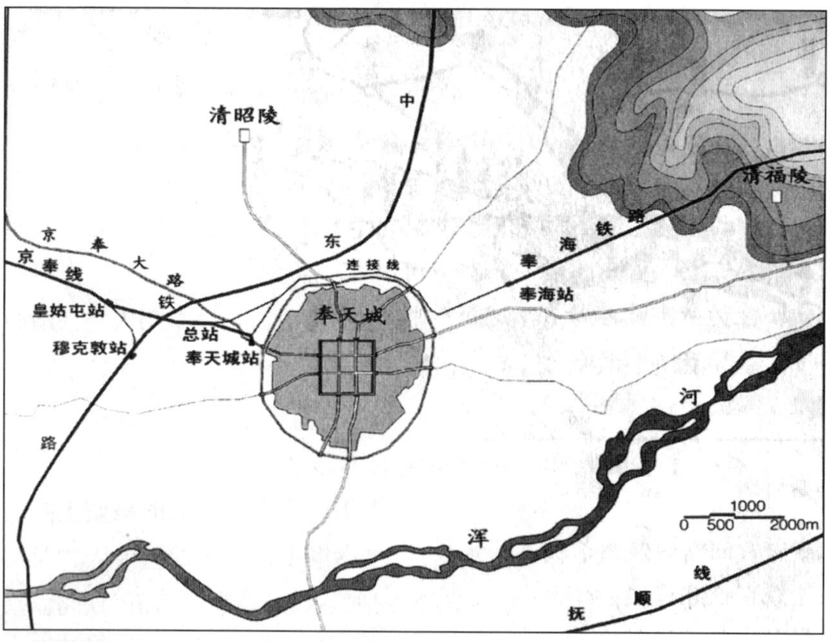

奉天城铁路示意图

“市内五区”里，皇姑区得算是最年轻的，大东、沈河、和平，甚至铁西都已经基本成型了，皇姑才刚刚建区；但你又很难说它不古老，地盘上有20世纪70年代发掘出来的全沈阳岁数最大的人类活动遗迹“新乐遗址”，出土了几千件陶器、打制石器、磨制石器、细石器、玉器、骨器、木雕艺术品和煤精制品等，发现了40余座半地穴式居住址，对区域历史、地域文化，乃至中国考古学体系都有深远影响。

发现于1973年的新乐遗址得名于其所在地——航天部国营新乐电工厂宿舍区，按几千年前的定位来说，它是在古浑河北岸的黄土台地上。据考古发现，新乐遗址共分上、中、下3层。

最下层距今7000多年，出土的生产工具有石铲、敲砸器、砍砸器等，属于新石器中晚期渔猎与农业文化类型，其生产力水平较旧石器及新石器时代早期得到了较大的发展。虽然新乐先民已经开始进行农业种植，但依然处在刀耕火种的原始农业初级阶段，主要的谷类食物还是来源于采集。这里出土的炭化了的谷物是“稻黍稷麦菽”五谷中的黍，也就是老百姓所说的黄米，这证明中国人种植黍的历史已经有至少7000年。比邻古浑河而居的地理条件，为新乐先民创造了渔猎的机会，猎取水族、鸟类、中小型食草类动物等，可以补充粮食生产的不足。房址遗迹的发现，证明了新乐人已经开始了基本定居的生活。出土的带有简单纹饰的陶器、煤精制品以及炭化木雕艺术品，证明了新乐人开始具有一定艺术水平的制作能力。那只木雕的鸟，被考证为新乐先民祖先崇拜的圣物，是这个原始社会母系氏族公社的名称和徽志。他们以鸟为图腾，倒是与庄子《逍遥游》里关于鲲鹏的记述暗合，这只被后人称作“太阳鸟”的木雕也成为沈阳的城市象征。

中间这一层距今5000多年，这证明了古人类在沈阳地区活动的延续，出土物品以磨制石斧、细石器和附加堆纹陶罐、壶、钵为主。新乐中层的文化类型最早发现于沈阳新民市偏堡子，因此也被后人称为“偏堡子文化”。

新乐上层距今约3000-4000年，相当于公元前21世纪到公元前11世纪，是中原地区黄河流域的夏商时期，也被称为青铜文化时代。新乐上层文化虽然以磨制石器和素面陶器、鬲、甗等为主要代表，同时开始了铜器的冶炼，只是远没有中原地区的青铜文化发达。在沈阳新民发现的高台山文化，是这一时期沈阳地区古人类活动的遗存。后人在这两个地方都发现了古人类的墓葬，成为古人类长期在这里生存繁衍的有力证据。

沈阳新乐遗址的新乐文化与黄河流域的仰韶文化，长江流域的河姆渡文化、半坡文化一样，都是我国古代文化的重要发源地。

新乐遗址所在的位置是现在的新开河北岸黄土高台之上，新开河是浑河故道，不论河道怎么改，这里一直都是一块儿高地，比南面的奉天古城和后来的商埠地、“满铁附属地”、铁西地区都要高很多，人们顺着黄河大街向北行进会感觉到明显的上坡。人类在这里生活了几千年，之所以能够长久地钟情于此，原因就在于它的地势，距离浑河水源地不远却没有那么近，不会有遭遇洪水之忧，又利于渔猎。这种选址方面的思路一直延续了几千年。

塔湾街

连接沈阳市皇姑区和铁西区的西部交通要道塔湾街，南起保工立交桥，向北延伸到与太岳山路相交，止于601研究所。它形成于1910年，最初叫“大成街”。1945年抗战胜利以后，依照“仁义礼智信”的儒家“三纲五常”，这条街被改作“辅仁街”。1952年，由于此处有无垢净光舍利塔，所以被命名为“塔湾街”，后来也并没有改用名山大川命名直至今天。别看这里名叫塔湾，无垢净光舍利塔所在的位置却是沈阳市区里最高的地势。该塔于辽重熙十三年（1044年）始建，清崇德五年（1640年）重修。按清朝的说法，这是盛京龙脉的龙头位置，而所谓龙脉发自于长白山，经新宾永陵的启运山、福陵的天柱山、昭陵的隆业山，最后抵达塔湾的一处土崖。被老百姓称为二道沟的新开河，据说曾经是浑河古道，它在塔湾这儿拐弯是有讲究的。乾隆东巡祭祖时曾经在这里留诗一首：“塔湾晚照夕阳霞，路暗堤深树集鸦。烟带远岗村处处，户照明月夜家家。”而这个让乾隆念念不忘的塔湾夕照，也是日后著名的盛京八景之一。时至今日，舍利塔下曾经毁于日俄战争的千年古寺回龙寺得以重修，历史悠久的塔湾依然呈现出旖旎的风光，吸引着四面八方的人们。

塔湾在新乐遗址西侧约3公里，1000年前塔湾的塔，7000年前新乐先民的家，隔着6000年的时光被同样的眼光选在了这片黄土岗高地。不过，并不是所有的塔都有长得高、必须站得也要高这种需求，以沈阳地区为例，像无垢净光舍利塔这么高的并不多。

辽代崇尚佛教的主因是帝王崇佛。虽然契丹人的宗教传统重巫箴，但自辽太祖耶律阿保机进行汉化接受佛教起，其后八代帝王就都没有排斥过佛教，其中的几位还特别痴迷。

辽太宗耶律德光延续了其父崇敬佛教也利用佛教的原则，在全国范围提升了佛教的世俗地位。他特别崇信观音菩萨，还在契丹人的圣地木叶山建了一所菩萨堂。此后白衣观音被契丹皇家“尊为家神”。无垢净光舍利塔的始建年份是辽重熙年间，重熙是辽兴宗耶律宗真的年号之一。耶律宗真的执政理念基本上全凭心情，对亲信的僧人甚至在外边玩耍时遇到的道士，常常即兴加官封爵。辽道宗耶律洪基对佛学很有造诣，却也听信谗言、宠佞佛教，导致僧尼人数剧增。末代

无垢净光舍利塔旧影

皇帝天祚帝耶律延禧更加随性，他准备御驾亲征，与金作战，派去下战书的竟是位僧人。据此，有后人评价为“辽以释废”。

据统计，辽宁省内现存60多座古塔，其中辽塔就有40座，占据了三分之二的比例。

在沈阳地区，现今可考的有6座辽塔。一是建于1044年的皇姑区塔湾街45巷15号的无垢净光舍利塔，为13层密檐式八角砖塔，现存；二是建于1045年的苏家屯区陈相屯街道办事处以东的塔山山城址后山顶的塔山山城塔，其所在地原名为沈州城南卓望山，为7层密檐式六角砖塔，毁于1946年解放战争；三是建于1074年的沈北新区石佛寺乡七星山上的石佛寺塔，7层密檐式六角砖塔，现仅存南、东南、西北三面塔基及部分塔身；四是建于1107年，原址在沈河区小北门外现白塔小学院内的释迦佛升天舍利塔，即崇寿寺白塔，为11层密檐式八角砖塔，1957年被拆除；五是建于1110年的新民市公主屯乡辽滨塔村的辽滨塔，为13层密檐式八角砖塔，现存；六是建于辽代、具体日期不详，位于康平县郝官屯乡小塔子村的小塔子塔，其所在地原为祺州城的西城墙附近，为13层密檐式八角砖塔，现存。

北塔街

在沈阳市皇姑区崇山东路与陵东街的交叉路口南侧有一条街叫北塔街，虽说按照东西为路、南北为街的惯例，它是北塔街，但是它的走向由起初的南北走向，一会儿变成东西走向，一会儿又变成东南西北走向，中间甚至被宁山东路截断了一段。但这并不妨碍它成为南北方向通往北塔的重要通道，而它的命名也正是由此而来。据史料记载，清太宗皇太极崇信藏传佛教，按照法师“建四方白塔可使国家统一”的说法，于崇德八年（1643年）仲春敕令修建四塔四寺，以沈阳古城为中心，在东、西、南、北四方各距城中心5里左右的地方修建4座佛塔4座寺庙，即东塔永光寺，取义“慧灯普照”；西塔延寿寺，取义“虔祝圣寿”；南塔广慈寺，取义“普安众庶”；北塔法轮寺，取义“流通正法”。1778年，清乾隆皇帝东巡时曾驾临法轮寺礼佛，并亲书“金镜周圆”和“护国法轮寺”匾额，至今保存完整。而北塔法轮寺也是四塔四寺中保存得最完整的。1985年，沈阳市文物管理办公室在法轮寺内修建了碑林，其后，沈阳发现的各种石碑几乎都被收集到了这里，曾经的盛京古城风貌也在此得以延续。北塔作为这里的地标，不但造就了北塔街，附近的北塔花园、北塔小区也都是由此而来。

北京北海公园白塔山上的白塔是沈阳东、西、南、北四塔的后代，是清入关以后带去的产物，往上追溯是藏式喇嘛塔，再往上就是古印度的窣堵坡。

窣堵坡在东汉时期与佛教一起从印度传入我国，并与我国本土建筑相结合，形成了中国的塔。我国古代建筑大多是矩形截面，高层楼阁也不例外，而新出现的佛塔则采用了特殊的矩形——正方形。作为正方形的佛塔，最理想的收顶方式就是采用四角攒尖。四角攒尖的顶部，则形成了塔刹。我国早期的佛塔基本都是楼阁式塔，通常内部为夯土塔心柱，外围是层层木构楼阁，例如北魏永宁寺塔。

与楼阁式塔截然不同的密檐式塔肇始于北魏，这与其国策密不可分。北魏大臣崔光认为：“宝塔高华，堪室千万，唯盛言香花礼拜，岂有登上之义？”也就是说，佛教崇拜成为古塔的第一功能，当时已经不需要登高望远了。于是，一种外观呈抛物线状，源于北印度犍陀罗的“天祠”，被引入我国。这种新的佛塔，虽然弱化了登临功能，却依旧被赋予多层含义，于是形成了具有我国特色的密檐式塔，例如唐荐福寺塔（即西安小雁塔）。

辽代建塔以辽代中晚期创建的辽式密檐塔为主，还有少量辽中期所建的楼阁式塔，以及一种造型不太常见的花塔。鲜为人知的是，辽塔除上述3种类型之外，还有一种覆钵式塔。覆钵式塔的原型就是古印度的窣堵坡，但是改动不大。覆钵就是圆形的塔身，俗称“塔肚”。竖立于“塔肚”之上的多层相轮，呈圆锥形，俗称“塔脖”，相轮之上为塔刹。传统观点认为覆钵式塔型是在元代随着藏传佛教的传播而出现在中土，认为覆钵式塔等同于喇嘛塔，例如北京妙应寺白塔。其实早在元代之前的辽代，覆钵式塔就已经出现了，不过那时辽代创建的这种建筑风格是覆钵三檐组合式，相轮与覆钵下面是三重檐，这种特殊形状的定制极有可能象征着过去、现在、未来三世，例如蓟县白塔、赤峰静安寺塔。

沈阳的北塔以及其他三塔，还有北京北海公园的白塔、扬州瘦西湖白塔等则与辽代覆钵式塔不同，它们保持了与西藏喇嘛塔相同的形制，大部分都有基座、金刚圈、眼光门、象征“十三天”的13层相轮、由伞盖和宝刹组成的塔刹，通常包括华盖和流苏，以及日月刹、金属高刹、宝珠刹等。这种造型在北魏时期的云冈石窟中就有，早期流入中国西藏，再从西藏流传至其他地区。随着窣堵坡在中国逐步演化为中国的宝塔，印度的窣堵波也在不断演化，并在元代随着喇嘛教的兴盛，再一次传入中土，并开始在汉民族地区大量出现。清代兴起以后，喇嘛教随清朝再次兴盛起来，就有了喇嘛塔的大量兴建。

值得玩味的是，元、清两代都是北方游牧民族入主中原，选择的都是藏传佛教，最终的结果都是仓皇北去、皇位不保。即便造了再多的塔寺，也抵不住朝代的兴替、历史的更迭。

沈阳北塔

彩云易散琉璃脆，世间没有什么一成不变的东西，曾经的北塔碑林早已挪了地方。2015年，原存于北塔碑林的109座古石碑和118块石碑残件，移至位于塔湾的舍利塔盛京碑林公园，包括“重修沈阳长安禅寺碑”等在内的石碑，其内容涵盖文化教育、古城建置、庙宇维修、工商经贸、慈善募捐、人物志等，记述着古城文化的历史沿革、地理风貌、城市建制和风土人情。尽管它们从北塔脚下搬去无垢净光舍利塔脚下，但是它们肩负着的几百年间的故事，依然在持续播放中。

陵北街

沈阳市皇姑区陵北街位于皇姑区北部，北陵公园的北面，虽说陵北街的名字是由此而来，但真正能代表陵北街的却是三台子和飞机。三台子是明朝的时候为防御敌人侵犯报警用的烽火台，后来附近渐渐形成了小村落，而烽火台的遗址早已荡然无存。1929年，张学良的东北空军在此修建飞机场和航空工厂。1940年，日本人办起了所谓“满洲航空株式会社”。1948年，东北人民解放军航空学校训练队第一飞行大队接管了这里；1950年，又名“松陵机械厂”的112厂成立，也就是后来的沈阳飞机制造公司，后来又建了139厂和119厂。1960年成立陵北人民公社；1978年分成三台子和陵北两个街道办事处；2007年二者合一，统称三台子街道办事处。这里从一个不起眼的小村庄发展到“飞机城”再到“航空城”，陵北街就像一条线穿起了这里的一颗颗飞行的珍珠：沈飞航空博览园、沈飞技师学院、中航工业沈阳飞机工业公司等，还有不少20世纪50年代建设的大片沈飞职工住宅，都记录了这里几十年的航空历史。人们不会忘记，我国第一架喷气式歼击机就是在这里试飞成功的。

辽东地区的烽火台，大部分是明清两代修筑的。有守卫沿海边塞而修筑在沿海沿边地带的“边台”，有为向内地远程传递警报而修筑在内陆的“腹里接火台”，有为便于行旅趋避、官员巡视和防御敌袭而修筑在沿途各地的“路台”，也有“车骑连云炮震雷，边墙如月接墩台”里描写的最简单直接的烽燧“墩台”。

《沈阳市文物志·烽火台》写道：明代修筑辽东边墙时，修筑了大量烽火台。据《辽东志》载，总数达一千六百二十九座。沈阳地区的烽火台现存有六十四座，分布在苏家屯区、于洪区、沈北新区和新民市、辽中区等地。烽火台有圆形和方形两种，由土、砖、石等不同材质砌筑。

沈阳市内最为人熟知的是三台子，也就是陵北街、黄河大街与松山路交汇处，沈阳地铁二号线在这里有一站，周围又有几百年前的村屯一直延续到现在喧闹的居民区。四台子在三台子西北方，五台子在四台子西北方。由于五台子的地名碑还在，所以可以找到它当初的确切位置是在地铁二号线沈阳师范大学站A口附近，华强城二期。需要明确的是，这三、四、五台子是平虏堡（今平罗镇）和十方寺堡（石佛寺）方向的烽火台，走向与黄河大街、道义大街、101国道大略一致。

头台子、二台子则是奔东北方向，属于明代沈阳中卫往蒲河、懿路、铁岭方向的驿路沿线，其走向与沈铁路、榆林大街、辉山大街、102国道大略一致。头台子，原址在老瓜堡子东北，现大东区沈铁路新华壹品小区与东方俪城小区附近。头台子遗址于1952年道路扩宽时拆除。二台子在头台子东北方向不远，清代此地有一个很大的关帝

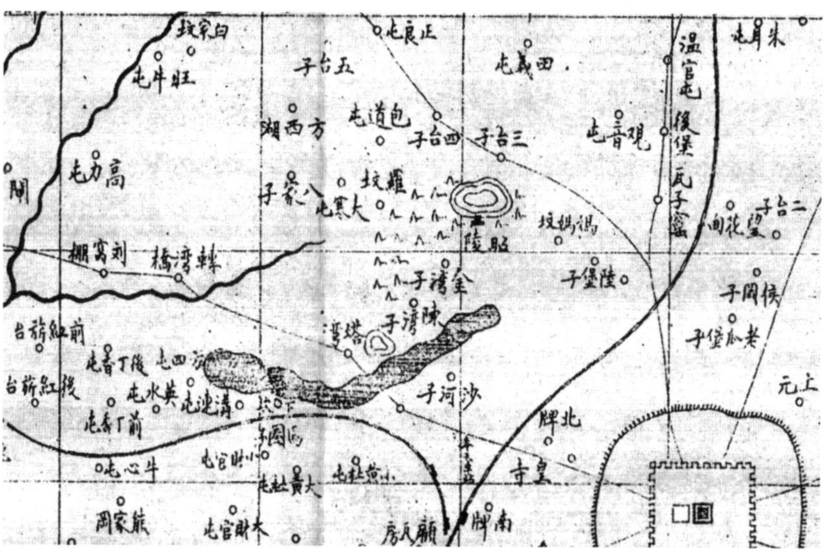

1910年的皇姑

庙。现在还有二台子街、二台子小学、二台子市场等地，提醒人们这里以前是烽火台。

北陵大街

清昭陵是清太宗皇太极以及孝端文皇后的陵墓，是清初永陵、福陵、昭陵关外三陵中规模最大、气势最宏伟的一座，是我国现存最完整的古代帝王陵墓建筑之一。现在它是国家重点文物保护单位，2004年已正式列入世界遗产名录。昭陵始建于清崇德八年（1643年），由于它位于盛京古城北约10华里，因此也称“北陵”。陵内古木参天，草木葱茏，在200余年间一直有人守护。1927年，这里以陵寝为中心对外开放，就是后来的北陵公园。

现在直通北陵公园正门的北陵大街，最初叫作北陵大道，始建于清顺治八年（1651年），民间称之为北陵土马路。它是专门为清朝皇帝祭祖谒陵而修建的。在这条路上，康熙走过3次，乾隆走过4次，嘉庆走过2次，道光走过1次。每一次都是声势浩大。道上要先铺黄土，洒上净水，将路面压平以后再撒上黄沙。如此重要的通道，在

1936年的清昭陵

1898年清没落之时，被沙俄强筑中东铁路支线给拦腰折断。直到1903年，建成沈阳第一座公铁立交桥——北陵公铁立交桥之后才得以恢复。1940年，土马路改名为“万年街”；抗战胜利后改为“维德大街”；1957年正式改名为“北陵大街”。现在的北陵大街是沈阳城区南北相连的主要交通干道，辽宁省人民政府也坐落于此。

昭陵石马

北陵公园现在是人人都可以去的公园，而在清朝200多年的岁月中，它是肃穆庄严的皇家禁地，面积远远大于现在的北陵公园。现在的北陵大街也有一部分在那时北陵的范围之中，有两座下马碑在北陵军人俱乐部附近的胡同里立着。北陵，大名叫“昭陵”，清太宗皇太极和孝端文皇后博尔济吉特氏，以及麟趾宫贵妃、衍庆宫淑妃等人埋葬于此。在选址时，北陵附近只是一大片土丘，没有山，这与风水堪舆不符，在经过术数推演选定此地之后，只能通过人工造山的方式来进行补救。于是，清朝在修昭陵的同时开始堆砌陵山。竣工后，封陵山为隆业山，取“王业兴隆昌盛”之意。

民国初年，主持翻译《满文老档》的金梁在《奉天古迹考》中说：“北陵多枫柳，西风黄叶红满秋林，故名北陵红叶。”清垮掉以后，北陵的景色得以面向世人，除了金梁这样的清朝遗老之外，梁思成、林徽因这种海外留学归来的新青年也对北陵颇有兴趣。

梁林伉俪在沈阳停留的一两年间留下的照片并不多，在北陵的这一张尤为著名。他们之所以去北陵，一则是建筑学家的测绘观察工作，二来是他们所在的东北大学比邻北陵。

1928年，当梁思成、林徽因完成学业双双在欧洲旅行时，病中的梁启超则在为儿子儿媳妇回国后的工作作着盘算。关于选择东北大学的原因，梁启超信中所说“那边建筑事业前途极有希望，到彼后便可组建公司”是一方面，“东北为势最顺”也是一方面，而东北大学的高薪待遇和高额投入也是一方面。

梁思成与林徽因在昭陵

东北大学是张作霖主政时期于1923年4月26日正式成立的一所包括文、理、工、农、商、法等学科的综合性大学。文科分为国文、历史、地理、教育、俄文、英文6个学系；理科分为数学、化学、物理3个学系；工科分为土木、机械、电工、采矿、冶金、建筑6个学系；商科分为银行、外贸两个学系；法科分为法律、政治、经济3个学系。1928年6月张作霖去世后，张学良子承父业主政东北，同时兼任东北大学校长。在张学良的支持下，东北大学在使用土地和校区建设方面被大开绿灯：“奉天省公署函准清室捐助的陵地三百余亩，又收买毗连民田二百余亩，拨付长宁寺一带二百一十亩，前后征地共有一千多亩。这里正可谓是‘地势高阜，土质坚厚，中建正楼一座，形如蛱蝶，南瞰城郭，北倚昭陵，而新开河环抱楼前洋洋西去，瞻眺环境爽垲葱茏诚胜地也’。”

张氏父子在东北大学的硬件投入上挥金如土，在软件投入上也毫不含糊。当年北京大学的年经费是90万银元，清华大学因有庚子赔款也不过是120万银元，而东北大学则高达160万银元，而且逐年增加。东北大学建立初期聘任了美国密歇根大学学士、奉天公立文科专门学校校长汪兆璠任文法科学长；留德工学博士赵厚达任理工科学长；日本京都帝国大学数学学士、北大理科学长冯祖荀为理科主任教

东北大学旧影

授；美国哥伦比亚大学化学博士庄长恭为工科主任教授。后期来东北大学任教的还有：曾任外交总长的罗文干、文字学家黄侃、著名学者梁漱溟、文法学家章士钊、俄文学者曹靖华、机械学家刘仙洲等。梁思成与林徽因就是在后期来到东北大学，创立了中国第一个建筑学系。东大教师的薪金待遇在当时是最高的，东大普通教授的薪金是360银元，最高达到800银元，而同期北大、清华教授的薪金是300银元，南开大学的薪金是240银元。由于战乱等诸多原因，平津地区的大学教授薪金常受减薪、欠薪困扰，而东大始终坚持保障教授工资发放、不许拖欠、不许缩减、不许挪用。不仅如此，教授们还有额外的待遇，如回北京探亲，报销往返路费。学校还为教授们建有专门的住宅、俱乐部，为他们提供舒适、优雅的休息娱乐环境。1923年到1931年间，东大教授的待遇一度令国内其他高校的教授们羡慕不已。

东北大学十分重视体育运动的发展，1932年参加洛杉矶奥运会的第一位中国人刘长春就是毕业于东北大学体育专修科。而1929年举办了华北运动会的东北大学体育场，是全国第一座现代化体育场。1949年以后它被改为“汉卿体育场”，划归沈阳体育学院使用。1931年九一八事变以后，东北大学师生被迫流亡关内，而老校址被日本关东

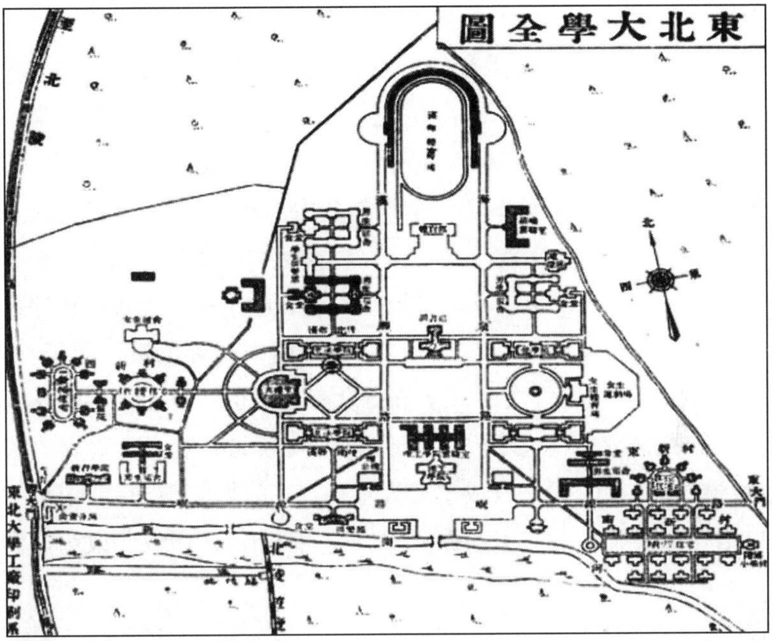

老东北大学全图

军、宪兵队和特务机关霸占。1949年以后，老校址又被辽宁省政府、省档案馆继续使用。2014年，辽宁省档案馆搬至浑南，老校址继续为辽宁省政府使用。

东北大学附近区域一度是张学良最常逗留的地方。在东北大学南侧有一座“万国球场”，美、英、德、法、俄、日诸国领事及其夫人、外交人员是这座球场的常客，张学良也总带着赵一荻来此打网球和高尔夫球。当时的“万国球场”是东北地区唯一标准的高尔夫球场。

华山路

沈阳市皇姑区南部的华山路是西北东南走向，东南与皇寺路连接，相交于长大铁路线，西北与东西走向的昆山路交汇在一起。它始建于明代，是关内通往沈阳最古老的一条道，当时主要是为经商、调遣军队等原因而逐渐开辟出的一条土路。后来满洲兴起，努尔哈赤、皇太极多次由此经过，向西进攻，一直到清由此入关。由于福陵、昭陵都在盛京，清后来的皇帝们不得不走这条土路从北京回来祭祖谒陵，而这条土路也因此被命名为“盛京御路”“京奉官道”，而老百姓直接简称为“大御路”。康熙、乾隆、嘉庆、道光都以皇帝之尊来过，雍正还是亲王的时候也来过。所以这条土路常常修整，在道路两边种植了官柳，还挖了排水沟。皇帝出巡时，皇舆、乘骑、差役、御卫队等大批人马出动，祭祖物品辎重绵延不绝，净水扬洒、黄沙铺路，威严之极，耗资巨大。有民谣云：“皇帝出巡，百姓出银，肥了官府，瘦了黎民。”鸦片战争之后，皇帝已没有心情也没有能力再回沈阳祭祖，大御路也就每况愈下了。张作霖主政东北时期，大御路改成了“北大道”；日伪时期又改成了“大宝街”；抗战胜利以后，依据“孝悌忠信礼义廉耻”的儒家八德又改作“雪耻街”；1957年改为华山路至今。

有清一代，康熙、乾隆、嘉庆、道光4位皇帝一共东巡了10次，乾隆一人就占了4次。他们东巡除了拜谒祖陵外，也有考察官吏、咨询民隐、巡边设防、巩固边疆等目的。根据档案记载，清朝皇帝出行阵势浩大，每次随行扈从多则六七万人，少则万余人。乾隆首次东巡时，仅御营就备马500匹。御路要求路面平坦坚实，在皇帝光临之前用水时时洒扫。那时因为每天跋涉不到50公里，沿途要给皇帝设置诸多驻跸场所。此外，东巡吃饭的排场也越来越讲究。不爱铺张的康熙东巡的时候宴席规模还不大。到了乾隆四十八年，宴席数竟然高达101桌，御宴除围猎所获的獐狍鹿兔等野味外，猪油和奶制品也特别多，还保持着满族爱吃黏食和甜食的习惯。康熙一共3次“东巡祭祖”的膳食清单上，多次提到“做麻花和撒糕用的稷米”“磨得极细的蒸黏米饭用的稷米”。稷米俗称黄米、黏米，不仅有黄稷米，还有红稷米、白稷米。满族人不但平时爱吃黏米饭，还用黏米做成饽饽、麻花、撒糕等吃食。其中的饽饽，更是祭祀、筵宴中不可或缺的食品。康熙第三次东巡时，还专门带着“饽饽厨子”。在甜食方面，他们主要爱吃的是蜂蜜。康熙第一次东巡的膳食清单上明确写着“做饽饽用的奶油、蜜”。康熙第三次东巡时，携往盛京的各种仓人、匠人中，除了管理粮食的“米仓人”、管理弓箭武器的“箭仓人”等之外，还有专门管理蜂蜜的“蜜仓人”，可见当年蜂蜜用量之大。香甜的“萨其玛”，水果制成的蜜渍、蜜饯果脯也是东巡路上不可或缺的零食，比如康熙东巡的膳食清单上提到的山里红、李子、梨等水果，都是用糖或蜜渍成的果脯。康熙算是过得特别简朴了，他孙子乾隆比他铺张得多，每次东巡都耗资巨大，每次东巡祭祀活动的规格能多高就抬多高。在沿袭汉制的同时，从备办到实施，还有一套具有本民族特征的完整规制。乾隆四十三年盛京祭祀，仅一次活动就动用了金银器皿约700件。由于花费太多，在清末国力下降以后，东巡只能被迫取消。

嫩江街

嫩江街位于沈阳市皇姑区南部，南起沈山铁路，与和平区毗邻，北至崇山中路，全长1700米，起初叫作“西湖街”。20世纪50年代以后，依据松花江的最大支流嫩江而把西湖街改作“嫩江街”。

如果是在清代，嫩江街是万万通不了的，至少在现在北陵大街、黄河大街、崇山路、宁山路围起来的这块区域是不可能的，因为这里是当年的御花园。据文献记载，这里在清代初期叫作“那家窝棚”，后来又叫“张家大菜园子”，后来被改作御花园，说法有3种：一是说这是皇家避暑休闲游玩之处，类似小型承德避暑山庄；二是说为了防止天花传染，在这里设置了王公贵族的避痘隔离之所；三是说顺治尚未入关之时得过天花，曾在此处静养。但无论哪种说法，可以确定的就是，这片地的主人的确是清室皇家。清顺治十三年（1656年），顺治下诏将这片御花园改赐为“长宁寺”，建立规模宏大的藏传佛教喇嘛寺院，属于实胜寺的下院，主建筑群就在现今嫩江街和崇山路的交汇处。后来乾隆曾御书“一心为宗”匾额高悬于大殿正中。寺中部分建筑一直被保留到20世纪80年代，改为沈阳市滤油器厂时大殿和配殿才被全部拆掉。尽管参天古木、巍峨殿宇早已不在，但嫩江街上的这个位置还存有御花园小区，记录了这里曾经的皇家气派。

即便是到了20世纪三四十年代，御花园在地图上依然占据着显要位置，占地面积依然很大，约有十几亩地。尽管在日俄战争中，御花园长宁寺内西藏经楼御座、行殿亭等遭到破坏，但经过1913年到1939年间的修缮和扩建，直到1949年后该寺依然存在。据《盛京通志》载："大殿三楹，东西配殿各三楹，碑亭一座，山门三楹，晾经楼五楹，禅堂僧房三十间。"长宁寺的规模、地位仅次于实胜寺，高于护国四塔寺。长宁寺内藏有清太宗皇太极的冠服弓矢等，皇太极在位时，几乎每年夏季都要到御花园避暑。

此地距昭陵不远，曾用名"那家窝棚"，源于昭陵护陵世家那氏。那（Nā）姓，是满族八大姓氏中的第七个姓氏，出自音译的多音节满族姓氏纳拉氏（那拉氏）。纳拉氏是以其历史上氏族的居住地纳拉河流域命名的。纳拉氏散居在叶赫、乌拉、哈达、辉发及各地方，所以被史学家总结为"虽为一姓，各自为族"，所以才有了后来人们熟知的叶赫那拉氏、乌拉那拉氏等。此地曾用名"张家大菜园子"，是因为后来有个姓张的人在这里开了个大菜园子，所以人们才用"张家大菜园子"替代了"那家窝棚"。不过，老那家的后裔并没有消亡，在当地居民中占比不小。

乾隆4次东巡，每次都给长宁寺写诗。现在翻开乾隆《御制诗集》依然可以找到《长宁寺》《长宁寺恭瞻太宗所贻冠服二首》《长宁寺恭瞻太宗所御冠服叠戊戌旧作韵》等诗文。即便隔着几百年，我们也能从文字间感受这股尊贵无比的热辣气息。

都会无不有，道官梵寺委。长宁昔所名，亦祗愿守此。熟知天眷隆，四海一家矣。开勤赖守成，是责将推诿。图易在思艰，安民要察吏。惟期万业安，及副二祖喜。长宁岂徒来，吾心亹未已。

祖宗开创初，天勇好以暇。宫殿既经营，寺庙亦构架。

为示无不有，殊非事祈借。然而显长宁，意岂在佛化。士卒胜阵战，黎庶丰耕稼。外辟内以安，长宁抚中夏。石世基肇兹，宁成责敢卸。

向工街

明清时期，现在的沈阳市皇姑区最西端，也就是向工街西部地区地势平坦，野草茂盛，适于放牧，慢慢就形成了马场，叫马圈子。清顺治年间，按照当时的《辽东招民开垦令》，来自山东直隶等地的不少移民来此垦荒，形成了东马圈子村和西马圈子村，因为两村交错勾连，这里又被百姓叫作“勾连屯”。1938年，皇姑区被正式命名，此地被划归皇姑管辖。随后的20年间，铁西区成为工业聚集区，毗邻铁西区的这块地方也因为近水楼台而慢慢成为家属区，成为重工业基地向往着工人幸福的大后方，连通卫工街的向工街也因此得名。这也是皇姑区里唯一一条和铁西区一样的以“工”命名的街路。1962年，这里成立了向工人民公社；1978年，改为向工街道办事处。这里以前道路泥泞，供水都只能靠手压井。在市场大潮的推动下，这里创造性地建立了沈阳发展最早的“明廉钢材市场”“塔湾二手车市场”和“塔湾宠物市场”，成为向工地区的名片。向工街上还留有勾连巷这样的地方，而紧靠着卫工明渠的向工街，继续沟通着铁西区与皇姑区，记载着曾经的工业历史。

勾连屯、马圈子其实现在依然存在于皇姑人民的生活中，尤其是涉及周边向工小学、岐山一校实验校等小学学区划分的时候，它还像百年前一样具有地域代表性，不过当初它们赖以成名的地域特点早已荡然无存。

马，曾经是这里的主角，也是冷兵器时代最重要的战略物资，“国之荣危系于兵之强弱，兵之强弱系于马之登耗”。自古以来，马就是生产生活中的重中之重。

以辽宁为例，黑山、桓仁、建平、开原、东港、大洼、瓦房店、阜蒙县、抚顺县、葫芦岛等地都有“马圈子”。沈阳市皇姑区向工街附近以前也有，沈阳市于洪区于洪街道的西和平村以前也有，现在北李官西侧的西和平村就是由以前的“东马圈子”“西马圈子”两个自然屯组成。文字具有呈现历史的作用，所有的这些“马圈子”以及其他的“马架子”以及“养马堡”等地名都记录了它们曾经作为养马地的历史。《开原县志》记载：“圈马之设，始于乾隆二十八年。满洲八旗养马二百匹”“今城西城南皆有马圈子”“即满洲圈马之处”“道光末年废。”由此可见，辽宁地区有一些“马圈子”是清代设置的，但实际上从明代开始，辽东的马政就已经开始大规模开展了。

明太祖朱元璋曾经对臣下讲道：“古者掌兵政委之司马。问国君之富，数马以对。是马于国为重。”明初洪武、永乐两朝，针对北方游牧民族边患，建立了以太仆寺、行太仆寺管理马政，以苑马寺牧养马匹的官牧体系。明永乐四年，即公元1406年，也就是朱棣下诏开建北京故宫的那一年，设陕西、甘肃、北京、辽东四苑马寺，各辖六监，听命于兵部。

辽东苑马寺所属六监二十四苑牧场，北起辽河套，南至复州湾，绵延数百里集中孳牧，蔚为壮观。苑分三等：上苑牧马万匹，中苑七千，下苑四千。辽东六监分别为：复州、龙潭、深河、清河四苑隶永宁监；夹河、龙台、耀州、驼山四苑隶新昌监；甘泉、安山、河阴、古城四苑隶升平监；平川、新安、广安、平山四苑隶长平监；南丰、高平、长川、名山四苑隶安市监；黄山、沙河、马安、石城四苑隶辽河监。辽东苑马寺寺卿原来在辽东都司的中心地带辽阳办公，后来因为永宁监过于重要，就搬去当时隶属于复州的永宁监了，也就是现在的瓦房店市永宁镇。《辽东志》（卷二）记载：“永宁监城，盖州城南一百五十里，隶苑马寺，城高一丈五尺，周围三里八十步，池深一丈五尺，阔一丈二尺。嘉靖十四年，寺卿杨最请于抚按，盖复金人以石甃之。”“明廷在辽东设苑马寺永宁监，弘治十六年移驻永宁监，盛时养马二三万匹。”永宁监发达的时候，沈阳中卫附近的“马圈子”基本还没形成。

卫所、屯田和马政是明代辽东边疆得以稳定的根本保障。随着马政废弛、卫所制度崩坏，辽东地方曾经赖以稳固的根基渐渐坍塌。

明廉路

沈阳市皇姑区的街路自有一套命名方式，街一般以水命名，路一般以山命名。而西起向工街、东至塔湾街的明廉路，却罕见地打破了这个规则。

明廉路始建于1940年，最初只是一条极不规则的土路，名字也不像路名，叫新房子。传说光绪年间这里有一户人家，一直受做官的亲戚提携，在亲戚被诬贪腐罢官之后，专门给人家盖了一套新房子，老百姓管这儿叫“官人府”，而房主说还是叫“新房子”吧。后来事情水落石出，被诬亲戚沉冤得雪，还收到了一块清正廉明的牌匾。于是这里就被叫作了新房子。

1945年抗战胜利以后，不少南北向的街路都依照“孝悌忠信礼义廉耻”的儒家八德而改了名字，明廉街就是其中一条。后来不知道什么原因，明廉街的明廉直接转给了现在的明廉路。

据历史学家考证，光绪年间就有朝鲜人在沈阳西郊种植水稻。在1911年挖掘新开河的时候，现在的明廉地区就已经出现了朝鲜族聚居村落。1927年盛京时报也曾经报道，城西塔湾一带大置稻田，直到现在，明廉地区依然是朝鲜族聚居区。

据沈阳地方志编纂办公室的资料，清光绪三十二年，即公元1906年，由朝鲜平安北道到奉天定居的金时祯，在奉天西郊种植水稻。1908年又有25名朝鲜人来此种水稻。1927年10月23日《盛京时报》报道：城西塔湾一带“大置稻田”。

明廉路与铁路平行，西端与向工街相交，东端与塔湾街相交，它的南北两侧正是当年见诸报端的稻田所在地。朝鲜人种水稻的技术和能力毋庸置疑，与西塔地区一样，在那个特定的历史时期，他们或主动或被动地选择了铁路沿线进行水稻种植，由此才有了上述地区大量朝鲜移民的后裔。前些年的人口普查数据表明，沈阳市内五区中，皇姑区的朝鲜族人口数量仅次于和平区，以2000人之差位居第二，这个数字的主要来源就是明廉地区。这里不但有“新汉城”这样具有历史渊源的小区，也有“和信朝小”这样同样历史悠久的小学。

沈阳市皇姑区和信朝鲜族小学创建于1937年，也就是九一八事变的6年以后，该校原名为“沈阳市朝鲜族优级学校”，1948年更名为“沈阳市大利完全小学校”，1955年被皇姑区政府命名为“明廉路朝鲜族小学”，2004年又被皇姑区政府命名为“和信朝鲜族小学”。

明廉路除了具有鲜明的民族特征之外，还有一个为人所熟知的交通特色，明廉路193号是计划经济时代大名鼎鼎的大成站。20世纪下半叶，大成站曾经一度繁忙无比，铁西区西部的那些大工厂的铁路专用线几乎都是从这里衍生出来，像主动脉给毛细血管供血输送到每一个角落每一个末端，再携带着货物回来一样。而且它不但承载着巨大的货物运输功能，还是附近居民向西出行去往马三家子方向的一个重要站点。不过，大成站已经于2016年8月停止了客运业务。1块钱从大成站坐到马三家子的旅途已经不复存在了，与之前大工厂纷纷关停之后铁路专用线上的喧嚣类似，没有一点点留恋。

大成站

距离沈阳站7公里、距离裕国站5公里的大成站现在是二等站，隶属沈阳铁路局沈阳车务段管辖。裕国站其实比大成站还要厉害，变化也比大成站大，名字就换了3次。1936年，日本人在东临丁香屯、西接马三家子、南有北陈屯、北靠小三家的一个小村子里修通了铁路，设立了一个小站，并把这座富裕的在稻田地上建起来的小站起名叫“裕国车站”。1984年，裕国站被改造扩建成为编组站，并在距原裕国站2公里处修建沈阳西站，代替原有的老站。它是全国铁路网上的一个节点、沈阳铁路局运输组织的“纽带”，是沈阳铁路局乃至东北地区唯一的路网性编组站，主要承担沈大、京哈、沈山、高新、沈吉、苏抚线上、下行直达、直通、区段、摘挂列车及沈阳枢纽小运转列车的编组、解体任务。沈阳西站的开通使用，使货物列车绕行市外，不仅使辽北、辽西、辽南铁路运输畅通，还解决了铁路货物运输对城市交通的干扰，使沈阳枢纽内的通路更加便捷。2008年，沈阳西站取消客运业务。2016年，中国铁路总公司将原沈阳西站更名为裕国站，新沈阳西站用于新建京沈高铁的车站。新沈阳西站位于沈阳于洪区马三家子镇古城子村，距离沈阳市区约20公里，是京哈线路过沈阳的过路站。该站原名古城子站，后改名为沈阳西站，建成后将成为沈阳市第四个特等客运车站，原沈阳西站改名为裕国站。

珠江街

珠江街是一条位于皇姑区中西部、沟通铁西区的南北向主要街路。它南起与兴工北街相连的珠江桥，向北与岐山中路相交，岐山中路继续向前延伸到崇山中路的金沙江街也曾经和珠江街是一体。它始建于1923年，因为这里当初在修建京奉铁路时有过一个英国工程师办公居住的洋房，后来京奉铁路改作北宁铁路的时候附近又建立了工程公司，这里就被叫作“工程司路”。据说在日伪时期这里还叫过“三关街”。1945年抗战胜利以后按照“孝悌忠信礼义廉耻”八德的意思，这条街被命名为“崇礼街”；1957年街路门牌整顿时，由于崇礼街越过岐山中路时方向发生了变化，于是它被一分为二，分别取名为“珠江街”和“金沙江街”。也是在这个时候，珠江街告别了土路，铺上了沥青路面。这条街自建成之日起就记载了岁月的沧桑。华山路以南曾经兴盛

1931年的皇姑地图

于20世纪三四十年代的满洲商场；以前叫作沙子沟的亚明地区；皇姑区最早的露天菜市场——平安菜市场，也就是沙子沟老菜市；还有1925年建成的皇姑第一澡堂子天香楼；始建于1932年，后来改作利群电影院的沈阳大戏院等。尽管有些早已没有踪影，但它们都记录了历史的痕迹。

除了北部的塔湾、北陵、御花园、长宁寺这种园林陵墓以及东北大学这种经过精心设计规划的大学校园之外，在皇姑区建立初期，最繁华的地方都在南部紧邻着铁路的位置。皇姑区的城市建设方向也是由南向北，即便是东北大学的选址和设立，也充分考虑到了铁路的因素，通过1931年的地图可以看到东北大学工厂与南满铁路的连接。

同样是因为距离铁路近，塔湾地区得以率先发展。由于京奉铁路是自西北新民方向而来，所以，在皇姑屯西北的塔湾地区和京奉铁路的距离也十分短。在塔湾街的南侧以前有个沈阳机车车辆厂，那就是早年间的京奉铁路工厂。在它的对面是沈阳市食品公司肉类联合加工厂，那是新中国“一五”期间的重点建设项目，也是全国第一个大型冷库。厂内有专用的铁路线。这个肉联厂的前身是伪满时期的“满畜株式会社”，厂区里曾经出土过一块落款时间为1941年的石碑，石碑正面写着3个大字“畜魂碑”。

当初沙俄在修建东清铁路的时候，紧贴着北陵拐了一个弯。当时虽然清廷人微言轻，但依然通过努力使得铁路绕过了他们的祖宗那永远的家，结果造就了现在沈阳市的行政区划：老道口以南的铁路确立了东西向的分隔，自此有了铁西；而老道口以北转向东北的铁路又确立了南北向的分隔，从而有了皇姑。

现在的克俭地区就在以前的东清铁路、京奉铁路和奉海铁路的交叉三角地里，也就是现在哈大铁路、沈山铁路和沈吉铁路的包围圈里，这块地界在民国初年被称为“三不管”，后来归了当时区划的第九区（今约昆山地区）管辖，起个名字叫“兴隆街”。那会儿的兴隆街特别兴隆，消费水平很低。逃荒的，种地的，扒火车的，在窑场里边烧砖的，给周边铁路和工厂做工的，杀了人犯了案藏匿的，天天专门捡垃圾的……这个地方是各方势力的交汇地带，鱼龙混杂，什么样的人都有。在铁路北边同属第九区的还有回民聚居的保合堡，保合堡附近还有远近闻名的沙子沟。沙子沟本来是一个沙土岗子，沙俄修建东清铁路的时候在这里挖沙子填垫路基，留下了一片片积水坑。到了1924年，汤玉麟又派人在这里挖沙子，建东北大学建飞机场，导致这里的坑越来越大，成了百姓口中的沙子沟。建材市场的繁荣，加上沙子沟与皇姑屯火车站距离较近的地缘优势，导致这里慢慢积聚了上百家商铺，涵盖饭店、药房、医院、金行、鞋店、表店、书馆、成衣铺、照相馆、戏园子、澡堂子等各个领域。直到1949年，这里依然是整个皇姑最繁华热闹最藏污纳垢的地方，娼妓、流氓、兵痞、恶霸一个都不少。1949年以后，沙子沟开始铺设马路，其中有一条亚明路（今大渡河街）成为这片地区的代表。此后很长一段时间，沙子沟地区就被叫作“亚明地区”。亚明地区的亚明市场曾经是皇姑区成立最早、规模最大的农贸市场，而此地原有的赌馆、烟馆和妓馆逐渐被取缔。一些做正经生意的店铺渐渐向北发展，挪到了现在的北行地区。沙子沟也被填平了，今天已经几乎看不到一点痕迹了。始建于1932年的利群电影院曾经是亚明地区的标志之一，也曾经是皇姑区最好的电影院之一，很多人的电影启蒙都是从这里开始的。

穿过克俭地区、亚明地区以及当初的“三不管”地区，距离皇姑屯火车站极近的珠江街，实际上是见证皇姑区发端的最便捷的一条通道。

柳条湖街

以前老沈阳有盛京八景，其中第六景叫“花泊观莲”，它所在的位置就是现在的九一八历史博物馆附近。当时是一个天然水池，由于附近柳条丛生而被叫作“柳条湖”。在清代，柳条湖里有许多莲花，每当夏天来临，莲花盛开，芳香飘溢，信步四周，犹如花香仙境。清末开凿新开河以后，附近柳条湖里的水就消失了，而柳条湖的地名却一直留存下来。1931年9月18日，柳条湖的名字传遍了世界。当天夜里，日本人在距离北大营只有几百米远的南满铁路柳条湖路段引爆了42块黄色炸药，制造“北大营的中国军队炸毁铁路攻击守备队”的假象以挑起战争，攻打北大营，酿成震惊中外的九一八事变。这条铁路虽然当时被炸，但是从来没有被毁过。据说当时爆炸后没几分钟，日本人的火车就顺利开过去了。现在看来，当时的爆炸位置差不多是在现在九一八历史博物馆向北约500米处。为了铭记这段历史，人们把附近的一条街命名为柳条湖街。它由鸭绿江街崇山东路交叉口向南延伸，快到铁路线的时候转弯就变成了北塔街。

现在的柳条湖街与实际爆破地点相去甚远，想去凭吊历史的话最该走的路是望花南街。望花南街在爆破地点南侧与南卡门路相交，南卡门路正是当年北大营的南卡子门所在地。现在望花南街东侧的北大营街和北大营小区与爆破地点就隔着一条街的距离，可想而知当初关东军攻击北大营的险恶用心酝酿已久。他们对于北大营志在必得，而且这个爆破地点并没有现在的人口密度，那时候这里人烟稀少，伪造现场也比较方便。

中国近代史史料学会副会长王建学说：“当初为了策划爆炸，日寇动用了很多心思，他们调来了掌握专业爆破的工兵，爆破点和炸药量经过了严格计算，既造成爆炸声巨大的假象，又不影响‘南满’铁路的正常运行。爆炸发生不久，即有一辆火车通过事发地，结果火车只是稍稍晃动了一下，并没有脱轨。”为了掩盖栽赃阴谋，关东军在伪造了爆炸现场之后还布置了三具尸体，给尸体套上了东北军的军装并指责他们就是被击毙的爆炸“凶犯”，所谓的物证是几顶东北军的帽子、一支步枪和两根枕木。

九一八事变发生后，中方立刻回应说，所谓中国士兵尸体为日军“枪杀17日雇用之华丐十数人，衣以中国军人服制，复用刺刀刺破军衣，拍摄照片”。随后，美国记者乔·毕·巴鲁从上海专程赶到沈阳柳条湖现场进行调查。十几年后，在出席远东国际军事法庭作证时，巴鲁亲口说：“中国士兵的尸体放在离路轨约五十码到一百码（约45.72-91.44米）的地方，用铁板围起来。同行中的一个伙伴调查了一具尸体。他见到的是一个没有血迹、被放置了相当长时间的尸体。”

1931年秋，日本关东军在爆炸现场设立了一个木牌，上面写着“昭和六年九月十八日支那兵线路爆破地点”。1938年，他们为炫耀“战功”，又用钢筋混凝土建造了一座两米左右形似炸弹尾翼的所谓

当年的爆破地点

“纪念碑”。他们不仅在基座正面刻了“爆破地点”4个字，还在碑后数米之外立了四个大牌子，分别写上“爆”“破”“地”“点”4个大字。从远处望去，整个碑就像是刚刚落地的一枚炸弹，所以当时人们把它叫作“水泥炸弹”或“炸弹碑”。二战结束以后，它被当地居民推倒，现在它在九一八历史博物馆的院子里躺着。

淮河街

清朝乾隆年间，河北部分地区闹起了水灾，有3户人家闯关东到了现在沈阳市皇姑区淮河街附近安家落户。当时这里北靠河床，南面是大片的涝洼地，虽然人烟稀少，但是庄稼长得并不好，只能算勉强度日。而这片最初没有名字的地方，也因为这些垦荒者的故乡叫太平庄而得名为“太平庄”。1945年淮河街初建的时候，取太平庄吉祥太平之意叫作“太平街”。不久之后抗战胜利，这条街依照“仁义礼智信”的儒家三纲五常而改作了“才智街”。1957年，用名山大川里的淮河，把“才智街”改为“淮河街”。现在的淮河街，南接兴华街，北连西江街，将铁西、皇姑、于洪直接联系起来，不仅车如流水马如龙，而且人口稠密，商业发达。淮河街南端的东北玩具城闻名遐迩，而这里曾经的标志性建筑小白楼，在日伪时期却是臭名昭著。20世纪70年代初就已经拆除了的小白楼以前就立在淮河街和华山路的交叉口，它是日本人修建的一座白色砖混结构2层小楼，其实就是日本警察和汉奸横行无忌的卡子门。当时有民谣说“小白楼小白楼，十人见了九人愁，老财富豪挺胸走，穷人到此准揩油，鬼子汉奸似虎狼，白匪狗子啃骨头”，这里拆除后建起的华山商场，曾一度被老百姓习惯性称作“小白楼商店”。

小白楼的建立，源自九一八事变后日本关东军在塔湾以南设立的兵营，目的是为了保护交通线。它的实际名称其实是第六警察署二分所，只不过小白楼实在名头太响，排序反倒不重要了。这座2层砖混结构楼房，外立面刷成了白色，因为高度和颜色在当地一片低矮灰暗的平房群中十分显眼，成了当地的地标，以至于派出所、商场甚至公交车站都用了它的俗称。

怒江街

沈阳市皇姑区怒江街，南起靠近铁路线的天山路，北至靠近绕城高速公路的陵北街，1945年始建时只修建了南段的一部分，当时按照“孝悌忠信礼义廉耻”的儒家八德，把这条街命名为“重义街”。1957年，依据云南省的怒江而把重义街改为“怒江街”。

在这条街修建之前，百鸟公园就已经矗立在现在崇山路与怒江街交叉口了。这里最初是一个私家樱桃园，1938年被征用兴建了水源地。为保护水源，栽种了一批树木。这项工程由日本人白鸟组织施工，所以1939年建公园时便以“白鸟”为公园名称。1951年改作“百鸟公园”。

以前的沈阳电视机厂也曾经是这条街上的明星，它当年是辽宁省生产电视机的四大厂家之一，也是我国当时生产电视机的骨干企业之一，1979-1984年共实现利润1719万元，居全国同行业第一位。后来沈阳电视机厂改名换姓，曾经风靡一时的百花电视机也消失了踪影，而它们所在的怒江街，也随着时间的推移越修越长，在北端建设了大量的民宅，成为重要的人口聚集区。

怒江街的百鸟公园与其东南方长江街的碧塘公园都是1939年日本人建的公园，但它们并不是皇姑区最早的公园。早在1927年，奉天省政府就已经把清朝禁地清昭陵开辟为人人皆可去得的公园，它与嫩江街御花园那座皇家园林有着本质区别。公园的要义在“公”，“公”是会意字；有了“公园”，沈阳才有了现代城市的意思。

17世纪开始，英国把贵族的私园开放为公园。18世纪以后，欧洲其他国家也开始纷纷仿效。这种被人们称为“文明的装置”的新生事物在20世纪初来到了中国，来到了无锡，也来到了奉天。清光绪三十三年，即公元1907年，时任东三省总督徐世昌修建了奉天公园，门口左右各有4个大字："奉天公园"和"随便游览"；民国十四年，即公元1925年，张作霖在大东工业区修建了大东公园。这些都是中国人在现代城市建设进程中进行的努力尝试，说明我们已经有了现代城市公园的理念。

不过，历史并没有留给我们太多的时间来实践，一直觊觎我土地的日本人喧宾夺主，开始他们的尝试。1909年的春日公园（今不存），1926年的千代田公园（今中山公园），1938年的长沼湖公园（今南湖公园）、砂山公园，1939年的百鸟公园、碧塘公园、兴华公园，1942年的近江园（今鲁迅儿童公园）等，都是他们规划设计建造的，这也是他们侵占奉天进行的城市规划中的一部分。这些公园除了充作城市生态系统、城市景观、满足市民休闲需要以及举办文化活动等功能之外，还具有其他的军事目的。

按照规划，这些公园还将作为非常时期临组进行防空、军事演练等活动的场所。所谓临组，是二战期间日本因所谓的"国民精神总动员"体制而规定设立的基层组织，约10户为一个单位，受地方政府等部门控制，政府通知、物资配给、劳动作业及防空训练等都通过该组织实施。

黑龙江街

沈阳市皇姑区东部的黑龙江街始建于1940年，当时被叫作"昭安街"。抗战胜利以后，按照"孝悌忠信礼义廉耻"的儒家八德，它被命名为"和悌街"。1957年名为"黑龙江街"。黑龙江街南起昆山东路，北至崇山东路，西有辽宁中医药大学，东有著名的北陵电影院。

北陵电影院的前身实际上是中国科学院东北分院俱乐部，建成于1954年。1955年，扩建后更名为"利群电影院分院"对外开放。1956年，36名日本战犯在这里接受了中华人民共和国最高人民法院沈阳特别军事法庭的审判并最终认罪。6月9日至19日，日本前陆军117师团中将师团长铃木启久等8名军队系统主要战犯接受审判；7月1日至20日，伪满洲国国务院总务长官武部六藏等28名伪满战犯接受审判，前伪满洲国皇帝溥仪出庭作证。这是鸦片战争后中国人民第一次在自己的国土上，不受任何外来势力干涉，独立地审判侵略者。1957年，这里交由沈阳市电影公司接管，变成北陵电影院，直到2002年停止营业。现在，这里经过重新修葺，已经变成了“中国（沈阳）审判日本战犯法庭旧址陈列馆”，而黑龙江街上这一站的公交站牌，依然标记着北陵电影院。

第二次世界大战结束以后，同盟国对德国、日本法西斯进行了审判，其中在国际上最重要的审判有始于1945年11月20日的纽伦堡审判和始于1946年5月3日的东京审判，在中国最重要的审判是始于1946年2月15日的南京审判和始于1956年6月9日的沈阳审判。

东京审判与南京、沈阳审判的区别是：犯有“破坏和平罪”的甲级战犯在东京审判，犯有“战争罪”和“反人道罪”的乙级、丙级战犯直接交由受害国家的军事法庭进行审理。南京审判的重点是下令进行“南京大屠杀”的日军第6师团长谷寿夫以及其他在南京犯下累累罪行的战犯，谷寿夫和“刀劈百人竞赛”的井敏明、野田毅等人都被判处了死刑，冈村宁次被宣判无罪释放；沈阳审判的主要对象是关押在抚顺战犯管理所的战犯。1956年6月10日，最高人民法院特别军事法庭在太原也开始了对关押在太原战犯管理所的战犯的审判。

新中国成立后关押在太原和抚顺的日本战犯共1109名，其中由中国人民解放军逮捕140人，关押在山西省太原战犯管理所；1950年7月苏联移交出兵中国东北时逮捕的战犯969人，关押在辽宁省抚顺战犯管理所。1954年1月，中共中央决定审判这批日本战犯，毛泽东、周恩来等提出了具体的要求。

时任最高人民法院沈阳特别军事法庭审判长袁光在《中国特别军事法庭审判日本战犯始末》中回忆说：“我们最初曾计划把抚顺作为东北的一个审判地点，以后又根据中央指示前往沈阳，因为日本帝国主义首先在沈阳制造九一八事变，打响了侵华战争第一枪，在沈阳审判日本战犯更有特殊意义。”

沈阳特别军事法庭在抚顺战犯管理所近千名日本战犯中挑选了36名主要战犯进行审判：铃木启久是日军第117师中将师团长；武部六藏是伪满洲国国务院总务厅长官；古海忠之是总务厅次长；藤田茂是日军第59师中将师团长；三宅秀也是伪满洲国北安省、奉天省警务厅厅长兼地方保安局局长，东北抗联第一路总司令杨靖宇将军，就是在他的指挥下被杀害的；神原秀夫是关东军第731细菌部队162支队少佐军医，曾用中国人做活体实验。根据中国政府化剑为犁宽大处理的政策以及日本战犯们的罪行轻重及悔罪表现，法庭没有宣判一例死刑或无期徒刑，对这些主要战犯仅判处了8-20年不等的有期徒刑，而且年头还是从他们1945年8月被苏军俘虏之日算起。他们对自己的罪行都供认不讳，有战犯在现场下跪表示忏悔。其中，武部六藏因患重病并有悔罪表现，宣判后即被裁定准予假释。获18年徒刑的藤田茂说：“若论我的罪，判几个死刑，也不能赎罪。我现在认识到对中国进行的残暴的侵略战争，对中国人民犯下了滔天罪行。今天，通过代表6亿中国人民意志的法庭向中国人民，特别是被害者表示痛改前非，真诚接受法庭的裁决。”1964年，经过人道主义改造后的全部日本战犯都被释放回国，在国际社会引起巨大反响。回国后，藤田茂成

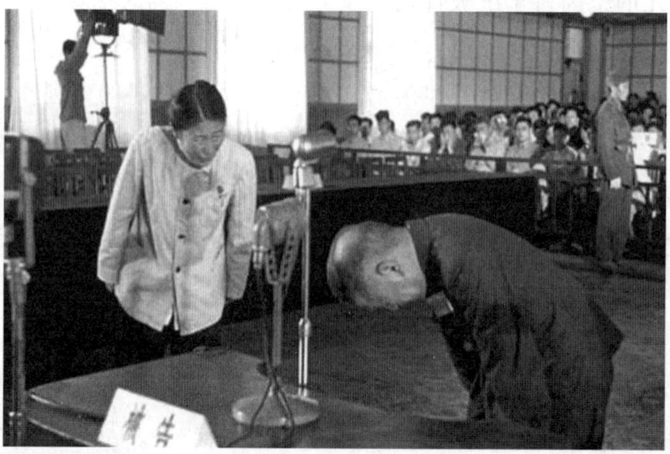

沈阳特别军事法庭审判现场

为“中国归还者联络会”第一任会长，为中日友好做了很多工作。

《特别军事法庭在沈阳审判日本战犯始末》中写道：“工作团几乎所有的干部，对这些十恶不赦的杀人恶魔却要网开一面，宽大处理，他们从思想上和感情上都深感难以接受。”

黑龙江街北陵电影院作为历史的见证和历史事件的承载，为我们这座城市记录了一份特殊的记忆。从1931年到1956年，从日军首先发动战争到中国审判最后一批战犯，这段日子我们走得太艰难了。

北陵电影院之所以被选中，其实是个巧合。1956年，司法部在沈阳寻找适合大型审判的法庭，当时没有那么大的法庭，找来找去最后确定将那个电影院辟为特别法庭。不过，后来的北陵电影院对原有结构改造很大，审判时的情境已经与当年有所不同。以前这里有个小二楼，楼上楼下都有旁听席，靠里边的审判台是临时搭起来的。审判结束数年之后，2楼已经被拆，修成了阶梯式座席。考虑到安全因素，这里已经无法恢复。由于电影院多次易主，电影院最初的建筑图纸已经不知去向，修缮后棚顶的建筑式样是近几十年的样子，与当年相去甚远。好在现在的陈列馆已经在中央纪录电影厂购买了当年沈阳审判的电影资料，在现场播放，人们可以通过当年拍摄的大量照片了解那段历史。

黄河大街

沈阳市皇姑区黄河大街最初叫“昭隆街”，始建于1942年，当时还只是现在昆山路到新开河之间的一小段狭窄坑洼的土路。1945年抗战胜利以后，按照“孝悌忠信礼义廉耻”的儒家八德，这条街被命名为“精忠街”。1952年到1956年期间，精忠街几经拓宽改建，原路先后被加宽，铺设了沥青，并打通了市府大路到昆山路路段，使其与南京街相接，从而结束了此处南北长期不通的历史。1957年，用中华文明的母亲河黄河给这条街取名为“黄河大街”。1961年，位于黄河南大街南端的公铁桥建成通车，这是沈阳解放后修建的第一座公铁立交桥。它使和平区、皇姑区，以及整个市区南北交通状况都有了很大改观。1966年，黄河大街延长到三台子，并改称“东方红大街”。1981年，又改回黄河大街。1994年竣工的崇山立交桥，1999年竣工的白山立交桥，都保障了黄河大街作为沈阳南北重要通道的贯通。现在的黄河大街穿过沈阳环城高速公路，是沈阳南北主要出城道路之一。它的两侧坐落着辽宁大厦、凤凰饭店、友谊宾馆、实验中学、北陵公园、新乐遗址等许多政府机构、企事业单位和旅游胜地，也是沈阳市的主要迎宾道路之一。

黄河大街以新开河为中线分割为黄河南大街和黄河北大街，新开河以北的第一号标志性地点就是黄河北大街1号的友谊宾馆。

众所周知，张学良的原配于凤至最初并不许赵一荻入大帅府的门，后来才在帅府东门外专门给她建了一座小楼供她居住。在于凤至没有给赵一荻盖楼之前，张学良把赵一荻安排在北陵别墅里，也就是现在友谊宾馆1号楼的位置。这座别墅是德式建筑风格，毗邻德国医院，名为“奉天疗养院”。1930年张学良30岁生日宴会就是在这里举办的，当时梅兰芳和程砚秋专程赶来表演了《贵妃醉酒》和《青霜剑》。1931年九一八事变后，张学良的北陵别墅被日本关东军改作了日本关东军陆军医院、“军犬训练所”和日本宪兵秘密监狱，后来又变成了美国安息日教会医院。它对面的“奉天赛马场”一直在看着它不停易主不断改变，结果“奉天赛马场”后来也没挺住，1951年之后改成了东北水利专科学校、辽宁水利学校，再后来就变成了工厂、民宅，还挖出来了7000多年前的新乐遗址。

1948年，随着沈阳的解放，占地面积14000平方米、拥有3座别墅楼的这座疗养院，回到了人民的手中，由东北局办公厅改名为东北行政委员会休养所，简称“北陵休养所”，专门迎接重要人物。

1958年2月12日18时10分，毛主席结束了在沈阳黎明机械厂的视察后，乘车抵达休养所7号楼。毛主席谢绝了辽宁省领导的宴请。服务人员按要求将毛主席用的硬板床一侧和床头灯用纸包好的红砖垫高，以方便看书。那天夜里，服务人员看到毛主席房间的灯光一直亮到天明。次日，毛主席简单用了早餐，又启程前往松陵机械厂、沈阳小型开关厂和抚顺西露天矿、沈阳高坎农村经济合作社等单位视察。

1970年11月，根据辽宁省革委会的指示精神，沈阳市革委会接待处决定在休养所的基础上成立沈阳友谊宾馆。

1978年，沈阳友谊宾馆划归辽宁省政府交际处管理，更名为辽宁友谊宾馆，沿用至今。

长江街

沈阳市皇姑区长江街始建于1940年，起初叫“昭盛街”。抗战胜利以后，由儒家八德“孝悌忠信礼义廉耻”而得名为“诚信街”。当时在皇姑区西北有个日本关东军581仓库，日本战败以后，仓库被苏军接收，重要的、值钱的东西都被苏军拉走，剩下的残余军用大衣、皮靴、水壶、罐头，还有望远镜等，都被附近百姓拿到诚信街上的四根旗杆附近来卖。这里也就被人叫作“破烂市”。由于这里当时算作城乡接合部，城乡交易需求量大，所以就慢慢形成了行市，不但卖破烂，还卖车和木材，还有马行和瓜行。瓜行的位置就在现在长江街和巴山路交叉口的东面，大名叫“诚信菜市场”。有这么多行市，此地又地处沈阳北部，所以这里慢慢被叫作“北行”。1957年，诚信街也由长江而更名为“长江街”。长江街上的北行最骄傲的时刻得算是1979年1月10日，当时十一届三中全会闭幕不久，市民在巴山路到六盘山路之间成排的地摊上买到了活鲤鱼、黑山的小米和新鲜的鸡蛋。这意味着北行农贸市场成立，也意味着全国第一家农贸市场成立。随着时代变迁，这里虽然已经见不到皇姑百货，听不到“雪糕，雪糕，皇姑雪糕”的叫卖声，可高楼林立的它依然熙熙攘攘地散发出另一种商业发达的气息。而长江街的繁华依然在延伸，向北穿过新开河到环城高速公路附近，向南与同样繁华的西塔街相连。

说起“北行”的缘起，一定会追溯到仓库。说起仓库，最开始在皇姑设置仓库的可不是日本人，而是张作霖。张作霖在他主政时期在舍利塔的西边建立了一个大型储运仓库，因为这里地域开阔而又交通便利。1931年九一八事变以后，这里被日军占领并使用，被称之为“五八一仓库”，是日本关东军在沈阳最大的军用品仓库，也有人说它是“关东军总仓库”。这个仓库占地面积巨大，专门配备了相应的铁路专用线、站台等，成片的高大库房里曾经装满了武器、弹药、粮食、被装、饼干、罐头等军需用品。在周围人的眼里，这片仓库仿佛是一个取之不竭的宝藏。二战结束之前，这里一直有重兵把守。

1945年8月15日以后，苏军成为这里的主宰。当苏军把这座仓库里最有价值的军用物资搬运一空以后，他们故意敞开大门，让周围群众进入仓库里“捡洋落儿”。对于百姓来说，这是天上掉馅饼的好事儿，大家可以进去无偿获得以前只听说过却没见过没吃过没用过的高级货，虽然都是些小来小去的东西，但也足以慰藉物质极度贫乏的穷苦生活。

沈阳解放以后，这座仓库成为部队库房。1956年，根据沈阳军区后勤部沈勤计组字第772号命令，将其改称为中国人民解放军第767仓库。

松花江街

沈阳市皇姑区松花江街，南起昆山路敬宾街，北至崇山东路，始建于1940年。1945年抗战胜利以后按照“孝悌忠信礼义廉耻”八德的意思，这条街被命名为“至孝街”。后来沈阳市政府对皇姑区所属街路以祖国山河对区内道路重新命名，这里由黑龙江省松花江而得名为“松花江街”。

松花江街上的宁山路小学，几乎完整地见证了这条街的变迁。宁山路小学始建于1949年10月，学校北边是当时东北人民政府的宿舍，所以政府机关工作人员的孩子们基本都在这里就读。正因为如此，学校最初的校名就叫“东北人民政府子弟小学”。1952年到1967年因为至孝街的缘故，改名叫“至孝小学”。1957年，学校进一步扩大招生，开始招收附近居民的孩子入学。1968年学校又改名为“韶山小学”。1972年，学校改作“宁山路小学”直到今天。

子曰：“父母之年不可不知也，一则以喜，一则以惧。”中华民族传统伦理道德中的孝在日常生活的点点滴滴中存续着，街路、学校，仿佛依然在吟诵着“入则孝，出则悌”的章句。

在教育资源丰富的皇姑区一直排名前列的小学有宁山路小学、岐山路第一小学、珠江街第五小学等，这几所小学无一例外都是以街路命名。从历史上看，岐山一校最年长，它创办于1934年，此时九一八事变已经过去三年，沈阳在伪满洲国治下又被日本人改回了“奉天”；珠江五校最年轻，创办于1964年，历史上它合并了崇山小学、珠江一校、珠江六校、荆江小学等。从体量上看，岐山一校与珠江五校都是庞然大物，都有近60个教学班，岐山一校在2013年到2014年先后合并了岐山三校、黄河小学两所学校，成立了教育集团，从一校一部发展到一校四部，几个校区十分热闹；珠江五校在2013年合并了怒江小学，分“珠江”和“荆江”两个校区。唯有创办于1949年，与中华人民共和国同龄的宁山路小学还没有开设分校，目前为止也只有一个校区，师资力量可以说保证了相对完整性，这与客观因素有关，也与宁山路小学自始建之日起的教学理念是一脉相承的。

宁山路

沈阳市皇姑区宁山路，西起汾河街崇山西路交汇处，向东越过新开河与北塔街相交于护国法轮寺，是皇姑区东西方向的一条重要街路。它始建于1940年，当时叫作“昭安路”，1950年改为“宁山路”，1989年被北陵大街和怒江街分成宁山东路、宁山中路、宁山西路三段。

说起宁山路，不得不提大名鼎鼎的五一商店。它位于宁山东路和辽河街的十字路口，算得上是地标性建筑。1949年，它刚成立的时候叫“东北人民政府合作社”，1955年在现址盖了一幢3层楼房，1956

年组建了沈阳市贸易公司皇姑第二商店。1958年的时候，这片地区被命名为五一公社，商店新开业又恰逢五一国际劳动节，这里就被叫作“五一综合商店”。1960年改作“维德商店”，1962年改作“五一商场”直到今天，但是老百姓依照习惯还一直叫它“五一商店”。

20世纪80年代，五一商店在沈阳商店领域是非常牛的，周围的百姓几乎都是天天来排队购物，赶上年节，在烟酒柜台的队伍都能排出去老远。随着市场经济的长足发展，五一商店在20世纪90年代末已经失去了往日的辉煌，但它依然像标志一样记载着宁山路旧有的热闹和繁华。

鸭绿江街

站在沈阳市皇姑区崇山东路和柳条湖街的路口向北望去，长长的鸭绿江街就会展现在眼前，它向北越过金山路就变成了鸭绿江北街，穿过环城高速继续向北部郊区延伸。鸭绿江街始建于1969年，不断地拓宽改造延伸后，在1989年依据鸭绿江而得名为“鸭绿江街”。都说皇姑区是教育文化大区，鸭绿江街上的风景就算是其中的一个缩影了。

辽宁文学院、辽宁省林业科学院、沈阳市艺术学校，还有曾经的沈阳市戏曲学校，都是鸭绿江街的重要地标，而最为人们所熟知的算是大名鼎鼎的沈阳京剧院了。它的前身是1948年成立的东北文协评剧工作团，1954年改为“辽宁京剧团”。1959年与沈阳市京剧团等合并，正式建立沈阳京剧院。剧院行当齐全，艺术力量雄厚，拥有独树一帜，自成流派，与周信芳、马连良并称“南麒北马关外唐”的唐韵笙先生，还有秦友梅、黄云鹏、周仲博等老一辈艺术家。1972年4月进入沈阳京剧院学员班开始学习的于魁智，1972年在沈阳京剧院少艺班学习的武旦皇后李静文，1991年调入沈阳京剧院的程派名家迟小秋等，都是沈阳京剧院名家的代表。2006年1月，沈阳京剧院被文化部评为全国十大重点京剧院团。时至今日，它依然屹立在鸭绿江街上，展现着国粹的魅力。